U0645935

〔 中国自信理论思考丛书 〕

# 道 路 自 信

## 实现民族复兴的必由之路

马立党 吕红波 尹从国 ◎ 著

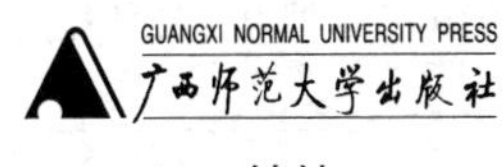


·桂林·

图书在版编目（CIP）数据

道路自信：实现民族复兴的必由之路 / 马立党，吕红波，尹从国著. —桂林：广西师范大学出版社，2019.4
（中国自信理论思考丛书）
ISBN 978-7-5598-1616-0

Ⅰ. ①道… Ⅱ. ①马… ②吕… ③尹… Ⅲ. ①中国特色社会主义－社会主义建设模式－研究 Ⅳ. ①D616

中国版本图书馆 CIP 数据核字（2019）第 032179 号

广西师范大学出版社出版发行
（广西桂林市五里店路 9 号　邮政编码：541004
网址：http://www.bbtpress.com）
出版人：张艺兵
全国新华书店经销
广西广大印务有限责任公司印刷
（桂林市临桂区秧塘工业园西城大道北侧广西师范大学出版社集团有限公司创意产业园内　邮政编码：541199）
开本：880 mm × 1 240 mm　1/32
印张：10.125　　字数：256 千字
2019 年 4 月第 1 版　　2019 年 4 月第 1 次印刷
定价：45.00 元

# 总序 ZONG XU

## “四个自信”:中国特色社会主义的创新发展

天津大学马克思主义学院院长、国防大学马克思主义研究所原所长　颜晓峰

中国特色社会主义是改革开放以来党的全部理论和实践的主题。中国特色社会主义的基本内涵,随着实践的拓展、认识的深化而丰富发展。40年来,中国共产党领导中国人民成功开辟中国特色社会主义道路,形成中国特色社会主义理论体系,创设中国特色社会主义制度,积淀中国特色社会主义文化。党的十九大报告指出:“中国特色社会主义道路是实现社会主义现代化、创造人民美好生活的必由之路,中国特色社会主义理论体系是指导党和人民实现中华民族伟大复兴的正确理论,中国特色社会主义制度是当代中国发展进步的根本制度保障,中国特色社会主义文化是激励全党全国各族人民奋勇前进的强大精神力量。全党要更加自觉地增强道路自信、理论自信、制度自信、文化自信。”中国特色社会主义自信涉及中国特色社会主义的经济基础和上层建筑各个方面,是对中国特色社会主义理论和实践全部成果的全方位自信。提出并增强中国特色社会主义道

路自信、理论自信、制度自信、文化自信，使我们党对中国特色社会主义的认识理解，达到了一个新的历史高度和思想深度。增强“四个自信”也对“新时代坚持和发展什么样的中国特色社会主义、怎样坚持和发展中国特色社会主义”这一重大历史课题给予了坚定有力的回答。

## 一、“四个自信”体现了我党对中国特色社会主义认识的不断深化

“四个自信”是我们党历经艰辛探索得出的最宝贵、最重要的政治结论。改革开放40年来，我们党对中国特色社会主义基本内涵的认识不断深化。邓小平同志在党的十二大明确指出：“走自己的道路，建设有中国特色的社会主义”，这条道路就是以“一个中心、两个基本点”为内核的党的基本路线。党的十八大总结已有认识和实践成果，进一步概括为中国特色社会主义道路、理论体系、制度，并提出中国特色社会主义道路自信、理论自信、制度自信。

党的十八大以来，以习近平同志为核心的党中央坚持和发展中国特色社会主义，充分发挥文化在实现社会主义现代化和中华民族伟大复兴中强基固本、引领激励的作用，开拓了文化自信的新境界。党的十八届六中全会明确提出“四个坚持”，进一步丰富和拓展了中国特色社会主义基本内涵和基本结构。在“七一”重要讲话中，习近平总书记提出坚持中国特色社会主义道路自信、理论自信、制度自信、文化自信，而文化自信是更基础、更广泛、更深厚的自信。在纪念红军长征胜利80周年大会上的讲话中，习近平总书记阐述了坚持中国特色社会主义道路、理论、制度、文化的重大意义，强调中国特色社会主义文化是中国人民胜利前行的强大精神力量。在中国文联十大、中国作协九大开幕式上的讲话中，习近平总书记进一步强调，文化自信，是更基本、更深沉、更持久的力量。坚定文化自信，是事关国运兴衰、事关文化安全、事关民族精神独立性的大问题。

基本内涵的丰富，反映了实践和认识的进展。民族复兴、国家富强

是多种因素共同作用的结果。其中,道路决定国家、民族的前途命运,理论是国家、民族发展的行动指南,制度是国家、民族发展的重要保障,文化是国家、民族发展的精神力量。民族复兴离不开文化的繁荣昌盛,国家文化软实力是实现社会主义现代化的重要力量。发展中国特色社会主义文化、建设社会主义精神文明,始终是我们党的不懈追求。在5000多年文明发展中孕育的中华优秀传统文化,在党和人民伟大斗争中孕育的革命文化和社会主义先进文化,积淀着中华民族最深层的精神追求,代表着中华民族独特的精神标识,是实现"两个一百年"奋斗目标、实现中华民族伟大复兴中国梦的不竭精神动力。当前,面对诸多矛盾叠加、风险隐患增多的复杂局面,面对意识形态领域的严峻斗争、多种价值观念的对立冲突,我们要大力弘扬社会主义核心价值观,弘扬以爱国主义为核心的民族精神和以改革创新为核心的时代精神,以坚定的文化自信统一意志、凝聚力量、迎接挑战,不断增强全党全国各族人民的精神力量。

基本结构的拓展,强化了中国特色社会主义的基础。自信往往建立在对事物必然性和现实性的深刻理解之上。中国特色社会主义道路从历史深处走来,又扎根中国大地,具有广泛的现实基础。中国特色社会主义理论体系是党和人民90多年奋斗、创造、积累的根本成就之一,是立于时代前沿、与时俱进的科学理论。中国特色社会主义制度是具有广泛实践性的伟大创造,集中体现了中国特色社会主义的特点和优势。改革开放40年来,道路的不断开创、理论的不断发展、制度的不断创新,特别是文化的不断进步,都彰显了中国特色社会主义的优越性。中国特色社会主义是实践、理论、制度、文化紧密结合的,既把成功的实践上升为理论,又以正确的理论指导新的实践,还把实践中已见成效的方针政策及时上升为党和国家的制度,还要从文化中汲取理论、实践和制度发展的强大精神力量。文化不仅内在于道路、理论、制度之中,而且具有独立存在的价值。文化是民族生存和发展的重要力量,人类社会的每一次跃进,人类文明的每一次升华,无不伴随着文化的历史性进步。正是基于对文化的本源性、基础性作用的深刻认识,我们党把中国特色社会主义的内容进一步拓展,从而使文化的重要功能更加凸显,与道路、理论、制度一道,共同托起中国特色社会主义宏伟大厦。

## 二、“四个自信”夯实了中国特色社会主义基础

坚定“四个自信”是党中央在新时代进行理论创新和实践创新的重大成果,是新形势下全面推进中国特色社会主义伟大事业的根本保证。

中国特色社会主义道路、理论、制度、文化,是中国特色社会主义的四根支柱。道路关乎党的命脉,关乎国家前途、民族命运。中国特色社会主义道路,以经济建设为中心,坚持四项基本原则,坚持改革开放,是发展中国、稳定中国,通往复兴梦想的康庄大道,实现社会主义现代化的必由之路。理论体系揭示“三大规律”,反映实践要求,推进理论创新。中国特色社会主义理论体系,为国家富强、民族振兴、人民幸福提供科学指导和行动指南,是当代中国的马克思主义。制度具有根本性、全局性、稳定性和长期性,是国家兴旺发达、长治久安的政治基础。中国特色社会主义制度,把根本政治制度、基本政治制度同基本经济制度以及各方面体制机制等具体制度有机结合起来,是实现社会主义现代化和中华民族伟大复兴的根本保障。文化是民族生存和发展的重要力量。中国特色社会主义文化,以中华优秀传统文化为根基,以马克思主义为指导,以社会主义核心价值观为灵魂,以社会主义先进文化为主体内容和本质特征,吸收人类文化的优秀成果,是实现中华民族伟大复兴的强大精神动力。

坚持“四个自信”确定了中国特色社会主义前进方向。《关于新形势下党内政治生活的若干准则》指出,全党必须毫不动摇坚持四项基本原则,根本是坚持党的领导,坚持中国特色社会主义道路、中国特色社会主义理论、中国特色社会主义制度、中国特色社会主义文化,做到头脑清

醒、立场坚定,矢志不移坚持和发展中国特色社会主义。这充分表明,“四个坚持”是坚持党的基本路线的根本要求,是中国特色社会主义始终沿着正确方向前进的根本保证。“四个自信”是对“四个坚持”所包含的中国特色社会主义道路、理论、制度、文化四个方面的执着信念、坚定信心。而“四个坚持”将“一个中心、两个基本点”包含在内,用中国特色社会主义道路、理论、制度、文化丰富党的基本路线内涵。毫无疑问,坚持党的领导,坚持中国特色社会主义道路、理论、制度、文化,就是坚持党的基本路线。增强“四个自信”也就是增强对党的领导、党的基本路线的坚定信心和执着信念。要在道路、理论、制度、文化等根本问题上坚持党的领导,紧紧扭住关系党和国家前途命运的关键问题,加强党的领导。

坚持“四个自信”确立中国特色社会主义基石。“四个自信”的提出、丰富和完善,凝结着改革开放以来党坚持和发展中国特色社会主义的宝贵经验,特别是凝结着党的十八大以来以习近平同志为核心的党中央全面推进中国特色社会主义新发展的思想与实践结晶。科学把握“四个自信”的内在联系和基本要求,全面贯彻习近平新时代中国特色社会主义思想,才能使党和国家事业开创出新局面,中华民族伟大复兴展现出前所未有的光明前景。

## 三、充分发挥“四个自信”的强大力量

实现中华民族伟大复兴的中国梦,是我们党始终不渝的奋斗目标。我们必须增强“四个自信”,充分发挥其强大力量,确保如期实现奋斗目标。

“四个自信”贯穿于实现中国梦的整个过程,为实现这一目标提供了实现途径、行动指南、制度保障、精神动力。坚持中国特色社会主义道路,就要既不走封闭僵化的老路,也不走改旗易帜的邪路,始终不偏离正确方向。只要我们在改革创新中巩固拓展这条道路,中国道路就必将越走越宽广。坚持中国特色社会主义理论,就要运用马克思主义基本原理

创造性地解决前进中的问题，努力提高党进行伟大斗争、建设伟大工程、推进伟大事业的能力水平。坚持中国特色社会主义制度，就要不断推进国家治理体系和治理能力现代化，让制度更加成熟，让发展更有质量，让治理更有水平，让人民更有获得感。坚持中国特色社会主义文化，必须高扬理想旗帜，强化全党全民族的精神追求，增强国家文化软实力，建设社会主义文化强国，以文化复兴助推民族复兴。

“四个自信”有力回答了“新时代坚持和发展什么样的中国特色社会主义、怎样坚持和发展中国特色社会主义”的重大课题。经过长期努力，中国特色社会主义进入了新时代。新时代意味着中国特色社会主义道路、理论、制度、文化的不断发展。一个国家、民族走什么道路，选择什么样的指导思想、社会制度、发展模式和文化样态，并不是由哪一些人、哪一个政治团体依其主观意愿决定的，而是取决于这个国家、这个民族的生产力发展水平、经济基础、阶级阶层构成以及历史文化特征、社会综合背景、内外联系交流等。“四个自信”所包含的重要内容和思想内涵，都是在改革开放的伟大实践中进一步坚定的，充分体现了我们党团结带领全党全国各族人民在改革开放中推进中国特色社会主义的政治智慧和重大创造。正是改革开放以来中国发展所创造的震古烁今的人间奇迹，雄辩地证明了中国特色社会主义道路、理论、制度和文化的正确性、时代性和先进性，让亲身经历的人们完全有理由对此充满自信。新时代，我们的形势更加严峻复杂，承担的任务更加繁重艰巨。“四个自信”蕴含着中国特色社会主义美好未来的宏伟愿景和科学规划。增强“四个自信”，才能在新时代始终坚持和发展中国特色社会主义，保持政治定力、战略定力，使建设中国特色社会主义获得科学依据和前进动力。

共产主义远大理想和中国特色社会主义共同理想，是中国共产党人的精神支柱和政治灵魂。坚定“四个自信”，首先是坚定理想信念。实现共产主义是中国共产党人的最高理想和最终目标，坚持和发展中国特色社会主义是实现共产主义的必经阶段。正是因为坚信人类社会发展规律和趋势,坚信中国特色社会主义是当代中国的正道,我们党才能坚定不移开创中国特色社会主义道路,创立中国特色社会主义理论体系,完善中国特色社会主义制度,发展中国特色社会主义文化,使中国特色社会主义伟大事业日益兴旺发达。要把坚定理想信念作为开展党内政治生活的首要任务,着力解决理想信念上存在的疑难困惑,用理想信念的强大力量坚定"四个自信"。

这套丛书以习近平新时代中国特色社会主义思想为指导,以习近平总书记相关重要讲话为依据,进行理论研究和深入思考,又力求在每本书的章节设置、观点提炼和文字表述方面,反映作者的独立见解,编写出自身的特色,当能为国内对此问题感兴趣的读者提供进一步研究的参考。我们要在历史与当代、理论与实践、中国与世界的层面,把道理讲明白、把事实摆清楚、把错误说透彻,使广大党员群众对"四个自信"始终刻骨铭心,让"四个自信"牢牢引领我们在中国特色社会主义伟大事业征程上阔步前进!

# 目　录

# 引　论

“回首近代以来中国波澜壮阔的历史，展望中华民族充满希望的未来，我们得出一个坚定的结论：全面建成小康社会，加快推进社会主义现代化，实现中华民族伟大复兴，必须坚定不移走中国特色社会主义道路。道路关乎党的命脉，关乎国家前途、民族命运、人民幸福。”①坚定道路自信，实现民族复兴，是从近代以来中国百年沧桑的历史中得出的坚定结论，也是关乎党、国家、民族前途命运的重大课题。在中国共产党的历史上，这不是党的领导人第一次谈论道路之于党的事业成败、民族复兴的重要意义了。早在革命战争年代，毛泽东同志在《中国社会各阶级的分析》一文开篇就阐述了革命道路正确与否对于革命事业成败的影响，他指出：“革命党是群众的向导，在革命中未有革命党领错了路而革命不失败的。我们的革命要有不领错路和一定成功的把握。”②改革开放初邓小平同志在党的十二大开幕词中将“走自己的道路，建设有中国特色的社会主义”作为

① 中共中央文献研究室编：《十八大以来重要文献选编》（上），北京：中央文献出版社，2014年，第8页。

② 《毛泽东选集》第1卷，北京：人民出版社，1991年，第3页。

"总结长期历史经验得出的基本结论"。[①] 党的十八大以来,中国进入实现中华民族伟大复兴的关键阶段,"中国特色社会主义进入了新时代"[②]。在实现"两个一百年"奋斗目标和中华民族伟大复兴中国梦的历史新起点和伟大实践中,习近平同志站在历史和未来的高度强调了道路问题的重要性,阐述了中国道路与中国梦的关系,阐发了坚定中国特色社会主义道路自信的重要思想。新时代新形势下,党中央为何要提出道路自信,什么是道路自信,道路自信的历史逻辑、理论逻辑、现实基础、动力来源是什么,坚定道路自信面临哪些机遇、挑战,如何坚定道路自信、创造新辉煌,等等。这些是融历史与现实、时代与世界、理论与实践为一体的宏大问题和重大课题。加强对道路自信问题的研究,增强中国特色社会主义道路自信,对在新时代更好地坚持和发展中国特色社会主义,推进实现中华民族伟大复兴的中国梦具有至关重要的理论和实践意义。

## 一、正逢其时:道路自信的提出及其背景

坚定道路自信是新时代实现中华民族伟大复兴中国梦的客观要求和政治自觉。党的十八大首次提出了"道路自信"的概念和坚定中国特色社会主义道路自信的思想。党的十九大重申并强调了中国特色社会主义"四个自信"。可以说,十八大以来的五年,习近平总书记在诸多重要时间节点和场合的讲话中无不强调并发展了坚定道路自信、实现中华民族伟大复兴中国梦的思想。具有标志性意义的讲话以及讲话中阐发的思想是:十八大闭幕不久,习近平总书记在参观《复兴之路》展览时提出了"实现中华民族伟大复兴中国

---

① 《邓小平文选》第3卷,北京:人民出版社,1993年,第3页。

② 党的十九大报告指出:"经过长期努力,中国特色社会主义进入了新时代,这是我国发展新的历史方位。"《人民日报》2017年10月28日02版。

梦”的重要思想。十二届全国人大一次会议上当选国家主席的习近平提出了“实现中国梦必须走中国道路。这就是中国特色社会主义道路”的重要论断。庆祝建党95周年大会上的讲话指出“坚持不忘初心,继续前进,就要坚持中国特色社会主义道路自信、理论自信、制度自信、文化自信”,与以往重要讲话相同的是“道路自信”位列其中,不同的是增加了“文化自信”。

总之,道路自信,绝不是某一时间段上的宣传口号,它承载着关乎党、国家、民族的前途命运和百余年来无数中华儿女孜孜追求、牺牲奋斗的梦想和理想,它联结着历史的梦想、现实的奋斗、未来的期许。不论“道路自信”这一概念的出场,还是坚定“道路自信”思想的阐发,都围绕并聚焦于实现中华民族伟大复兴中国梦的背景和主题。因此,中国道路是实现中华民族伟大复兴的必由之路,坚定中国特色社会主义道路自信是实现中华民族伟大复兴中国梦的根本保证。

## (一)考察道路自信必须将思维镜头拉伸至较早时空

古人云:“三十而立。”经过新中国成立60多年、改革开放40年的长期努力、不懈奋斗,中国特色社会主义进入了新阶段、新时代。2007年,党的十七大在总结改革开放以来党和国家事业取得一切成绩和进步的根本原因时首次提出了“中国特色社会主义道路”的概念,并首次作出了权威表述。① 2008年纪念党的十一届三中全会召开30周年大会讲话重申了党的十七大所作的论断。2011年庆祝建党90周年大会讲话将中国共产党90年奋斗取得的成就概括为“开

① 党的十七大报告指出:“中国特色社会主义道路,就是在中国共产党领导下,立足基本国情,以经济建设为中心,坚持四项基本原则,坚持改革开放,解放和发展社会生产力,建设社会主义市场经济、社会主义民主政治、社会主义先进文化、社会主义和谐社会、建设富强民主文明和谐的社会主义现代化国家。”

辟了中国特色社会主义道路，形成了中国特色社会主义理论体系，确立了中国特色社会主义制度”。党的十八大在中国特色社会主义道路的内涵方面增加了“社会主义生态文明，促进人的全面发展，逐步实现全体人民共同富裕”的内容，实现了对“中国特色社会主义道路”的认识深化与丰富发展。党的十九大在中国特色社会主义道路奋斗目标上增加了“美丽”一词，强调“为把我国建设成为富强民主文明和谐美丽的社会主义现代化强国而奋斗”。

总之，由于中国快速和平崛起和中国特色社会主义道路、理论体系、制度的长足发展，因此，随着实践进步和认识深入，中国共产党不仅明确提出了中国特色社会主义道路、中国特色社会主义理论体系、中国特色社会主义制度的概念，而且总结指出中国特色社会主义道路、理论体系、制度是当代中国一切进步的根本原因和改革开放以来取得的根本成就，系统阐发了包括中国特色社会主义道路自信、理论自信、制度自信、文化自信在内的中国特色社会主义自信思想体系。2017 年 7 月 26 日习近平总书记在省部级主要领导干部“学习习近平总书记重要讲话精神，迎接党的十九大”专题研讨班开班式的讲话中再次强调“全党必须高举中国特色社会主义伟大旗帜，牢固树立中国特色社会主义道路自信、理论自信、制度自信、文化自信，确保党和国家事业始终沿着正确方向胜利前进”。道路自信作为中国特色社会主义“四个自信”的组成部分与核心内容，是关系“举什么旗、走什么路、朝什么目标迈进”的重大问题，对决胜全面建成小康社会、实现中华民族伟大复兴中国梦具有根本性的意义。简而言之，中国特色社会主义道路自信概念和思想的提出，立足现实，着眼未来，顺应发展要求，回应现实挑战，可谓“正逢其时”。

### （二）全面把握道路自信提出“正逢其时”的“时”

中国特色社会主义道路自信概念和思想的提出，有其特定的时代背景和时代条件,其“正逢其时”的“时”可以从以下几个方面来把握。

一是当前中国正处于实现中华民族伟大复兴的“关键阶段”。十八大以来习近平同志在诸多场合的讲话中都阐发了“我国已经进入了实现中华民族伟大复兴的关键阶段”的战略判断。古人云:“行百里者半九十。”在这一阶段,一方面,党和国家面临着改革、发展、稳定的繁重任务,决胜全面建成小康社会任重道远,全党肩负着推进具有许多新的历史特点的伟大斗争、党的建设新的伟大工程、中国特色社会主义伟大事业、中华民族伟大复兴的“四个伟大”的光荣艰巨使命任务,机遇和挑战前所未有。另一方面,社会主义中国面临着值得警惕的“三大陷阱”——“西化”“分化”陷阱、“中等收入陷阱”、“修昔底德陷阱”,党的建设面临着不容忽视的“四大考验”——执政考验、改革开放考验、市场经济考验、外部环境考验,“四种危险”——精神懈怠危险、能力不足危险、脱离群众危险、消极腐败危险。不论是“三大陷阱”还是“四大考验”“四种危险”,都对新时代坚定不移走中国特色社会主义道路、坚持不懈推进中国特色社会主义发展的信心提出了考验和挑战。

二是当今中国面临着“三个前所未有”所伴生的历史机遇和挑战。“三个前所未有”,即我国前所未有地以大国姿态走到世界舞台的中心,前所未有地接近实现中华民族伟大复兴的目标,前所未有地具有实现这个目标的能力和信心。“三个前所未有”表明了当今中国在实现中华民族伟大复兴中国梦征程上的世界方位——中国前所未有地以大国姿态走到世界舞台中心,能力条件——中国前所未有地具有实现奋斗目标的能力和信心;表明中国在当今世界和当今时代的地位、作用、角色已经发生了重大变化,从近代以来严重被边缘化发展到当今世界舞台的主角,从昔日备受欺凌的“东亚病夫”发展到今日全球瞩目的中国主张、中国声音,这一重大变化彰显了中华民族在追求复兴之路上的自信心、自豪感。

三是当前中国面临着“四期”并存交织所带来的复杂矛盾问题。当前中国进入了发展关键期、改革攻坚期、经济新常态期、社会深度转型期这“四期”并存交织的重要关头。在这一形势下我国经济社会发生深刻变化,国内社会矛盾不断积聚并且国内外矛盾相互交织、相互影响,可以预见和难以预见的风险挑战增多。这些矛盾问题对坚定走中国特色社会主义道路、推进中国特色社会主义发展构成了不利的因素和条件。

四是当今世界是一个开放变革、充满竞争挑战、呼唤合作共赢的世界。“当今世界是一个变革的世界,是一个新机遇新挑战层出不穷的世界,是一个国际体系和国际秩序深度调整的世界,是一个国际力量对比深刻变化并朝着有利于和平与发展方向变化的世界”。世界日益形成了一荣俱荣、一损俱损的利益共同体,结成了你中有我、我中有你的命运共同体。世界离不开中国,中国也离不开世界。当今中国与当代世界密切联系、融为一体。和平、发展、合作、共赢成为时代潮流,然而世界仍然很不太平,人类面临诸多挑战。推进全球治理体系变革、打造人类命运共同体、构建以合作共赢为核心的新型国际关系,……是时代呼唤、大势所趋,世界期待中国发挥更大作用。

上述关于“时”的分析,既有国内的也有国际的,既有历史的也有当下的,既有有利的也有不利的,需要我们客观地、辩证地、动态地加以看待和把握,不断增强走中国特色社会主义道路的自信。

## (三)中国特色社会主义道路自信提出的必然性

中国特色社会主义道路自信概念和思想的提出,是中华民族几代人聚焦“民族复兴”这一历史课题不懈探索、接续奋斗、艰苦积累、创造辉煌的必然结果。近代以来,包括中国共产党在内的各阶级、各阶层的仁人志士为寻找救国救亡、民族复兴的道路作了漫长而艰辛的探索。然而伴随着各种方案的失败,国人不断陷入失望、彷徨之中。正是中国共产党为在漫漫黑夜中探索的中国人民找到了一条正确道路,中国革命的面貌才焕然一新,中国人民的命运才由此改变。经过新民主主义革命、社会主义革命和建设、改革开放,经过建党90多年、新中国成立60多年、改革开放40年的不懈探索、接续奋斗、积累创造,我们开辟了中国特色社会主义道路,形成了中国特色社会主义理论体系,完善了中国特色社会主义制度,发展了中国特色社会主义文化,取得了举世瞩目的辉煌成就。中国特色社会主义道路、中国特色社会主义理论体系、中国特色社会主义制度是党和人民90多年奋斗、创造、积累的根本成就,是必须倍加珍惜、始终坚持、不断发展的伟大事业,是我们不忘初心、保持自信、继续前进、再创辉煌的现实基础和客观依据。中国特色社会主义取得的伟大成就和中国共产党治国理政积累的丰富经验,使得中国共产党更有理由、更有底气、更有信心、更有条件,来总结、阐发中国特色社会主义道路自信的概念和思想,介绍、分享中国社会主义建设形成的经验和智慧。这不是自负与武断,而是从历史比较、现实成就、未来展望中确立起来的理性自信。换言之,正如习近平同志在建党95周年大会上的讲话中指出的:"当今世界,要说哪个政党、哪个国家、哪个民族能够自信的话,那中国共产党、中华人民共和国、中华民族是最有理由自信的。"①

中国特色社会主义道路自信思想命题的提出,是中国共产党保持初心、继续前进、再创辉煌的执政自觉。近代以来,经过170多年的不懈探索、持续奋斗,中国共产党人才带领中国人民找到了一条实现中华民族伟大复兴的正确道路。习近平总书记指出,中华民族

① 习近平:《在庆祝中国共产党成立95周年大会上的讲话》,《人民日报》2016年7月2日02版。

的昨天是“雄关漫道真如铁”，中华民族的今天是“人间正道是沧桑”，中华民族的明天是“长风破浪会有时”，“道路决定命运，找到一条正确的道路多么不容易，我们必须坚定不移走下去”。[①] 十八大闭幕后习近平总书记在新进中央委员会的委员、候补委员学习贯彻党的十八大精神研讨班的讲话中指出：“我们党在革命、建设、改革各个历史时期，坚持从我国国情出发，探索并形成了符合中国实际的新民主主义革命道路、社会主义改造和社会主义建设道路、中国特色社会主义道路，这种独立自主的探索精神，这种坚决走自己路的坚定决心，是我们党不断从挫折中觉醒、不断从胜利走向胜利的真谛。”[②]可见，中国特色社会主义道路凝结着几代党的领导集体实事求是、解放思想、独立自主开辟中国道路的探索精神，彰显了全党和全国人民不动摇、不懈怠、坚定走中国道路的坚定决心，是中国共产党保持革命初心、革命精神，在坚持和发展中国特色社会主义新征程、推进实现中华民族伟大复兴中国梦新起点上继续前进、再创辉煌的政党自信和政治要求。

中国特色社会主义道路自信概念和思想的提出，是抓住机遇、迎接挑战、破解难题、奋力前进的现实要求。坚定中国特色社会主义道路、推进实现中华民族伟大复兴的过程并不是一帆风顺，充满鲜花、掌声和阳光的，“绝不是轻轻松松、敲锣打鼓就能实现的，全党必须准备付出更为艰巨、更为艰苦的努力”[③]，中国特色社会主义道路和中华民族伟大复兴面临着来自国内外的诸多干扰和诱惑、考验和挑战。进入21世纪以来，党中央反复强调，机遇和挑战前所未有，

① 中共中央文献研究室编：《十八大以来重要文献选编》（上），北京：中央文献出版社，2014年，第83—84页。

② 中共中央文献研究室编：《十八大以来重要文献选编》（上），北京：中央文献出版社，2014年，第117—118页。

③ 习近平：《决胜全面建成小康社会 夺取新时代中国特色社会主义伟大胜利——在中国共产党第十九次全国代表大会上的报告》，北京：人民出版社，2017年，第15页。

机遇大于挑战。机遇千载难逢、稍纵即逝，挑战与机遇相辅相成、密切相伴，成功应对挑战就是抓住了机遇。在坚持和发展中国特色社会主义道路，推进中华民族伟大复兴中国梦的历史进程和伟大实践中，我们面临着诸多挑战和难题。在外部环境方面，我们面临着西方敌对势力“西化”“分化”的陷阱；面临着西方各种社会思潮比如新自由主义、民主社会主义、宪政民主、普世价值等思潮的干扰；面临着新兴大国与守成大国之间的所谓“修昔底德陷阱”；国际社会关于抹黑、唱衰、污蔑中国的言论比如“中国威胁论”“中国崩溃论”“中国新殖民论”不绝于耳，企图损害中国的国际形象、中国道路的国际影响力、中国国际话语权，消解对中国特色社会主义的道路自信。在内部因素方面，中国在快速发展的同时也在积聚着历史的、现实的矛盾问题，中国用几十年时间走完了西方国家数百年才能走完的路，与此同时西方国家几百年时间才能消化完毕的矛盾问题中国要在短短数十年内释放、化解，必然造成很大的不适、阵痛与误解。现实中我们还面临不少困难和挑战，比如“发展不平衡不充分的一些突出问题尚未解决，发展质量和效益还不高，创新能力不够强，实体经济水平有待提高，生态环境保护任重道远；民生领域还有不少短板，脱贫攻坚任务艰巨，城乡区域发展和收入分配差距依然较大，群众在就业、教育、医疗、居住、养老等方面面临不少难题；社会文明水平尚需提高；社会矛盾和问题交织叠加，全面依法治国任务依然繁重，国家治理体系和治理能力有待加强；意识形态领域斗争依然复杂，国家安全面临新情况”①。现实中有些人不能辩证看待改革开放以来中国取得的成就和存在的问题，往往夸大矛盾、问题、弊端；有些人附和西方的思潮言论，散布历史虚无主义、文化虚无主

① 习近平：《决胜全面建成小康社会 夺取新时代中国特色社会主义伟大胜利——在中国共产党第十九次全国代表大会上的报告》，北京：人民出版社，2017 年，第 9 页。

义，蛊惑人心；有些人质疑改革开放以来的社会主义道路，说中国现在搞的是“资本社会主义”“国家资本主义”“新官僚资本主义”，严重影响着人们对中国特色社会主义道路自信的理解。历史和实践证明“中国特色社会主义道路是实现社会主义现代化、创造人民美好生活的必由之路”①。因此，抓住机遇、迎接挑战、破解难题，客观上就要求全党全国人民坚定中国特色社会主义道路自信。坚定中国特色社会主义道路自信是新时代决胜全面建成小康社会、实现“两个一百年”奋斗目标和中华民族伟大复兴中国梦的政治保证和精神支柱，任何犹豫、迟疑、徘徊都是沿着中国道路迈向中国梦的无形绊脚石、拦路虎。

## 二、多维审视：深刻把握中国特色社会主义道路自信的维度

中国特色社会主义道路自信是一个宏大的思想和重大的课题，对这一宏大思想和重大课题，我们不能仅仅从当下的、局部的视域去看待，而应该从历史的、时代的、世界的大视野多维度来审视，形成对中国特色社会主义道路自信的全方位规律认识，把握中国特色社会主义道路自信生成的深层根源。

习近平指出，中国特色社会主义“是在改革开放30多年的伟大实践中走出来的，是在中华人民共和国成立60多年的持续探索中走出来的，是在对近代以来170多年中华民族发展历程的深刻总结

① 习近平：《决胜全面建成小康社会 夺取新时代中国特色社会主义伟大胜利——在中国共产党第十九次全国代表大会上的报告》，北京：人民出版社，2017年，第16页。

中走出来的，是在对中华民族5000多年悠久文明的传承中走出来的"①。"四个走出来"揭示了审视、思考中国特色社会主义道路自信的宽广视野和应有维度。

## （一）中国特色社会主义道路自信的历史维度

中国特色社会主义道路自信的历史维度，即从中国特色社会主义道路的历史生成、选择、发展的角度审视思考道路自信问题。中国特色社会主义道路自信就是指对过去历史、过去发展成就的高度肯定与认可。中国特色社会主义道路的历史规律性、必然性决定了中国特色社会主义道路自信的历史逻辑和历史依据。历史是过去的今天和现实的前提。以历史维度审视，如果对过去历史持否定、虚无的态度，何谈对今日中国道路的自信？可见，对中国特色社会主义道路进行历史维度的考察，是认识、评价中国特色社会主义道路自信的前提。那么，历史的什么因素影响着中国特色社会主义道路自信？或者说中国特色社会主义道路自信的历史维度包含什么？这是审视、思考、研究中国特色社会主义道路自信不能回避的问题。

## （二）中国特色社会主义道路自信的现实维度

中国特色社会主义道路自信的现实维度，即从中国特色社会主义道路的现实基础、现实问题、现实感受的角度，审视、思考道路自信问题。道路自信是一种主观的、即时的、理性的感受，是对目前发展道路、发展状态的坚守与坚定，是对现实问题的正视与回应。无论什么样的感受，都建立在坚实的现实实践基础之上，离开了现实

① 《习近平在中共中央政治局第七次集体学习时强调 在对历史的深入思考中更好走向未来 交出发展中国特色社会主义合格答卷》，《人民日报》2013年6月27日01版。

的实践，抛开了现实根基、现实问题、现实感受谈道路自信，无异于妄想臆想。中国特色社会主义道路自信的现实维度，就是要立足于现实根基，着眼于重大现实问题的解决，不断提高全党全国人民对中国特色社会主义道路的现实认同感。

## （三）中国特色社会主义道路自信的时代维度

中国特色社会主义道路自信的时代维度，即从时代主题、时代背景、时代课题、时代事件、时代特征、时代条件等角度审视、思考道路自信问题。历史的发展是以时代呈现的，不同时代影响中国特色社会主义道路自信的因素是不同的。中国特色社会主义道路生成、发展于改革开放新时代。20 世纪 80 年代以来，和平发展成为时代主题，和平发展、合作共赢成为时代潮流。在这一时代主题和时代潮流之下，中国共产党作出了影响当代中国命运的关键抉择——改革开放，改革开放开创了中国特色社会主义道路，形成了中国特色社会主义理论体系，确立了中国特色社会主义制度。东欧剧变、苏联解体是影响世界社会主义运动的重大时代事件，对中国特色社会主义道路自信造成了消极影响。在经济全球化、政治多极化、文化多元化、信息网络化的时代条件下，坚定道路自信既面临着有利的机遇和条件，也遭遇了空前的挑战和考验。抓住机遇、应对挑战，为推进实现“两个一百年”奋斗目标和中华民族伟大复兴中国梦提供有力保证，是坚定中国特色社会主义道路自信所面对的时代课题和肩负的时代使命。

## （四）中国特色社会主义道路自信的世界维度

中国特色社会主义道路自信的世界维度，即从中国在国际体系和世界舞台上的地位、作用、影响力、话语权等角度审视、思考道路自信问题。中国特色社会主义道路自信的世界维度可以从横向和纵向两个层面来分析。横向看,中国特色社会主义道路自信源自中国国际地位的大幅提升以及中国在当今世界舞台和国际体系中扮演的重要角色、发挥的重要作用。中国发展道路的理念、模式、经验等日益成为世界上其他国家学习的榜样。中国是世界第二大经济体、联合国安理会常任理事国、当今世界最大外汇储备国,是诸多国际组织的创始国、成员国,中国在世界舞台和国际体系中扮演着举足轻重的角色,中国和平崛起所走的道路具有不同于历史传统模式的新特点,对维护世界和平、促进共同发展发挥着重要作用。纵向看,中国已经由近代历史上的"东亚病夫"成长为世界舞台中重要的成员,由"睡狮"成长为融入世界文明大家庭、引领人类文明大发展的和平、可爱、善良的"醒狮"。

### (五)中国特色社会主义道路自信的理论、制度、文化维度

中国特色社会主义道路自信的理论、制度、文化维度,即从道路与理论、制度、文化之间内在关系的角度审视思考道路自信问题。审思中国特色社会主义道路自信问题,不能仅仅局限于道路的角度,而应该考虑到科学理论、先进制度、先进文化的因素。中国特色社会主义是由道路、理论、制度构成的相辅相成、不可分割、辩证统一的有机整体。"中国特色社会主义道路是实现途径,中国特色社会主义理论体系是行动指南,中国特色社会主义制度是根本保障,三者统一于中国特色社会主义伟大实践",中国特色社会主义"特就特在其实现途径、行动指南、根本保障的内在联系上,特就特在这三

者统一于中国特色社会主义伟大实践上”。[①] 中国特色社会主义道路、理论、制度彼此之间的内在联系构成了中国特色社会主义道路自信的有力支撑，三者的内在联系与有机统一所形成的中国特色社会主义“最鲜明特色”是中国特色社会主义道路自信的内在体现和保证。中国特色社会主义道路自信是一个需要科学理论指导、科学制度保证、先进文化支撑的复杂课题。十八大以来党中央之所以能够鲜明提出中国特色社会主义道路自信，就在于有了当代中国马克思主义即中国特色社会主义理论体系的科学理论指导与武装，有了不断成熟的中国特色社会主义制度的支持与保证，有了中国特色社会主义文化的滋养与孕育。如果说中国特色社会主义道路自信是本，那么中国特色社会主义文化自信就是魂。“在5000多年文明发展中孕育的中华优秀传统文化，在党和人民伟大斗争中孕育的革命文化和社会主义先进文化，积淀着中华民族最深层的精神追求，代表着中华民族独特的精神标识”[②]，坚定中国特色社会主义文化自信，有助于不断激发全党全国各族人民以爱国主义为核心的民族精神和以改革创新为核心的时代精神，凝聚起坚定走中国特色社会主义道路、开创中国特色社会主义新局面的精神力量。

“横看成岭侧成峰，远近高低各不同。”中国特色社会主义道路自信是一个宏大的课题，除了上述历史的、现实的、时代的、世界的、理论的、制度的、文化的维度之外，还可以从实践的、人民的、真理的维度和视角加以考察，从而对中国特色社会主义道路自信问题形成全方位的本质的规律认识。

① 中共中央文献研究室编：《十八大以来重要文献选编》（上），北京：中央文献出版社，2014年，第74页。

② 习近平：《庆祝中国共产党成立95周年大会上的讲话》，北京：人民出版社，2016年，第13页。

## 三、意义·问题·方法·创新：关于中国特色社会主义道路自信研究应重点把握的几个问题

### （一）意义：中国特色社会主义道路自信关系实现中华民族伟大复兴

从党的历史、中华民族的历史、社会主义发展史的宏阔历史来看，党中央提出中国特色社会主义道路自信的思想和命题，承载的绝不是时间概念、历史记忆、宣传口号，而是关系中华民族梦想、中国共产党使命、中国人民命运、中国特色社会主义前途的重大课题。关于中国特色社会主义道路自信这一概念和思想的重大意义，人们众说纷纭，学术界、理论界见仁见智。由于研究对象所限，这里仅仅从实现中华民族伟大复兴中国梦的角度作抛砖引玉的阐述。

第一，中国特色社会主义道路自信思想丰富深化了对社会主义建设规律、共产党执政规律的认识。中国特色社会主义道路自信思想提出并回答了在中国由大向强，推进实现“两个一百年”奋斗目标和中华民族伟大复兴中国梦的历史新起点和关键阶段，全党全国人民“为什么要坚定中国特色社会主义道路自信、如何坚定中国特色社会主义道路自信”的重要理论和现实问题，回答了以马克思主义为指导的中国共产党在社会主义初级阶段“举什么旗、走什么路、以什么样的精神状态、朝什么目标”奋进的一系列问题，在新的历史条件下深化了对社会主义建设规律、共产党执政规律的新认识，初步构建了包含中国特色社会主义道路自信在内的中国特色社会主义自信的思想观点体系。

第二，中国特色社会主义道路自信有助于为实现中华民族伟大复兴中国梦提供正确的政治方向和道路保证。中国特色社会主义道路自信强调，坚定不移走中国特色社会主义道路，坚定不移发展

中国特色社会主义道路，在改革发展的任何时候、任何情况下都“不改道”“不改向”，不走封闭僵化的“老路”、不走改旗易帜的“邪路”。中国特色社会主义道路自信思想强调，中国特色社会主义道路是党和人民90多年奋斗、创造、积累的根本成就，是改革开放40年一以贯之的接力探索所形成的被实践证明了的正确道路，是实现国家富强、民族振兴、人民幸福的必由之路。历史和实践证明，历史和人民选择了社会主义道路、开创和发展了中国特色社会主义道路，也正是中国特色社会主义道路改变了中国的面貌、中国人民的面貌、中国共产党的面貌。邓小平同志在《用中国的历史教育青年》一文中明确指出：“历史告诉我们，中国走资本主义道路不行，中国除了走社会主义道路没有别的道路可走。一旦中国抛弃社会主义，就要回到半殖民地半封建社会，不要说实现‘小康’，就连温饱也没有保证。”①历史和现实证明：只有中国特色社会主义道路才是实现中华民族伟大复兴的必由之路、正确道路。坚持中国特色社会主义道路、坚定中国特色社会主义道路自信，才能保证实现中华民族伟大复兴的正确方向。

第三，中国特色社会主义道路自信有助于为实现中华民族伟大复兴中国梦汇聚团结奋斗、攻坚克难的强大力量。“自信是体现主体的意志、信念和精神状态”，中国特色社会主义道路自信“科学地反映了近代中国历史发展的要求，是主观愿望与客观规律的完美统一，因而它能够转化为强大的物质力量”②。伟大事业需要伟大的思想做指引，伟大的实践需要伟大的精神做支柱。中国特色社会主义道路自信思想，深化了对社会主义建设规律、共产党执政规律的认识，一经武装群众、掌握群众，就能形成改造主观世界和客观世界的强大力量；自信是一种理性的信念、意志、精神，这种精神一旦被激

① 《邓小平文选》第3卷，北京：人民出版社，1993年，第206页。

② 梁柱：《“三个自信”源于对近代中国历史发展要求的自觉》，《新视野》2013年第5期。

发、释放,就能形成全党全国人民团结一心,胸怀理想、坚定信念、顽强奋斗、艰苦奋斗、不懈奋斗、攻坚克难,朝着共同目标奋进的强大力量。

### (二)问题:中国特色社会主义道路自信要回答的问题

在逻辑上,中国特色社会主义道路自信要回答以下基本问题:什么是中国特色社会主义道路自信、为什么要坚定中国特色社会主义道路自信、怎样坚定中国特色社会主义道路自信。对这些基本理论问题的思考、研究、回答,不同的人有不同的观点和结论。中国特色社会主义道路自信是一个复杂的实践课题,也是一个需要从理论上给予深入探讨、清晰回答的问题。围绕上述基本问题,或者说对上述基本问题的展开,中国特色社会主义道路自信还应深入思考回答以下基础的、相关的、具体的问题:什么是中国特色社会主义道路,中国特色社会主义道路概念的提出与中国特色社会主义道路自信的关系;中国特色社会主义道路自信提出的背景是什么;中国特色社会主义道路自信的历史必然性或历史逻辑是什么;中国特色社会主义道路自信的理论逻辑是什么;中国特色社会主义道路自信的现实基础是什么;中国特色社会主义道路自信的动力来源是什么;中国特色社会主义道路自信的时代课题是什么;中国特色社会主义道路自信的世界意义有哪些;坚定中国特色社会主义道路自信面临的机遇和挑战有哪些;新时代如何走好中国道路、创造新的辉煌;等等。对上述诸问题的思考和回答,构成了本书的框架和内容。

### （三）方法：思考中国特色社会主义道路自信问题的方法

“工欲善其事，必先利其器”，讲的就是方法工具的重要性。毛泽东曾形象地将方法比喻为过河的“桥”或“船”。他指出：“不解决桥或船的问题，过河就是一句空话。不解决方法问题，任务只能是瞎说一顿。”①正确审视、思考、研究、解答中国特色社会主义道路自信问题，正确的、科学的方法很重要。方法可以分为思想方法和工作方法，基本方法和具体方法。以下对本书所采取的方法略作介绍。

辩证唯物主义和历史唯物主义的方法。辩证唯物主义和历史唯物主义是马克思主义学说的哲学基石，是关于自然、社会和思维发展的一般规律的科学，是中国共产党人的科学世界观和方法论，是广大人民群众正确认识世界、改造世界的强大思想武器和根本方法，具有鲜明的科学性、实践性、革命性特点。中国特色社会主义道路是中国共产党带领全国各族人民在中国革命、建设、改革的长期历史奋斗中开创、坚持、发展的正确道路，是历史的选择、人民的选择。“道路自信、理论自信、制度自信，来源于实践、来源于人民、来源于真理。”②坚持辩证唯物主义和历史唯物主义的根本方法，有助于确立起审视、思考中国特色社会主义道路自信问题的科学思维，以正确的立场、观点、方法，科学分析事物矛盾，抓住问题的本质和要害，找到解答道路自信问题的钥匙。

坚持实事求是、理论联系实际的方法。实事求是，是中国化的辩证的历史唯物主义，是毛泽东思想活的灵魂和中国特色社会主义理论体系的精髓，是中国共产党人从事革命、建设、改革的基本方法，

---

① 《毛泽东选集》第1卷，北京：人民出版社，1991年，第139页。

② 《习近平在中共中央政治局第七次集体学习时强调 在对历史的深入思考中更好走向未来 交出发展中国特色社会主义合格答卷》，《人民日报》2013年6月27日01版。

是认识世界、改造世界的总的方法原则。对中国特色社会主义道路自信的历史逻辑、理论逻辑、实践逻辑、动力来源、时代课题、世界意义、机遇挑战、对策思考等的分析思考，离不开实事求是、理论联系实际的总的方法原则指导。

分析与综合相结合的方法。分析是综合的前提和基础，综合是分析的延伸和归宿。本书对中国特色社会主义道路自信问题的研究，采用分析与综合相结合的方法，坚持先分析再综合、有分析有综合，坚持观点结论从历史的具体的分析研究得出，而不是预设结论或先从结论出发，在分析研究的基础上进行综合提炼，得出观点结论。

比较研究的思维和方法。坚定中国特色社会主义道路自信既是一个历史过程也是一个现实问题，既是中国共产党需要关注解决的重大课题也是具有世界意义的问题。在中国特色社会主义道路自信问题研究中，不可避免地涉及过去和现在或者说不同历史时期、国内与国际的比较，因此需要以比较的思维和方法开展相关研究。

系统研究的思维和方法。中国特色社会主义道路自信是一个宏大的复杂的理论和实践课题，不能仅仅从当下视域、道路本身进行解读、研究，也需要以系统的思维从多个维度作全面深入的分析研究。本书对中国特色社会主义道路自信，从历史、现实、时代、世界、理论、制度、文化等多个维度进行审思，对中国特色社会主义道路自信的根源、问题、机遇、挑战等问题进行全面深入的研究。

### （四）创新：以创新精神对中国特色社会主义道路自信开展扎实研究

中国特色社会主义道路自信是一个关系中华民族伟大复兴的宏大问题和重大课题。“创新是一个民族进步的灵魂，是一个国家兴旺发达的不竭动力，也是一个政党永葆生机的源泉。”①创新也是学术研究的生命和灵魂。对中国特色社会主义道路自信的思考研究，作马克思主义大众化的阐释，并不是一件轻松的事情，我们力图在思维方法、观点结论、具体内容、分析论证、语言表述、整体呈现方面有所突破。本书从道路自信的生成逻辑、历史逻辑、理论逻辑、实践逻辑、动力来源、时代课题、世界意义、问题挑战、对策建议等方面作了一些原创性的较为系统的思考。实践无止境，理论创新亦无止境。面对创新的学术要求与读者的高水平品鉴，我们借用屈原的话——“路漫漫其修远兮，吾将上下而求索”自勉。

① 《江泽民文选》第3卷，北京：人民出版社，2006年，第537页。

第一章

# 坚定对“举什么旗、走什么路、朝着什么目标前进”的信心
## ——道路自信的科学内涵与精神实质

---

选择走什么样的发展道路，决定着一个国家的前途命运和兴衰成败。习近平同志强调，无论搞革命、搞建设、搞改革，道路问题都是最根本的问题①，“只有走中国人民自己选择的道路，走适合中国国情的道路，最终才能走得通、走得好”②。这是党领导人民90多年艰辛奋斗和不懈探索总结得出的历史经验，也是着眼夺取新时代中国特色社会主义新胜利作出的政治宣示。习近平同志还指出：“当今世界，要说哪个政党、哪个国家、哪个民族能够自信的话，那中国共产党、中华人民共和国、中华民族是最有理由自信的。”③道路决定命运，信心凝聚力量。只有毫不动摇走中国特色社会主义道路，才

---

① 《习近平在中共中央政治局第七次集体学习时强调 在对历史的深入思考中更好走向未来 交出发展中国特色社会主义合格答卷》，《人民日报》2013年6月27日01版。

② 《习近平接受金砖国家媒体联合采访》，《人民日报》2013年3月20日02版。

③ 习近平：《在庆祝中国共产党成立95周年大会上的讲话》（2016年7月1日），《人民日报》2016年7月2日02版。

能早日实现“两个一百年”奋斗目标和中华民族伟大复兴；只有始终坚定中国特色社会主义道路自信，才能在世界风云变幻中走向中华民族充满希望的未来。

## 一、中国特色社会主义道路、道路自信的内涵

道路是达到目标的途径，也是一个民族、一个国家发展实践最形象、最有力的概括和说明。党的十九大报告指出：“中国特色社会主义道路是实现社会主义现代化、创造人民美好生活的必由之路。”①回望来路，中国特色社会主义道路是科学社会主义基本原理与中国具体实际相结合的历史选择；展望未来，中国特色社会主义道路是中国共产党领导各族人民实现中华民族伟大复兴中国梦的必由之路。

### （一）中国特色社会主义道路的内涵

毛泽东同志在新民主主义革命时期曾指出：“革命党是群众的向导，在革命中未有革命党领错了路而革命不失败的。”我们不但要提出任务，而且要解决完成任务的方法问题。我们的任务是过河，但是没有桥或没有船就不能过。不解决桥或船的问题，过河就是一句空话。从这个意义上说，中国共产党领导中国革命、建设和改革的首要问题，就是要找到一条正确的道路。十一届三中全会以后，“我们党团结带领人民进行改革开放新的伟大革命，破除阻碍国家和民族发展的一切思想和体制障碍，开辟了中国特色社会主义道

---

① 习近平：《决胜全面建成小康社会 夺取新时代中国特色社会主义伟大胜利——在中国共产党第十九次全国代表大会上的报告》，北京：人民出版社，2017 年，第 16 页。

路,使中国大踏步赶上时代"①。而随着改革开放和社会主义现代化建设实践的深化,我们对"举什么旗、走什么路、朝着什么目标前进"的认识愈益深刻,中国特色社会主义道路的内涵也更加清晰丰富。

第一,中国特色社会主义道路是科学社会主义基本原理与中国具体实际相结合的正确道路。习近平同志深刻指出:"中国特色社会主义,是科学社会主义理论逻辑和中国社会发展历史逻辑的辩证统一,是根植于中国大地、反映中国人民意愿、适应中国和时代发展进步要求的科学社会主义。"②科学社会主义理论逻辑,是指科学社会主义作为无产阶级革命运动的学说的发展过程。中国社会发展历史逻辑,是指中国社会发展的实践探索过程。二者的辩证统一,可以大致理解为"三个阶段":第一阶段,体现为"十月革命一声炮响,给中国送来了马克思主义",中国人"以俄为师",走上了社会主义革命道路;第二阶段,体现为在社会主义建设过程中,中国共产党"以苏为鉴",开始探索不同于传统社会主义模式的建设道路;第三阶段,体现为中国共产党"以我为主",在改革和发展的历史进程中形成鲜明的中国特色,丰富和发展了科学社会主义的理论与实践。改革开放以来,我们之所以对中国特色社会主义道路坚信不疑,一个非常重要的原因,就是中国特色社会主义道路是世界社会主义五百年发展的结晶,是科学社会主义时代化的结晶,具有科学性和真理性。

历史是过去的现实,现实是未来的历史。坚持这种联系历史、现实和未来的思路,坚持观察问题的历史的方法,习近平同志回顾了社会主义思想从提出到现在的历史过程,指出世界社会主义五百年的发展经历了六个时间段:空想社会主义产生和发展,马克思、恩格

---

① 习近平:《决胜全面建成小康社会 夺取新时代中国特色社会主义伟大胜利——在中国共产党第十九次全国代表大会上的报告》,北京:人民出版社,2017年,第14页。

② 中共中央文献研究室编:《十八大以来重要文献选编》(上),北京:中央文献出版社,2014年,第118页。

斯创立科学社会主义理论体系，列宁领导十月革命胜利并实践社会主义，苏联模式的逐步形成，新中国成立后我们党对社会主义的探索和实践，我们党作出进行改革开放的决策、开创和发展中国特色社会主义。① 社会主义从空想到科学，从理论到实践，从一国到多国，从苏联模式到中国特色社会主义道路，走过了五百年。这充分说明，科学社会主义是应时代要求而生，又因时代要求而变的，建设社会主义没有也不可能有适合各国情况的统一模式，必须把科学社会主义基本原则同各国实际和时代发展进步要求相结合，建设有本国特色的社会主义。中国特色社会主义道路，是改革开放以来中国共产党人带领中国人民以科学社会主义为指南、立足中国国情进行的伟大创造。中国特色社会主义道路在当代中国的形成和发展，是合理的、必然的。

近年来，国内外有些舆论提出了中国现在搞的究竟还是不是社会主义的疑问，有人说是“资本社会主义”，还有人干脆说是“国家资本主义”“新官僚资本主义”“中国特色资本主义”。这些都是完全错误的。习近平同志强调：“中国特色社会主义是社会主义而不是其他什么主义，科学社会主义基本原则不能丢，丢了就不是社会主义。”②一方面，中国特色社会主义道路遵循了科学社会主义的基本原则，社会主义是对它的根本性规定。没有主义，或者这个主义不科学，道路就没有灵魂。另一方面，在改革开放和社会主义现代化建设的具体实践中，中国共产党对科学社会主义的基本原则作了创造性的运用和发展，其中既有继承坚持，又有创新发展，还有对个别论断的修改变通，从而表现出鲜明的中国特色。比如，中国特色社

---

① 《习近平在新进中央委员会的委员、候补委员学习贯彻党的十八大精神研讨班开班式上发表重要讲话强调 毫不动摇坚持和发展中国特色社会主义 在实践中不断有所发现有所创造有所前进》，《人民日报》2013 年 1 月 6 日 01 版。

② 中共中央文献研究室编：《十八大以来重要文献选编》（上），北京：中央文献出版社，2014 年，第 109 页。

会主义道路坚持公有制的主体地位，实行以按劳分配为主体的收入分配制度，在不断增加生产力总量的基础上尽快改善人民生活，充分体现共同富裕的社会主义本质要求；坚持党的领导、人民当家作主和依法治国的统一，发展社会主义民主政治，建设法治中国；坚持以马克思主义为指导，发展社会主义先进文化，推进文化强国建设；坚持以人民为中心，不断改善民生，构建社会主义和谐社会，逐步实现每个人自由而全面的发展；坚持实施可持续发展战略，建设生态文明，建设美丽中国。在当代中国，坚持中国特色社会主义道路，就是真正坚持了科学社会主义的道路。

第二，中国特色社会主义道路是党领导人民艰辛探索形成的实现中华民族伟大复兴的正确道路。习近平同志多次强调，中国特色社会主义道路不是从天上掉下来的，是党和人民历尽千辛万苦、付出各种代价取得的根本成就。他指出："中国特色社会主义是党和人民长期实践取得的根本成就。中国特色社会主义是改革开放新时期开创的，也是建立在我们党长期奋斗基础上的，是由我们党的几代中央领导集体团结带领全党全国人民历经千辛万苦、付出各种代价、接力探索取得的。"①

落后就要挨打，发展才能自强。"中华民族有五千多年的文明历史，创造了灿烂的中华文明，为人类作出了卓越贡献，成为世界上伟大的民族。鸦片战争后，中国陷入内忧外患的黑暗境地，中国人民经历了战乱频仍、山河破碎、民不聊生的深重苦难。为了民族复兴，无数仁人志士不屈不挠、前仆后继，进行了可歌可泣的斗争，进行了各式各样的尝试，但终究未能改变旧中国的社会性质和中国人民的悲惨命运。"②直到中国共产党人把马克思主义作为观察国家命

① 中共中央文献研究室编：《十八大以来重要文献选编》（上），北京：中央文献出版社，2014年，第73页。

② 习近平：《决胜全面建成小康社会 夺取新时代中国特色社会主义伟大胜利——在中国共产党第十九次全国代表大会上的报告》，北京：人民出版社，2017年，第13页。

运的思想武器，把社会主义作为救国图强的唯一道路，在苦难深重的中国高举起新民主主义革命的旗帜，带领人民英勇奋斗，成立中华人民共和国，才完成了民族独立和人民解放的历史任务。

新中国成立后，“我们党团结带领人民完成社会主义革命，确立社会主义基本制度，推进社会主义建设，完成了中华民族有史以来最为广泛而深刻的社会变革，为当代中国一切发展进步奠定了根本政治前提和制度基础，实现了中华民族由近代不断衰落到根本扭转命运、持续走向繁荣富强的伟大飞跃”①。此后，党在带领人民转入大规模社会主义建设过程中，对适合中国国情的社会主义道路进行了艰辛探索。在这个过程中，既取得了不少的经验和成就，也出现了一些挫折和失误。但无论是成功的经验，还是失误的教训，对党的十一届三中全会以后中国特色社会主义道路的成功开辟，都是至关重要的。正如邓小平同志所说：“我们现在的路线、方针、政策是在总结了成功时期的经验、失败时期的经验和遭受挫折时期的经验后制定的。历史上成功的经验是宝贵财富，错误的经验、失败的经验也是宝贵财富。”②十一届三中全会开启了我国改革开放的新时期，我们党开始总结社会主义建设的经验教训，不断艰辛探索，终于找到了实现中华民族伟大复兴的正确道路，取得了举世瞩目的成果，这条道路就是中国特色社会主义道路。

对于 90 多年来党开创和发展中国特色社会主义的艰辛历程，党的十八大报告作了系统回顾总结，概括了“四个成功”，即“以毛泽东同志为核心的党的第一代中央领导集体带领全党全国各族人民完成了新民主主义革命，进行了社会主义改造，确立了社会主义基本制度，成功实现了中国历史上最深刻最伟大的社会变革，为当代中

① 习近平：《决胜全面建成小康社会 夺取新时代中国特色社会主义伟大胜利——在中国共产党第十九次全国代表大会上的报告》，北京：人民出版社，2017 年，第 14 页。

② 《邓小平文选》第 3 卷，北京：人民出版社，1993 年，第 234 页。

国一切发展进步奠定了根本政治前提和制度基础。在探索过程中，虽然经历了严重曲折，但党在社会主义建设中取得的独创性理论成果和巨大成就，为新的历史时期开创中国特色社会主义提供了宝贵经验、理论准备、物质基础。”①“以邓小平同志为核心的党的第二代中央领导集体带领全党全国各族人民深刻总结我国社会主义建设正反两方面经验，借鉴世界社会主义历史经验，作出把党和国家工作中心转移到经济建设上来、实行改革开放的历史性决策，深刻揭示社会主义本质，确立社会主义初级阶段基本路线，明确提出走自己的路、建设中国特色社会主义，科学回答了建设中国特色社会主义的一系列基本问题，成功开创了中国特色社会主义。”②“以江泽民同志为核心的党的第三代中央领导集体带领全党全国各族人民坚持党的基本理论、基本路线，在国内外形势十分复杂、世界社会主义出现严重曲折的严峻考验面前捍卫了中国特色社会主义，依据新的实践确立了党的基本纲领、基本经验，确立了社会主义市场经济体制的改革目标和基本框架，确立了社会主义初级阶段的基本经济制度和分配制度，开创全面改革开放新局面，推进党的建设新的伟大工程，成功把中国特色社会主义推向二十一世纪。”③“新世纪新阶段，党中央抓住重要战略机遇期，在全面建设小康社会进程中推进实践创新、理论创新、制度创新，强调坚持以人为本、全面协调可持续发展，提出构建社会主义和谐社会、加快生态文明建设，形成中国特色社会主义事业总体布局，着力保障和改善民生，促进社会公平正义，推动建设和谐世界，推进党的执政能力建设和先进性建设，成



① 中共中央文献研究室编:《十八大以来重要文献选编》(上),北京:中央文献出版社,2014年,第8页。

② 中共中央文献研究室编:《十八大以来重要文献选编》(上),北京:中央文献出版社,2014年,第8—9页。

③ 中共中央文献研究室编:《十八大以来重要文献选编》(上),北京:中央文献出版社,2014年,第9页。

功在新的历史起点上坚持和发展了中国特色社会主义。”①

中国特色社会主义道路是近代以来一代代中国人历经曲折、坚持不懈探索中华民族伟大复兴而寻得的发展道路，集中体现了中国人民的智慧和力量，体现了全体中国人民的利益和意志，并得到社会各阶层的高度认同。党的十八大以来，以习近平同志为核心的党中央接过历史的接力棒，高举中国特色社会主义伟大旗帜，带领全党全国各族人民迈上实现中华民族伟大复兴的中国梦的新征程，把中国特色社会主义伟大事业推向新的境界，引领中国特色社会主义进入新时代，使中国特色社会主义道路越走越宽广。

第三，中国特色社会主义道路是适合我国情况的社会主义现代化建设的正确道路。我国是在近代资本主义发展很不充分、经济政治文化都比较落后的条件下，经过新民主主义革命和社会主义革命才最终走上社会主义发展道路的。这种低起点的社会主义，不仅说明了我国在进入社会主义社会时所处的环境，与马克思主义经典作家所设想的条件完全不同；而且也决定了我国必须走出一条与其他社会主义国家不同的社会主义建设道路。早在改革开放之初，邓小平同志就认为，无论是革命还是建设，照抄照搬别国模式都从来不会成功。鉴于此，1982 年，他在党的十二大上提出“把马克思主义的普遍真理同我国的具体实际结合起来，走自己的道路，建设有中国特色的社会主义，这就是我们总结长期历史经验得出的基本结论”②。

经过 40 年的改革开放，我国经济社会快速发展。这一切成就的取得，归根结底就在于我们走出了一条适合中国国情的现代化发展道路，即中国特色社会主义道路。1981 年 6 月，党的十一届六中全

① 中共中央文献研究室编：《十八大以来重要文献选编》(上)，北京：中央文献出版社，2014 年，第 9 页。

② 《邓小平文选》第 3 卷，北京：人民出版社，1993 年，第 3 页。

会通过的《关于建国以来党的若干历史问题的决议》首次对我国要解决的社会主要矛盾和工作中心、现代化建设的步骤和阶段、社会主义生产关系的变革和完善、正确处理一定范围内存在的阶段斗争、社会主义民主和精神文明建设等基本问题,作了初步概括,并且明确指出这是十一届三中全会以来党所确立的“适合我国情况的社会主义现代化建设的正确道路”的“主要点”。党的十二大提出了“建设有中国特色的社会主义”这个基本命题。党的十三大对开辟建设有中国特色的社会主义道路的伟大意义做了高度评价,提出了社会主义初级阶段的基本路线,这是对中国特色社会主义道路核心思想的概括。党的十四大提出在社会主义的发展道路问题上,要走自己的路,不把书本当教条,不照搬外国模式,以马克思主义为指导,以实践作为检验真理的唯一标准,解放思想,实事求是,尊重群众的首创精神,建设有中国特色的社会主义。党的十五大突出强调了中国特色社会主义道路前景的光明性和具体路径的风险性,要求树立坚定的信念去攻坚克难。党的十七大以社会主义初级阶段的基本路线为主体,规划了社会主义建设的总体布局,形成了对中国特色社会主义道路的完整阐述。在党的十八大对这条道路的科学内涵予以丰富的基础上,党的十九大进一步强调:“全党要牢牢把握社会主义初级阶段这个基本国情,牢牢立足社会主义初级阶段这个最大实际,牢牢坚持党的基本路线这个党和国家的生命线、人民的幸福线,领导和团结全国各族人民,以经济建设为中心,坚持四项基本原则,坚持改革开放,自力更生,艰苦创业,为把我国建设成为富强民主文明和谐美丽的社会主义现代化强国而奋斗。”①党的十九大关于中国特色社会主义道路的新概括,全面总结了新中国成立后特别是改革开放以来我们党领导人民探索社会主义建设道路的重要

① 习近平:《决胜全面建成小康社会 夺取新时代中国特色社会主义伟大胜利——在中国共产党第十九次全国代表大会上的报告》,北京:人民出版社,2017 年,第 12 页。

成果和基本经验,集中体现了新时代坚持和发展中国特色社会主义的本质要求和客观规律。

## (二)中国特色社会主义道路自信的内涵

中华民族是充满自信的民族,中国共产党是一个高度自信的政党。"中国特色社会主义道路自信",是指全国各族人民对中国共产党领导开辟的中国特色社会主义道路的必然性、现实性、科学性、优越性所形成的高度的情感认同、理性认知和行为遵循,是坚信我们选择的中国特色社会主义道路,既符合时代特征又适合中国国情,相对于资本主义创造的现代文明,具有新的优势,其独特性中蕴涵着丰富人类文明大道的重要价值。

第一,中国特色社会主义道路自信是对于走中国特色社会主义道路正确性的主体认同。道路自信不仅表现为对客观成就的自豪,也表现为主体认可,主体认可是道路自信的主要依据。我们党是用马克思主义武装起来的政党,坚持以人民为中心,以人民满意不满意、答应不答应作为评判工作得失的标准。2013 年 3 月 23 日,习近平同志在莫斯科国际关系学院发表演讲时说:"'鞋子合不合脚,自己穿了才知道'。一个国家的发展道路合不合适,只有这个国家的人民才最有发言权"①。

中国特色社会主义发展始终立足于人民群众根本利益去观察问题和解决问题;始终顺应人民共同愿望,以推进人的全面发展和社会的全面进步为发展宗旨;始终以中国人民的判断为衡量标准,把实现好、维护好、发展好最广大人民根本利益,作为我们一切工作的出发点。正因如此,中国特色社会主义道路得以更好地为人民群众所理解、所接受、所认同,无可争辩地成为中国前进方向的最大公约

① 中共中央文献研究室编:《十八大以来重要文献选编》(上),北京:中央文献出版社,2014 年,第 260 页。

数,从而凝聚一切积极力量,调动一切人的积极性和创造性,这从本质上反映了我们坚持和发展中国特色社会主义的力量所在。今天,我们比历史上任何时期都更接近、更有信心和能力实现中华民族伟大复兴的目标,当下中国正处在比历史上任何时期都更加辉煌的重要阶段,人们正满怀信心地迎接新的征程,这会进一步坚定人民对中国特色社会主义道路的自信心。

在庆祝中国共产党成立 95 周年大会上的重要讲话中,习近平同志把“中国共产党领导中国人民开辟的中国特色社会主义道路是正确的,必须长期坚持、永不动摇”,作为“三个必须长期坚持、永不动摇”的根本要求之一,提到全党同志面前,并强调指出:“我们要建设的是中国特色社会主义,而不是其他什么主义。历史没有终结,也不可能被终结。中国特色社会主义是不是好,要看事实,要看中国人民的判断,而不是看那些戴着有色眼镜的人的主观臆断。中国共产党人和中国人民完全有信心为人类对更好社会制度的探索提供中国方案。”①

第二,中国特色社会主义道路自信是对于改革开放以来取得的中国特色社会主义伟大成就的充分肯定。中国特色社会主义道路在前进过程中经历了各种严峻考验,创造了令世人瞩目的奇迹。实践的成功是最大的自信,在其他国情土壤上生长出来的道路说教,很难与本土生长的“成功”辩论。

60 多年来特别是改革开放 40 年来,我国社会主义建设取得了辉煌成就,中国特色社会主义在实践中显示出巨大优势和威力。仅从中国对全球增长的贡献来看,从 1980 年的 5%到近年来的 30%。尽管当前中国经济转入中高速增长,但国际货币基金组织的数据仍然显示,基于中国的经济规模,中国在 2015 至 2019 年期间每年持

---

① 习近平:《在庆祝中国共产党成立 95 周年大会上的讲话》(2016 年 7 月 1 日),《人民日报》2016 年 7 月 2 日 02 版。

续为全球总产出多增长一个百分点,为全球经济的增长继续做出30%左右的贡献。中国的发展,不仅使中国人民稳定地走上了富裕安康的广阔道路,而且为世界经济发展和人类文明进步作出了重大贡献。“风景这边独好”,正是源于我们始终坚持中国特色社会主义道路。

当前国内面临多重矛盾,周边面临复杂斗争,国际社会各成员间激烈较量。世界上有看好中国也有唱衰中国的,国内有信心满怀也有悲观疑惑的。面对这种情况,习近平同志在党的十八届一中全会上的讲话中指出:“中国特色社会主义伟大实践,不仅使我们国家快速发展起来,使我国人民生活水平快速提高起来,使中华民族大踏步赶上时代前进潮流、迎来伟大复兴的光明前景,而且使中国人民和中华民族为世界和平与发展作出了重大贡献。事实雄辩地证明,要发展中国、稳定中国,要全面建成小康社会、加快推进社会主义现代化,要实现中华民族伟大复兴,必须坚定不移坚持和发展中国特色社会主义。”①

第三,中国特色社会主义道路自信是近代以来人民为实现中华民族伟大复兴梦想的热切期望。中国特色社会主义道路自信,既来自对中国特色社会主义道路开辟以来所取得的成就的肯定,也包含着对未来中国特色社会主义道路必将引领中国建成全面小康社会,实现社会主义现代化以及中华民族伟大复兴的强烈的信心。在参观《复兴之路》展览时,习近平同志用“雄关漫道真如铁”“人间正道是沧桑”“长风破浪会有时”概括了中华民族的昨天、今天和明天,表明了我们对中国特色社会主义的坚定自信。习近平同志在党的十九大报告中指出:“站立在九百六十多万平方公里的广袤土地上,吸吮着五千多年中华民族漫长奋斗积累的文化养分,拥有十三亿多中

① 习近平:《全面贯彻落实党的十八大精神要突出抓好六个方面工作》(2012年11月15日),《求是》2013年第1期。

国人民聚合的磅礴之力，我们走中国特色社会主义道路，具有无比广阔的时代舞台，具有无比深厚的历史底蕴，具有无比强大的前进定力。”①



中国特色社会主义道路丰富了当今人类文明发展道路的内涵和理念，其影响远远超越了中国的国界而具有了世界意义。从理论上说，在“马克思主义过时论”甚嚣尘上之时，中国特色社会主义坚持把马克思主义基本原理与中国实际相结合，进一步深化和丰富了对共产党执政规律、社会主义建设规律、人类社会发展规律的认识。从发展道路上说，中国特色社会主义在遵循现代化一般规律的基础上，解答了如何维护人类发展道路多样化的世界性难题，为世界各国现代化提供了一个崭新的样本。从国际影响说，在“美美与共，天下大同”的中国思路中，中国特色社会主义独特的道路优势，展示出应对人类共同发展问题和人类文明进步问题的从容和自信。正如俄罗斯学者所指出的：“中国的成功具有巨大的国际意义，让人们有信心解决本国的问题。”改革开放以来的实践探索，使中国具有实现中华民族伟大复兴中国梦的无比坚强的民意基础，这是我们对中国特色社会主义道路永葆自信的底气所在。

## 二、中国特色社会主义道路自信的本质要求

坚定道路自信，是不断提升自身合法性、正当性的题中应有之义，也是进一步巩固扩大发展成果的客观需要。社会主义道路是不断探索、不断完善的开放性道路，它永不僵化、永不懈怠，将紧跟时代步伐与时俱进，紧贴国情变化不断巩固完善。我们的道路自信，也需要不断强化才能巩固提升。坚定道路自信，夺取新时代中国特

① 习近平：《决胜全面建成小康社会 夺取新时代中国特色社会主义伟大胜利——在中国共产党第十九次全国代表大会上的报告》，北京：人民出版社，2017年，第70页。

色社会主义伟大胜利，关键是要继续高举中国特色社会主义伟大旗帜，不断坚持和拓展中国特色社会主义道路，使中国特色社会主义道路越走越宽广。

## （一）坚定中国特色社会主义道路自信，必须坚持中国共产党的领导

“党政军民学，东西南北中，党是领导一切的。”邓小平同志指出：“要建设社会主义，没有共产党的领导是不可能的。”[①]确保党始终成为中国特色社会主义事业的坚强领导核心，是沿着中国特色社会主义道路奋勇前进的政治前提。我们党始终坚持立党为公、执政为民，不断提高科学执政、民主执政、依法执政水平，充分发挥总揽全局、协调各方的领导核心作用，始终保持党的先进性和纯洁性，形成并制定了党的基本理论、基本路线、基本方略以及一系列方针政策。中国特色社会主义道路之所以能显示出强大生命力和巨大优越性，取得举世瞩目的历史性成就，靠的就是党的正确领导和全党全国各族人民的团结奋斗。这条道路的开创，展现了我们党的探索精神和创新能力，也展现了我们党所具有的独特政治优势。这些独特政治优势的发挥，对党和国家的事业发展起到重要的保障作用，也增强了人民群众坚持中国特色社会主义道路的信念和信心。

我们党作为执政党，不仅有统一的思想基础，有根植于人民、服务于人民的政治立场，还有善于依靠群众、善于联系群众的优良传统，这也是我们党区别于其他政党的显著标志。早在革命时期，我们党就把马克思主义的群众观运用到党的实践活动中，在总结经验的基础上，形成了“一切为了群众、一切依靠群众，从群众中来、到群众中去”的群众路线，凝练出了全心全意为人民服务的政治理念，并

① 《邓小平文选》第3卷，北京：人民出版社，1993年，第208页。

形成了密切联系群众的优良作风。在开创中国特色社会主义道路过程中,这种群众路线和优良传统得到了充分的发挥和运用。尊重人民群众的主体地位,发挥人民群众的首创精神,努力拓展群众发挥才能和智慧的空间,不断总结群众的经验,集中群众的智慧,并以群众的实践作为理论、路线和方针政策形成的基础,以人民拥护不拥护、赞成不赞成、高兴不高兴、答应不答应作为制定各项方针政策的出发点和落脚点,就是这种路线和传统的实际体现。把解决关系人民切身利益的问题放在首位,维护人民群众的整体利益,反映和兼顾不同的群体利益,协调好各方面的利益关系,关注人的价值、权益和自由,关心每个人的利益要求,努力满足人们的发展愿望和多样性的需求,并着重解决好一些人们最关心、最急迫需要解决的实际问题,也是这种路线和传统的实际体现。

我们党依靠人民群众不断创造事业发展的成就,而人民群众因事业发展又不断受益。因此,人民群众对党的领导也就真心拥护,对中国特色社会主义道路也就真心认同。中国特色社会主义能够发展到今天,中国改革开放能取得如此巨大的成就,从政治上来说,就是我们始终坚持中国共产党的领导。这是我们60多年来经济发展、社会进步、政治稳定的根本原因,也是举好中国特色社会主义伟大旗帜、走好中国特色社会主义道路的根本保证。

当前,党面临着“四大考验”“四种危险”。我们清醒地认识到,过去先进不等于现在先进,现在先进不等于永远先进;过去拥有不等于现在拥有,现在拥有不等于永远拥有。丧失领导和执政地位的危险,对于任何一个执政党来说都是始终存在的;接受历史和人民的选择,对于任何一个马克思主义政党来说都是一个永恒的课题。习近平同志在党的十八届一中全会的讲话中强调:“新形势下,我们党的自身建设面临一系列新情况新问题新挑战,落实党要管党、从严治党的任务比以往任何时候都更为繁重、更为紧迫。我们必须以更大的决心和勇气抓好党的自身建设，确保党在世界形势深刻变化的历史进程中始终走在时代前列，在应对国内外各种风险和考验的历史进程中始终成为全国人民的主心骨，在发展中国特色社会主义的历史进程中始终成为坚强的领导核心。"①党的十九大报告更是鲜明指出，"中国特色社会主义最本质的特征是中国共产党领导，中国特色社会主义制度的最大优势是中国共产党领导，党是最高政治领导力量"，"中国特色社会主义进入新时代，我们党一定要有新气象新作为。打铁必须自身硬。党要团结带领人民进行伟大斗争、推进伟大事业、实现伟大梦想，必须毫不动摇坚持和完善党的领导，毫不动摇把党建设得更加坚强有力"，"把党建设成为始终走在时代前列、人民衷心拥护、勇于自我革命、经得起各种风浪考验、朝气蓬勃的马克思主义执政党"。②

### （二）坚定中国特色社会主义道路自信，必须继续解放思想

邓小平同志指出："一个党，一个国家，一个民族，如果一切从本本出发，思想僵化，迷信盛行，那它就不能前进，它的生机就停止了，就要亡党亡国。"③解放思想是我们党的思想路线的本质要求，始终是推动党和人民事业发展的强大思想武器，是应对前进道路上各种新情况新问题、不断开创中国特色社会主义事业新局面的一大法宝。中国特色社会主义道路的逐步形成，就是以对"什么是社会主义、怎样建设社会主义"的思想解放为前提的。在这一探索的实践历程中，我们始终坚持解放思想和实事求是的统一，大力发扬求真

① 习近平：《全面贯彻落实党的十八大精神要突出抓好六个方面工作》（2012 年 11 月 15 日），《求是》2013 年第 1 期。

② 习近平：《决胜全面建成小康社会 夺取新时代中国特色社会主义伟大胜利——在中国共产党第十九次全国代表大会上的报告》，北京：人民出版社，2017 年，第 62 页。

③ 《邓小平文选》第 2 卷，北京：人民出版社，1994 年，第 143 页。

务实的精神，自觉把思想认识从那些不合时宜的观念、做法和体制的束缚中解放出来，从对马克思主义错误的和教条式的理解中解放出来。因此，没有对“本本”和固有模式的思想突破，不可能形成既坚持科学社会主义的基本原则，又具有鲜明的时代特征和中国特色的社会主义发展道路。40年改革开放的伟大实践充分证明，只有解放思想、勇于探索，才能不断开创中国特色社会主义建设的新局面。

当前，我国正处于全面建成小康社会的决胜阶段和中国特色社会主义进入新时代的关键时期，面临许多新情况、新问题，我们改革开放的困难和压力不仅不亚于当年，而且难于当年。从我们面临的前所未有的挑战来看，我们今天所面临的矛盾具有以下特点：一是新。当前，由于经济体制深刻变革、社会结构深刻变动、利益格局深刻调整、思想观念深刻变化，带来了许多前所未有的新情况、新问题、新矛盾。许多矛盾不仅是我们从未遇到过的，甚至也是全球性问题，没有任何现成的经验可供借鉴，必须更多地对我们自身的实践经验进行总结探索，并更为广泛地借鉴世界各国的探索经验。这就必须继续解放思想、改革创新。二是深。改革已进入攻坚阶段，所有的重大矛盾都是深层次的矛盾，不仅不易突破，而且具有敏感性和尖锐性，关系到改革开放的全局，关系到某些根本性的利益调整，如有序推进社会主义民主政治建设问题、更为有效地预防和惩治腐败问题等，不仅关系到我们党的执政地位，更关系到中华民族伟大复兴的前途。这就必须继续解放思想、推进改革。三是杂。我们要解决的矛盾大量是积压式、交叉式矛盾。由于我国现代化进程的跳跃式推进，使得在西方发达国家以“历时性”方式呈现的矛盾在我国以“共时性”方式突现，如早期工业、中期工业和新兴工业三个阶段的产业并存，中等发达、初步发展和欠发达的区域并存，以及“未强先大”“未富先老”“未发（资源）先枯”等奇特现象的出现，解决这些问题，都需要高度智慧和大局观念。这就必须继续解放思想、综合改革。所有这些,都要求我们必须把进一步解放思想摆在突出的位置。

## (三)坚定中国特色社会主义道路自信,必须深刻领会建设中国特色社会主义的总依据、总布局、总任务

在十八届中共中央政治局第一次集体学习的讲话中,习近平同志指出:"党的十八大强调,建设中国特色社会主义,总依据是社会主义初级阶段,总布局是五位一体,总任务是实现社会主义现代化和中华民族伟大复兴。这'三个总'的概括,高屋建瓴,提纲挈领,言简意赅。深刻领会和把握这个新概括,有助于我们深刻领会和把握中国特色社会主义的真谛和要义。"①

强调总依据,是因为社会主义初级阶段是当代中国的最大国情、最大实际。这个总依据是坚持和发展中国特色社会主义一切工作的根本出发点。国情是一个国家的基本情况,是各国选择自己发展道路的根本依据。不同的国情,从根本上决定了各国发展道路的差异性。毛泽东同志曾深刻指出:"认清中国的国情,乃是认清一切革命问题的基本的依据。"②只有走中国人民自己选择的道路,走适合中国国情的道路,最终才能走得通,走得好。新时期以来,我们党提出和实行的一系列建设中国特色社会主义的科学理论和正确路线方针政策,都是源于对社会主义初级阶段基本国情的科学认识和正确把握。比如,实行以公有制为主体、多种所有制经济共同发展的基本经济制度,实行以按劳分配为主体、多种分配方式并存的分配制度等,实行改革开放、发展社会主义市场经济、构建社会主义和谐社会等重大战略决策等,很重要的一点就是由我国现阶段生产力还

---

① 中共中央文献研究室编:《十八大以来重要文献选编》(上),北京:中央文献出版社,2014年,第76页。

② 《毛泽东选集》第2卷,北京:人民出版社,1991年,第633页。

不够发达、经济社会发展还不平衡不充分这一初级阶段基本特点决定的。因此,我们只有深刻理解和把握社会主义初级阶段的基本国情,才能进一步加深对中国特色社会主义道路的理解,坚定不移地把中国特色社会主义推向前进。

改革开放以来,我国经济获得了很大发展,一些重要产品产量位居世界前列。但党的十九大报告指出:"我国仍处于并将长期处于社会主义初级阶段的基本国情没有变,我国是世界最大发展中国家的国际地位没有变。全党要牢牢把握社会主义初级阶段这个基本国情,牢牢立足社会主义初级阶段这个最大实际。"①在十八届中共中央政治局第十一次集体学习时,习近平同志说过,社会存在决定社会意识。我们党现阶段提出和实施的理论和路线方针政策,之所以正确,就是因为它们都是以我国现时代的社会存在为基础的。党的十八届三中全会对我国全面深化改革作出了总体部署,是从我国现在的社会存在出发的,即从我国现在的社会物质条件的总和出发的,也就是从我国基本国情和发展要求出发的。② 从社会主义初级阶段的基本国情出发,就要求在任何情况下都要牢牢把握社会主义初级阶段这个最大国情,推进任何方面的改革发展都要牢牢立足社会主义初级阶段这个最大实际;就要求正确认识社会主义初级阶段基本国情在新时期新阶段的表现,真正坚持从社会主义初级阶段的基本国情出发;就要求正确认识社会主义初级阶段我国社会主要矛盾的变化,让人民群众在改革发展中得到实际的利益,从而为人民群众坚定中国特色社会主义道路自信奠定基础。强调总布局,是因为中国特色社会主义是全面发展的社会主义。坚定对中国特色社会主义的道路自信,必须坚持全面发展。全面发展的含义包括建设

---

① 习近平:《决胜全面建成小康社会 夺取新时代中国特色社会主义伟大胜利——在中国共产党第十九次全国代表大会上的报告》,北京:人民出版社,2017 年,第 12 页。

② 《习近平在中共中央政治局第十一次集体学习时强调 推动全党学习和掌握历史唯物主义 更好认识规律更加能动地推进工作》,《人民日报》2013 年 12 月 5 日 01 版。

社会主义市场经济，建设社会主义民主政治，建设社会主义先进文化，建设社会主义和谐社会，建设社会主义生态文明。这五个建设充分体现了社会主义发展的全面性、协调性、系统性以及科学性，去掉任何一个方面，中国特色社会主义的建设都是不全面的、不完善的。把中国特色社会主义总体布局拓展为“五位一体”，是党的十八大对推进中国特色社会主义事业的一个重要贡献，也是中国共产党人对中国特色社会主义建设规律认识的一个新突破。1986年党的十二届六中全会通过的《关于社会主义精神文明建设指导方针的决议》第一次明确提出：“我国社会主义现代化建设的总体布局是：以经济建设为中心，坚定不移地进行经济体制改革，坚定不移地进行政治体制改革，坚定不移地加强精神文明建设。”由此开始，经济体制改革、政治体制改革、精神文明建设便成为我国社会主义现代化建设的总体布局。2005年2月，胡锦涛同志在省部级主要领导干部提高构建社会主义和谐社会能力专题研讨班上明确指出：随着我国经济社会的不断发展，中国特色社会主义事业的总体布局，更加明确地由社会主义经济建设、政治建设、文化建设三位一体发展为社会主义经济建设、政治建设、文化建设、社会建设四位一体。党的十八大第一次把生态文明建设与经济建设、政治建设、文化建设、社会建设并列，共同构成了中国特色社会主义事业“五位一体”总体布局。十八大关于中国特色社会主义事业“五位一体”总体布局战略思想的提出，标志着我们党对中国特色社会主义建设规律的认识提高到了一个新境界。党的十九大把我国社会主义现代化建设的奋斗目标由之前的“建设富强民主文明和谐的社会主义现代化国家”调整为“把我国建设成为富强民主文明和谐美丽的社会主义现代化强国”，这是我们党对社会主义建设规律在实践和认识上不断深化的重要成果，使中国特色社会主义事业的顶层设计更为完善、更加科学。把握了这个“五位一体”的总布局，就能更好地实现改革发展的全面性、协调性、可持续性,处理和解决好人与社会、人与人、人与自然的关系。

强调总任务,是因为我们党从成立那天起,就肩负着实现中华民族伟大复兴的历史使命。把实现社会主义现代化和中华民族伟大复兴作为中国特色社会主义的总任务,凸显了中国共产党对中国和中华民族神圣的历史责任感。中国在历史上曾经很辉煌,而近代以来又很悲惨,受尽屈辱,反差极大。习近平同志说,每一个中国人想起那段历史都会感到心痛。在新中国将要成立时,毛泽东同志豪迈地指出:中国将“迅速地荡涤反动政府留下来的污泥浊水,治好战争的创伤,建设起一个崭新的强盛的名副其实的人民共和国”①。当时,一些外国人听了不以为然,而大多数中国人听了心里特别振奋。这说明,建设一流强国不是毛泽东同志的个人心理,而是全体中国人民的民族心理。新中国成立时,西方各主要资本主义国家早已建立起现代化工业体系,并已揭开了以电子技术为标志的新技术革命的序幕;而当时的中国还是一个相当贫困的农业国,近代工业只占工农业总产值的10%左右。所以毛泽东同志用“一穷二白”来概括当时中国的落后面貌,警告如果中国不尽快改变这种面貌,将会被“开除球籍”。正是出于强国富民的迫切愿望,党在20世纪五六十年代就提出建设现代化国家的历史任务,真切反映了中华民族近代以来最伟大的复兴梦想。但由于受到我们的思维局限、认识局限和极“左”的错误的影响,实现中华民族伟大复兴走了一段曲折的弯路,从1978年以后我们才真正开启了实现社会主义现代化和中华民族伟大复兴的光明之路。实现社会主义现代化与中华民族伟大复兴是一个问题的两个方面。实现中华民族伟大复兴,就要实现社会主义现代化,只有实现社会主义现代化,才能实现中华民族伟大复兴。经过长期的发展,实现民族复兴我们更具备条件了。所以党

---

① 《毛泽东选集》第4卷,北京:人民出版社,1991年,第1467页。

的十八大以后，习近平同志在参观《复兴之路》展览时，就讲到民族复兴的话题，强调这是我们的总任务，是我们的总目标。

建设中国特色社会主义，总依据是社会主义初级阶段，总布局是五位一体，总任务是实现社会主义现代化和中华民族伟大复兴。我们党从博大精深的理论和纷繁复杂的实践中概括出总依据、总布局、总任务三个最重大、最紧要的问题加以强调，简明扼要地回答了建设中国特色社会主义的基本问题，也提供了坚定中国特色社会主义道路自信的关键抓手。

## （四）坚定中国特色社会主义道路自信，必须始终坚持党的基本路线不动摇

改革开放以来，社会主义中国的面貌发生了历史性改变，然而，我们还没有从根本上摆脱不发达状态，仍然带有社会主义初级阶段的明显特征。虽然当前国际环境和国内形势都发生了深刻变化，但党的基本路线的客观依据并没有发生根本变化。

坚定对中国特色社会主义的道路自信，必须以经济建设为中心。以经济建设为中心，是改革开放以来党的基本路线的重要内容，也是中国特色社会主义发展的客观要求。当前，我国经济发展取得了举世瞩目的成就，社会各项事业取得了长足发展，人民的生活水平有了较大幅度的提高。但是经济发展过程中也存在许多问题，这些问题主要表现在两个方面：一是市场经济体制不完善，市场经济发展不充分。二是经济发展方式不合理，过度依赖投资和出口，内需对经济发展的贡献没有得到很好的发挥。这些问题的存在不仅使经济结构出现了问题，而且也造成了分配上的问题，为经济社会的全面发展埋下了隐患。这说明中国特色社会主义的物质基础还不牢固，必须坚持以经济建设为中心。以经济建设为中心仍是当前中国特色社会主义建设的兴国之要，发展经济仍是解决我国所有问题

的关键。

坚定对中国特色社会主义的道路自信,必须坚持四项基本原则。四项基本原则是党的基本路线的一个重要方面,这个重要方面包含四项内容。一是社会主义道路,二是人民民主专政,三是中国共产党的领导,四是马克思主义、毛泽东思想以及中国特色社会主义理论体系的指导思想。这四项基本原则既是改革开放以来必须坚持的原则,也是坚定中国特色社会主义道路自信必须坚持的原则。在改革开放的今天,四项基本原则是立国之本,不能有丝毫的怀疑和动摇,更不能放弃。怀疑、动摇、放弃四项基本原则,改革开放就会走老路、邪路,就有亡党亡国的危险。

坚定对中国特色社会主义的道路自信,必须坚持改革开放。改革开放是党的基本路线的另一个重要方面,既是中国特色社会主义的必由之路,也是中国特色社会主义的活力所在。中国特色社会主义进入新时代,习近平同志深刻思考党和国家的奋斗历程和前途命运,指出:"改革开放是党在新的历史条件下领导人民进行的新的伟大革命,是决定当代中国命运的关键抉择。中国特色社会主义之所以具有蓬勃生命力,就在于是实行改革开放的社会主义。我国过去30多年的快速发展靠的是改革开放,我国未来发展也必须坚定不移依靠改革开放。只有改革开放才能发展中国、发展社会主义、发展马克思主义。中国特色社会主义在改革开放中产生,也必将在改革开放中发展壮大。"①党的十九大强调,"必须坚持和完善中国特色社会主义制度,不断推进国家治理体系和治理能力现代化,坚决破除一切不合时宜的思想观念和体制机制弊端,突破利益固化的藩篱,吸收人类文明有益成果,构建系统完备、科学规范、运行有效的制度

---

① 习近平:《全面贯彻落实党的十八大精神要突出抓好六个方面工作》(2012年11月15日),《求是》2013年第1期。

体系，充分发挥我国社会主义制度优越性”①。我们国家这些年来所取得的成就，一方面来自于经济发展，另一方面来自于改革开放所带来的巨大能量和发展空间。坚持走中国特色社会主义道路，一方面要继续发展经济，另一方面还要继续改革开放。

## （五）坚定中国特色社会主义道路自信，必须坚持新时代中国特色社会主义基本方略

思想是行动的先导，行动是实现思想的具体实践。中华民族伟大复兴，绝不是轻轻松松、敲锣打鼓就能实现的，进行伟大斗争、建设伟大工程、推进伟大事业、实现伟大梦想，不能坐而论道、纸上谈兵，而是要有清晰周密的战略规划和安排，要有科学的“任务书”、明确的“路线图”、具体的“施工表”。面对世情、国情和党情的深刻变化，以习近平同志为核心的党中央准确把握新时代中国特色社会主义思想的精神实质和丰富内涵，在党的十九大报告中提出了新时代坚持和发展中国特色社会主义的十四条基本方略，即：坚持党对一切工作的领导；坚持以人民为中心；坚持全面深化改革；坚持新发展理念；坚持人民当家作主；坚持全面依法治国；坚持社会主义核心价值体系；坚持在发展中保障和改善民生；坚持人与自然和谐共生；坚持总体国家安全观；坚持党对人民军队的绝对领导；坚持“一国两制”和推进祖国统一；坚持推动构建人类命运共同体；坚持全面从严治党。并郑重强调：“以上十四条，构成新时代坚持和发展中国特色社会主义的基本方略。全党同志必须全面贯彻党的基本理论、基本路线、基本方略，更好引领党和人民事业发展。”②

---

① 习近平：《决胜全面建成小康社会 夺取新时代中国特色社会主义伟大胜利——在中国共产党第十九次全国代表大会上的报告》，北京：人民出版社，2017年，第21页。

② 习近平：《决胜全面建成小康社会 夺取新时代中国特色社会主义伟大胜利——在中国共产党第十九次全国代表大会上的报告》，北京：人民出版社，2017年，第26页。

新时代坚持和发展中国特色社会主义的基本方略，是对新中国成立以来我们党领导社会主义建设的工作经验的总结，更是十八大以来的五年以习近平同志为核心的党中央在新的历史起点上领导推进中国特色社会主义建设宝贵经验的集大成。这个基本方略，紧紧围绕着党对新时代历史方位的基本判断，围绕着“新时代坚持和发展什么样的中国特色社会主义、怎样坚持和发展中国特色社会主义”的根本主题，谋划了今后我们要干什么、怎么干、怎么干得更好，擘画了从全面建成小康社会到建成社会主义现代化强国的蓝图，是新时代中国特色社会主义思想的实践要求和实践形态，是决胜全面建成小康社会、开启全面建设社会主义现代化国家新征程、夺取新时代中国特色社会主义伟大胜利的有力保障。它科学回答了新时代如何坚持和发展中国特色社会主义的一系列重大问题，全方位地建构起新形势下中国特色社会主义的发展格局，既是对历史经验的总结，又是对新鲜经验的总结，更是对我国当前和今后改革发展稳定、内政外交国防、治党治国治军的正确指引。

新时代坚持和发展中国特色社会主义的基本方略，逻辑清晰、指向明确、内涵丰富，形成了一个彼此关联、相互协调、密切配合、不可分割的整体，全面概括和准确把握了新时代坚持和发展中国特色社会主义在实践发展中需要抓好的各个方面的主要任务。这个基本方略，从强调“坚持党对一切工作的领导”起首谋篇，对经济、政治、法治、科技、文化、教育、民生、民族、宗教、社会、生态文明、国家安全、国防和军队、“一国两制”和祖国统一、统一战线、外交、党的建设等各方面科学布局，直到以“坚持全面从严治党”作为保障，既是新时代坚持和发展中国特色社会主义的路径，又是新时代坚持和发展中国特色社会主义的方法。

新时代坚持和发展中国特色社会主义的基本方略，是我们在社会主义初级阶段都必须始终坚持的方针方略，它与党的基本理论和党在社会主义初级阶段的基本路线构成了一个从思想到行动的链条。推进党和国家事业的发展,实现人民对美好生活的向往,既需要基本理论、基本路线来提供思想指南,也需要更为具体、针对性更强的基本方略来作为行动导航。这个基本方略,既是理论性的,又是实践性的,是对党的十五大提出的“党在社会主义初级阶段的基本纲领”、党的十六大提出的“党领导人民建设中国特色社会主义必须坚持的基本经验”和党的十八大提出的“夺取中国特色社会主义新胜利必须牢牢把握的基本要求”的一种高度综合、浓缩概括,体现了党在坚持和发展中国特色社会主义问题上既一脉相承又与时俱进的鲜明特色。

新时代坚持和发展中国特色社会主义的基本方略,既是十八大以来的五年我们取得历史性成就的“成功之道”,也是我们夺取新时代中国特色社会主义伟大胜利的“重要法宝”。十八大以来的五年,我们之所以能够取得改革开放和社会主义现代化建设的历史性成就,就在于我们坚持贯彻了这个基本方略;我们之所以能够解决许多长期想解决而没有解决的难题,办成许多过去想办而没有办成的大事,就在于我们掌握并运用了这个基本方略。在新的历史征途中,我们党要团结带领人民有效应对重大挑战、抵御重大风险、克服重大阻力、解决重大矛盾,关键仍然在于要从思想上领会好、在行动中运用好这个基本方略。必须始终牢牢把握这些基本方略,并用以武装全党、教育人民、统一思想、凝聚力量,使之成为全党全国各族人民的共同信念。

## 三、中国特色社会主义道路自信的精神实质

党的十九大报告指出:“全党要更加自觉地增强道路自信、理论自信、制度自信、文化自信,既不走封闭僵化的老路,也不走改旗易

帜的邪路，保持政治定力，坚持实干兴邦，始终坚持和发展中国特色社会主义。”[①]这个深刻结论，就是要求我们坚定不移走中国特色社会主义道路，使中国特色社会主义永葆青春活力和创新魅力。

## （一）坚定道路不动摇，始终高举中国特色社会主义伟大旗帜

“不动摇”这个关键词，最早是邓小平同志在1992年提出的，他在深圳特区语重心长地说：“不坚持社会主义，不改革开放，不发展经济，不改善人民生活，只能是死路一条。基本路线要管一百年，动摇不得。”[②]对于中国的发展问题，一直有“左”和“右”两种错误倾向。而且，也正如邓小平同志指出的，“我们现在所干的事业是一项新事业，马克思没有讲过，我们的前人没有做过，其他社会主义国家也没有干过，所以，没有现成的经验可学。我们只能在干中学，在实践中探索”。[③] 探索就难免有失误，更难免有各种错误思潮的冲击。

改革开放以来，西方敌对势力以各种各样的复杂心理，千百次地“预言”中国在一些“根本性问题”上会发生他们极其武断地预测的“变化”。而在国内，既有试图改变中国特色社会主义道路，走西方“邪路”的种种思潮，也有曲解当代中国社会发展的矛盾、困难和问题，试图回到封闭僵化的“老路”上去的种种思潮。所有这些，在本质上都是要“改变”乃至“颠覆”当代中国的一些“根本性问题”。

特别是在当今世界社会主义运动处于低潮的情况下，所谓新自由主义、普世价值观、宪政民主等西方思潮粉墨登场，它们鼓吹中国应在经济制度上实行彻底私有化、政治上实行绝对自由化，完全改

① 习近平：《决胜全面建成小康社会 夺取新时代中国特色社会主义伟大胜利——在中国共产党第十九次全国代表大会上的报告》，北京：人民出版社，2017年，第17页。

② 《邓小平文选》第3卷，北京：人民出版社，1993年，第370—371页。

③ 《邓小平文选》第3卷，北京：人民出版社，1993年，第258页。

变中国现状,试图影响甚至左右中国改革开放的进程,动摇中国人民的信念,企图使中国改旗易帜,把中国引向“邪路”。然而,以“市场化”“自由化”和“私有化”为基本内涵的新自由主义在全球泛滥,给广大发展中国家带来的不是经济社会的快速发展,而是灾难性后果。拉美国家走西方国家为其设计的新自由主义发展道路以来,无力扭转经济和金融危机,出现持续的经济衰退、日益严重的两极分化和尖锐的社会矛盾;“休克疗法”非但没有使俄罗斯和其他东欧国家走上健康的发展道路,反而使其陷入发展的“陷阱”不能自拔。正如俄罗斯经济学家克洛茨沃格所说的那样,“20 世纪初处在黑暗中的中国曾以发生十月革命的俄国为师。今天,建议中国同志要牢记历史的教训,以史为鉴,不要重蹈覆辙”。

党的十八届三中全会《决定》明确指出,“改革开放的成功实践为全面深化改革提供了重要经验,必须长期坚持。最重要的是,坚持党的领导,贯彻党的基本路线,不走封闭僵化的老路,不走改旗易帜的邪路,坚定走中国特色社会主义道路,始终确保改革正确方向”①。既不走封闭僵化的老路,也不走改旗易帜的邪路,坚定不移地走中国特色社会主义道路,是中国共产党人向世界作出的庄严宣示,是中国人民作出的历史抉择。

2014 年 2 月 7 日,习近平同志在俄罗斯索契接受俄罗斯电视台《星期六新闻》节目独家专访时强调:“在中国这样一个拥有 13 亿多人口的国家深化改革,绝非易事。中国改革经过 30 多年,已进入深水区,可以说,容易的皆大欢喜的改革已经完成了,好吃的肉都吃掉了,剩下的都是难啃的硬骨头。这就要求我们胆子要大、步子要稳。胆子要大,就是改革再难也要向前推进,敢于担当,敢于啃硬骨头,敢于涉险滩。步子要稳,就是方向一定要准,行驶一定要稳,尤其是

① 中共中央文献研究室编:《十八大以来重要文献选编》(上),北京:中央文献出版社,2014 年,第 514 页。

不能犯颠覆性错误。”①颠覆性错误一旦出现就无法挽回、无法弥补。历史和人民选择了马克思主义,选择了社会主义,选择了改革开放,选择了中国特色社会主义,我们认定了科学社会主义的真理,就会永远扎扎实实地走中国特色社会主义这条路不动摇,咬定青山不放松。

一是坚持改革开放,不走封闭僵化的老路。改革开放取得的成就有目共睹,但人们对改革开放的看法却不尽一致。在党内和社会上,一些人由于受“左”的思想影响,总爱用审视的、质疑的眼光看待改革开放,对改革开放的巨大成就视而不见,而对改革开放中出现的一些问题如贫富差距拉大、消极腐败等却揪住不放,甚至肆意放大、无限上纲,全盘否定改革开放,认为我们党背离了社会主义原则和党的宗旨。这种观点和看法是站不住脚的,不破除这种封闭僵化思想的禁锢,改革开放就迈不开步子。这些错误之所以存在,就在于看问题的立场、方法不对,不是站在国家富强、民族振兴的立场上看问题,没有客观地、全面地、历史地、发展地看问题,而是戴着教条主义的镣铐看问题,主观地、片面地看问题,固守条条框框,只见问题,不见成绩,甚至以偏概全,以局部否定整体。

二是坚持社会主义方向,不走改旗易帜的邪路。在改革开放的进程中,来自右的干扰始终没有中断过。20 世纪 80 年代初期和中期,伴随着改革开放,在社会上就滋生蔓延起了一股资产阶级自由化思潮,他们借口纠正毛泽东晚年的失误而全盘否定毛泽东和毛泽东思想,进而全盘否定我们党的全部理论和实践,借助国际上兴起的马克思主义异化思想热,试图重新解读马克思主义,制造“青年马克思”和“老年马克思”的对立、马克思与恩格斯的对立,企图搞乱我们党奉为指导思想理论基础的马克思主义,认为改革的步子太慢

① 《习近平接受俄罗斯电视台专访》,《人民日报》2014 年 2 月 10 日 01 版。

了、改革太不彻底了，似乎只有一步改到资本主义道路上去他们才过瘾。进入新世纪，面对经济的快速发展，有人跳出来极力否定我国政治体制改革取得的重要进展，认为我国政治体制改革严重滞后于经济体制改革，鼓吹只有走西方议会民主和宪政道路，才能赶上世界民主潮流。近几年，一些所谓“著名经济学家”，羡慕西方自由市场经济，大肆鼓吹“新自由主义”，批评我国政府干预过多，企图把我国经济体制改革引向自由市场经济方向。这些思潮，尽管说法不同，具体观点不一样，但实质都是要取消马克思主义的指导地位，否定中国共产党的领导和我国社会主义制度，否定党和人民历经艰辛曲折、付出巨大历史代价而选择的正确道路。对此，我们要认清其实质，坚持中国特色社会主义道路不动摇。

### （二）坚定信心不懈怠，不断开创中国特色社会主义事业新局面

自从党的十二大提出“走自己的道路，建设有中国特色的社会主义”这个重大命题以来，从党的十三大到十九大，历次党的全国代表大会报告标题，都把“中国特色社会主义”作为主题词突出出来，鲜明展示了当代中国的旗帜、形象和方向。党的十八大以来，以习近平同志为核心的党中央立足于当代中国改革发展现实，肩负重任，奋力前行，不断开拓中国特色社会主义伟大实践的新境界，其治国理政新理念新思想新战略始终围绕坚持和发展中国特色社会主义而展开、丰富、深化。

丧失自信的国家永远看不到希望，缺乏自信的民族永远没有前途。中国特色社会主义道路作为中国共产党和中国人民基于长远发展而选择的正确道路，在中国特色社会主义建设过程中越来越显示出其优越性和适合中国未来发展的合理性。对此，中国共产党和中国人民对走中国特色社会主义道路表现出坚定的道路自信。当

然,还必须清醒地看到,建设中国特色社会主义的任务至今尚未完成,建设过程中也绝非一路坦途。我国还面临着十分繁重的发展任务,尤其在当前已经发生重大变化的国内国际形势下,需要我们不断地深化改革,积极探索有利于科学发展的有效途径。只有坚持不懈地沿着党和人民在长期实践中开辟出来的中国特色社会主义道路走下去,不为任何风险所惧,不为任何干扰所惑,始终坚定中国特色社会主义道路的信念不动摇,顽强拼搏、艰苦奋斗,才能早日实现中华民族伟大复兴的中国梦。2012 年 11 月 29 日,习近平同志在国家博物馆参观《复兴之路》展览时指出:"全党同志必须牢记,道路决定命运,找到一条正确的道路多么不容易,我们必须坚定不移走下去。展望未来,全党同志必须牢记,要把蓝图变为现实,还有很长的路要走,需要我们付出长期艰苦的努力。"①习近平同志还指出:30 多年来,我们能够创造出人类历史上前所未有的发展成就,走出了正确道路是根本原因。现在最关键的是坚定不移走这条道路、与时俱进拓展这条道路,推动中国特色社会主义道路越走越宽广。②

党的十九大报告向全党郑重提出:"社会是在矛盾运动中前进的,有矛盾就会有斗争。我们党要团结带领人民有效应对重大挑战、抵御重大风险、克服重大阻力、解决重大矛盾,必须进行具有许多新的历史特点的伟大斗争,任何贪图享受、消极懈怠、回避矛盾的思想和行为都是错误的。"③在新的历史条件下,开展"具有许多新的历史特点的伟大斗争",是遵循历史规律、接受人民选择的需要。这个重要思想,基于国际国内发展大势的科学分析,有着深邃的战略思考。

---

① 中共中央文献研究室编:《十八大以来重要文献选编》(上),北京:中央文献出版社,2014 年,第 83—84 页。

② 《习近平在中共中央政治局第七次集体学习时强调 在对历史的深入思考中更好走向未来 交出发展中国特色社会主义合格答卷》,《人民日报》2013 年 6 月 27 日 01 版。

③ 习近平:《决胜全面建成小康社会 夺取新时代中国特色社会主义伟大胜利——在中国共产党第十九次全国代表大会上的报告》,北京:人民出版社,2017 年,第 15 页。

从国内来看，我们确实是进入全面建成小康社会的决胜阶段。这些年来，我们各方面发展非常快，取得的成就也非常多，特别是经济成就，举世公认。但与此同时，我们面临的问题也越来越多，而且有些问题很突出很尖锐。当前，我国发展既面临大量的新情况新问题，同时又面临长期努力解决但还没有解决好的老问题。经济社会发展中长期积累形成的诸多问题，比如，贫富差距拉大，人民内部矛盾凸显，群体性事件易发、多发；高投入、高消耗、高污染、低效益的粗放经济发展方式尚未从根本上转变，长期拼资源、拼环境使资源环境的瓶颈效应愈益凸显，自主创新能力明显不足；等等。这些长期积累的问题叠加交织在一起，成为发展的羁绊。解决其中一个问题，总是受到关联的其他问题掣肘。

从国际来看，当今世界正处于大发展、大变革、大调整时期，所谓“阿拉伯之春”和“北非革命”牵动了全世界各种政治势力的神经，出现了由西方主导、通过意识形态渗透、造成族群分裂和流血冲突，进而实现政权更迭的多米诺骨牌效应。特别是美国把它的防御重心从欧洲移到了亚太，对中国形成围墙之势。尽管美国口头说这“不是针对中国”，又说“美国不认为中国是威胁”，但是全世界都看得清楚，它就是为了防范中国，因为中国近些年发展太快、太强了，它感觉这是一种挑战，一种“潜在的威胁”。美国是世界上最有影响力的国家，它这种围堵中国的战略意图，必然会影响其他一些资本主义国家，特别是我们周边一些国家对中国的态度。由于历史的原因，中国同周边几个国家至今仍然存在领土和领海纠纷。南海问题和钓鱼岛问题所以矛盾激化，都与美国支持这些国家和这些国家试图借助美国战略中心移向亚太的形势，对中国滋生是非、激化矛盾有关。国际形势的新变化需要我们党有新的思路、新的举措去应对。

我们在前进道路上面临着许多重大的问题和前所未有的挑战，

解决这些问题和挑战需要进行艰苦的工作。用“斗争”这两个字不为过，解决这些问题和挑战，必须研究新的历史特点，同时也需要我们认真地准备。正如党的十九大报告所强调的，“全党要更加自觉地坚持党的领导和我国社会主义制度，坚决反对一切削弱、歪曲、否定党的领导和我国社会主义制度的言行；更加自觉地维护人民利益，坚决反对一切损害人民利益、脱离群众的行为；更加自觉地投身改革创新时代潮流，坚决破除一切顽瘴痼疾；更加自觉地维护我国主权、安全、发展利益，坚决反对一切分裂祖国、破坏民族团结和社会和谐稳定的行为；更加自觉地防范各种风险，坚决战胜一切在政治、经济、文化、社会等领域和自然界出现的困难和挑战。全党要充分认识这场伟大斗争的长期性、复杂性、艰巨性，发扬斗争精神，提高斗争本领，不断夺取伟大斗争新胜利”。①

### （三）坚定方向不折腾，聚精会神搞建设，一心一意谋发展

社会主义革命和建设的过程中，无论是经济建设领域还是意识形态领域，都存在过自己折腾自己的情况，特别是“大跃进”“文化大革命”给社会主义事业造成了严重挫折，给我们留下了值得深刻反思的沉痛教训。改革开放在取得举世瞩目成就的同时，也积累了许多新的矛盾和问题，社会上对改革质疑和否定的声音一直不绝于耳。当前，国内外形势正在发生深刻复杂变化，我国发展仍处于重要战略机遇期，前景十分光明，挑战也十分严峻。在这样的形势下，最怕的就是折腾，最需要的是凝聚改革共识。处在全面建成小康社会的决胜阶段，绝不能出乱子，必须防止自己折腾自己。一定要咬

① 习近平：《决胜全面建成小康社会 夺取新时代中国特色社会主义伟大胜利——在中国共产党第十九次全国代表大会上的报告》，北京：人民出版社，2017 年，第 15—16 页。

定青山不放松，聚精会神搞建设，一心一意谋发展，努力实现好、维护好、发展好人民的根本利益。

坚持科学发展不折腾。新发展理念对新形势下实现什么样的发展、怎样发展等重大问题作出了新的科学回答。要坚持以新发展理念为指引，把新发展理念贯彻到我国现代化建设全过程、体现到经济建设各方面，摒弃对发展的错误认识。要着力把握发展规律，牢牢扭住经济建设这个中心，统筹协调好各方面的利益关系，努力实现好、维护好、发展好人民的根本利益。要健全制度、尊重规律、科学决策，绝不能做劳民伤财、有害无益的“政绩工程”“面子工程”，绝不能走“吃祖宗饭、断子孙路”的邪路歪路。

坚持依法治国不折腾。法治是治国理政的基本方式，法治也是防止折腾的有效武器。党的十九大报告提出，“全面依法治国是中国特色社会主义的本质要求和重要保障。必须把党的领导贯彻落实到依法治国全过程和各方面，坚定不移走中国特色社会主义法治道路，完善以宪法为核心的中国特色社会主义法律体系，建设中国特色社会主义法治体系，建设社会主义法治国家，发展中国特色社会主义法治理论”①。要把制度建设摆在突出位置，推进依法行政，提高领导干部运用法治思维和法治方式深化改革、推动发展、化解矛盾、维护稳定的能力。要以法律机制作保障，最大限度地抑制各种“折腾”的冲动，坚持用制度管权管事管人，确保国家机关以及各级政府按照法定权限和程序行使权力，防止由于个人独断专制而造成背离科学、脱离实际、脱离人民、危害社会主义建设的情况发生。

维护党的集中统一不折腾。党的集中统一是党的力量所在，是实现经济社会发展、民族团结进步、国家长治久安的根本保证。党面临的形势越复杂，肩负的任务越艰巨，就越要加强党的纪律建设，

① 习近平：《决胜全面建成小康社会 夺取新时代中国特色社会主义伟大胜利——在中国共产党第十九次全国代表大会上的报告》，北京：人民出版社，2017年，第22页。

越要维护党的集中统一。保证全党服从中央，坚持党中央权威和集中统一领导，是党的政治建设的首要任务。必须坚决维护中央权威，确保中央政令畅通，决不允许"上有政策、下有对策"，决不允许有令不行、有禁不止。要坚持民主集中制原则，坚持民主基础上的集中和集中指导下的民主相结合，既充分发扬民主，又善于集中统一，营造党内民主平等的同志关系、民主讨论的政治氛围、民主监督的制度环境，防止和克服违反民主集中制原则的个人独断专行和软弱涣散现象。

坚决反对腐败不折腾。人民群众最痛恨腐败现象，腐败是我们党面临的最大威胁。腐败问题解决不好，就会对党造成致命伤害，甚至亡党亡国。"物必先腐，而后虫生。"近年来发生的严重违纪违法案件，性质非常恶劣，政治影响极坏，令人触目惊心。特别是发生在党的高级干部身上的腐败案件，对党的形象伤害很大，严重损害了党在人民群众中的威信和政府的公信力。党的十九大报告指出，"只有以反腐败永远在路上的坚韧和执着，深化标本兼治，保证干部清正、政府清廉、政治清明，才能跳出历史周期率，确保党和国家长治久安"①。反腐败斗争必须常抓不懈，拒腐防变必须警钟长鸣。要坚持中国特色反腐倡廉道路，更加科学有效地防治腐败，强化不敢腐的震慑，扎牢不能腐的笼子，增强不想腐的自觉，做到干部清正、政府清廉、政治清明。只有这样，才能捍卫党和人民90多年奋斗、创造、积累的根本成就，才能保证中国特色社会主义事业的顺利前进。

"不动摇、不懈怠、不折腾"，是一个具有内在联系的有机整体，是我们党对历史经验的深刻总结，体现了我们党对发展规律的深刻把握。夺取新时代中国特色社会主义伟大胜利，必须坚持把"不动

① 习近平：《决胜全面建成小康社会 夺取新时代中国特色社会主义伟大胜利——在中国共产党第十九次全国代表大会上的报告》，北京：人民出版社，2017年，第67页。

摇、不懈怠、不折腾”作为共同信念和行动指南，坚定不移地走中国特色社会主义道路，共同创造中国人民和中华民族更加幸福美好的未来。总的来说，坚定中国特色社会主义道路自信，就是要求我们要始终坚持党的基本路线不动摇，做到思想上坚信不疑、行动上坚定不移，决不走封闭僵化的老路，也决不走改旗易帜的邪路，而是坚定不移地走中国特色社会主义道路。

独特的文化传统，独特的历史命运，独特的国情，注定了中国必然走适合自己特点的发展道路。在实现中华民族伟大复兴中国梦的漫漫征程中，历史和人民选择了走中国特色社会主义道路，并且取得了成功。在今昔对比和国际观察中，中国特色社会主义道路的价值和魅力愈益显现，党和人民对于这条道路的信心与日俱增。实现中华民族伟大复兴，必须更加坚定中国特色社会主义道路自信。这条道路我们看准了、认定了，就要坚定不移走下去。只要我们高举中国特色社会主义伟大旗帜，坚定道路自信，坚持和发展中国特色社会主义道路，中华民族伟大复兴的中国梦就一定能够实现。

第二章

# 历史和人民的选择
# ——道路自信的历史逻辑

现在与未来是过去历史的进一步展开和延伸,对现在与未来的自信离不开历史提供的深刻逻辑。坚定中国特色社会主义道路自信,最深厚的历史逻辑就根源于这条道路是历史的选择、人民的选择。

## 一、选择中国特色社会主义道路的历史脉络

道路问题至关重要,关乎国家前途、民族命运、人民幸福。习近平指出:“无论搞革命、搞建设、搞改革,道路问题都是最根本的问题。”①道路正确,民族发展、国家建设就会步入坦途,就会给人民带来幸福和安康;否则,民族发展、国家建设就会遭受挫折,就会给人民带来痛苦和灾难。中国特色社会主义道路,是近代以来中国共产

① 中共中央文献研究室编:《习近平关于实现中华民族伟大复兴的中国梦论述摘编》,北京:中央文献出版社,2013 年,第 28 页。

党和中国人民顺应历史发展潮流做出的必然选择。党的十八大后，习近平联系中国近现代历史特别是中国共产党的历史，对此进行过多次深刻阐述。习近平指出："中国特色社会主义，承载着几代中国共产党人的理想和探索，寄托着无数仁人志士的意愿和期盼，凝聚着千千万万革命先烈的奋斗和牺牲，凝聚着全国各族人民的奋斗和实践，是近代以来中国社会发展的必然选择，是历史和人民的选择。"[①]在第十二届全国人民代表大会第一次会议上的讲话中，习近平指出："这条道路来之不易，它是在改革开放30多年的伟大实践中走出来的，是在中华人民共和国成立60多年的持续探索中走出来的，是在对近代以来170多年中华民族发展历程的深刻总结中走出来的，是在对中华民族5000多年悠久文明的传承中走出来的，具有深厚的历史渊源和广泛的现实基础。"[②]

## （一）鸦片战争后中国人民救亡图存的艰难探索

党的十九大报告指出："中华民族有五千多年的文明历史，创造了灿烂的中华文明，为人类作出了卓越贡献，成为世界上伟大的民族。"[③]众所周知，我们的祖先在过去曾创造了灿烂辉煌的农耕文明，为发展人类文明作出重大贡献。但是，进入近代以后，中华民族所固守的农耕文明逐渐落后于时代发展潮流，与西方工业文明的差距日渐凸显。落后就要挨打！西方列强很快发现了东方这块"沃土"，强行用坚船利炮敲开了中国国门。

1840年爆发的鸦片战争，彻底改变了中国的历史。"鸦片战争

① 中共中央文献研究室编：《习近平关于实现中华民族伟大复兴的中国梦论述摘编》，北京：中央文献出版社，2013年，第21页。

② 中共中央文献研究室编：《习近平关于实现中华民族伟大复兴的中国梦论述摘编》，北京：中央文献出版社，2013年，第26页。

③ 习近平：《决胜全面建成小康社会 夺取新时代中国特色社会主义伟大胜利——在中国共产党第十九次全国代表大会上的报告》，北京：人民出版社，2017年，第13页。

后，中国陷入内忧外患的黑暗境地，中国人民经历了战乱频仍、山河破碎、民不聊生的深重苦难。"[①]第一次鸦片战争后，清政府与英帝国签订了丧权辱国的《南京条约》，中国由此走向半殖民地半封建社会。此后，帝国主义国家接踵而来，发动了一系列侵略战争，签订了一系列不平等条约，中国的领土被瓜分、资源被掠夺，中国逐步沦为半殖民地半封建国家，中华民族到了亡族灭种的最危险时刻！如何拯救民族危亡、取得民族独立、实现民族复兴，使中华民族重新以独立自强的形象屹立于世界民族之林，成为鸦片战争后中国人民面临的重大历史课题。为了实现民族复兴，无数仁人志士不屈不挠、前仆后继，进行了可歌可泣的斗争，进行了各式各样的尝试。

面对中国数千年未有之变局，中国人民在苦难中觉醒和奋起。为了民族的独立和解放，为了国家的振兴和富强，中国所有的社会力量、政党、仁人志士都进行了艰难探索。这一时期，农民、封建地主阶级开明派、资产阶级改良派、资产阶级革命派纷纷登上历史舞台，各种救国主张纷纷问诊中国，他们进行过很多救国救民的尝试。其中，有奕䜣、李鸿章等为代表的洋务自强运动，主张"师夷长技以制夷""中体西用"；有洪秀全为代表的太平天国农民起义，追求"无处不均匀，无人不饱暖"；有以康有为、梁启超为代表的戊戌变法运动，探求西方资本主义先进制度和文化，实行"君主立宪"；也有以孙中山为代表的辛亥革命，要求彻底推翻封建帝制，建立"资产阶级共和国"。[②]"中国几乎对西方出现过的各种现代化模式都进行过快速的试选择"[③]，差不多世界上有代表性的理论、学说、主义都在中华大地上尝试过。但在帝国主义和封建主义的双重绞杀下，所有这些探

---

① 习近平：《决胜全面建成小康社会 夺取新时代中国特色社会主义伟大胜利——在中国共产党第十九次全国代表大会上的报告》，北京：人民出版社，2017年，第13页。

② 贺方彬：《论坚定中国特色社会主义道路自信》，《中共南昌市委党校学报》2015年第2期。

③ 罗荣渠：《现代化新论——世界与中国的现代化进程》，北京：北京大学出版社，1995年，第339页。

索与抗争，都以失败而告终。正如习近平指出的："在中华民族积贫积弱、任人宰割的时期，各种主义和思潮都进行过尝试，资本主义道路没有走通，改良主义、自由主义、社会达尔文主义、无政府主义、实用主义、民粹主义、工团主义等也都'你方唱罢我登场'，但都没能解决中国的前途和命运问题。"①辛亥革命之后，中国依然是半殖民地半封建社会。社会更加黑暗，国家更加衰败，人民更加痛苦，社会矛盾更加尖锐，中国的内忧外患有增无减。中国究竟向何处去？历史和人民仍要继续选择出路。

## （二）历史和人民选择了中国共产党和社会主义

正当中华民族和中国人民在探索中国出路陷入迷茫与困境之时，十月革命一声炮响，给我们送来了马克思主义。1917 年 11 月 7 日，俄国取得十月革命的胜利。十月革命的胜利，不仅指明了社会主义是人类社会历史发展的趋势，而且提供了实现社会主义的模板，使中国的先进分子看到了争取中华民族解放的新希望。此后，中国历史和中国人民相继开启了选择马克思主义、选择中国共产党、选择社会主义、选择改革开放的光明之路。

十月革命前后，社会主义学说通过不同渠道涌向中国。许多具有共产主义思想的知识分子和先进人士，纷纷评述介绍社会主义学说的著作。这些先进知识分子都急切盼望能改变中国贫弱的状况，不愿意继续走欧美资本主义发展道路，而是主张向同样落后的俄国学习，走社会主义道路。中国先进的知识分子正是在十月革命胜利的召唤下，接受了马克思主义。正如毛泽东指出："十月革命帮助了全世界的也帮助了中国的先进分子，用无产阶级的宇宙观作为观察

① 中共中央文献研究室编：《十八大以来重要文献选编》（上），北京：中央文献出版社，2014 年，第 109 页。

国家命运的工具，重新考虑自己的问题。走俄国人的路——这就是结论。”①1921 年 7 月，在经历了多次失败的选择和探索之后，苦难深重的中国终于迎来了中国共产党的诞生。从此，中国革命的面貌就焕然一新了。中国共产党一经成立，就把实现共产主义作为党的最高理想和最终目标，义无反顾肩负起实现中华民族伟大复兴的历史使命，团结带领人民进行了艰苦卓绝的斗争，谱写了气吞山河的壮丽史诗。

我们党深刻认识到，实现中华民族伟大复兴，必须推翻压在中国人民头上的帝国主义、封建主义、官僚资本主义三座大山，实现民族独立、人民解放、国家统一、社会稳定。为此，我们党团结带领人民，顺应时代潮流，坚持把马克思主义基本原理同中国实际结合起来，找到了一条农村包围城市、武装夺取政权的正确革命道路，进行了 28 年浴血奋战，完成了新民主主义革命，1949 年成立了中华人民共和国。从此，民族独立了，人民解放了，中华民族和中国人民不可逆转地结束了近代以来中国内忧外患、积贫积弱、民生凋敝、任人宰割的悲惨命运，实现了中国从几千年封建专制向人民民主专政的伟大飞跃，向着实现中华民族复兴的梦想迈出了决定性的一步。

正确道路的选择不是一次就能完成的，也不是一劳永逸的。新中国成立是一个新的开端，是万里长征的第一步。新中国成立后，是长期停留在新民主主义社会阶段，还是迅速过渡到社会主义社会？历史和人民选择了走社会主义道路。“我们党深刻认识到，实现中华民族伟大复兴，必须建立符合我国实际的先进社会制度。”②面对形势和有利条件，我们党不失时机地团结带领人民完成了社会主义改造，建立了社会主义基本制度。虽然社会主义改造中出现了

---

① 《毛泽东选集》第 4 卷，北京：人民出版社，1991 年，第 1471 页。

② 习近平：《决胜全面建成小康社会 夺取新时代中国特色社会主义伟大胜利——在中国共产党第十九次全国代表大会上的报告》，北京：人民出版社，2017 年，第 14 页。

过快过激的问题，但它是我国社会历史发展的必然要求，创造性地实现由新民主主义到社会主义的转变，使占世界人口四分之一的东方大国进入社会主义社会，实现了中国历史上最广泛最深刻的社会变革，为当代中国社会的一切发展进步奠定了根本政治前提和制度基础，实现了中华民族由近代不断衰落到根本扭转命运、持续走向繁荣富强的伟大飞跃。

随后，党和人民又开始了对社会主义建设道路的艰辛探索。在探索初期，党和人民取得了许多对社会主义建设的正确认识，比如要实现马克思主义与中国实际的第二次结合，制定适合中国情况的路线方针政策和办法；要以苏联为戒，从中国实际出发，独立自主地进行社会主义建设；要处理好社会主义建设的十大关系，正确区分和处理两类不同性质的矛盾。在这些正确理论的指导下，在我们党领导亿万人民共同奋斗中，社会主义建设取得了很大成就。但是，由于在一个落后的东方大国如何建设社会主义是一个全新的课题，党对社会主义建设道路的探索从20世纪50年代后期开始出现了曲折和失误，使我国社会主义事业陷入前所未有的困境，使中华民族偏离了实现民族复兴的正确轨道。历史再次昭示，选择适合中国国情的正确道路，对实现中华民族伟大复兴至关重要。

### （三）历史和人民选择了改革开放和中国特色社会主义

面对十年“文化大革命”造成的危难局面，党和人民在短暂的徘徊后又作出了正确选择。“我们党深刻认识到，实现中华民族伟大复兴，必须合乎时代潮流、顺应人民意愿，勇于改革开放，让党和人民事业始终充满奋勇前进的强大动力。”①所以，这次党和人民选择了改革开放，选择了走中国特色社会主义道路。1978年召开的十一届三中全会，开启了改革开放历史新时期。从那时以来，中国共产党人和中国人民以一往无前的进取精神和波澜壮阔的创新实践，谱写了中华民族自强不息、顽强奋进的壮丽史诗。

以邓小平同志为核心的党的第二代中央领导集体带领全党全国各族人民，坚持解放思想、实事求是，以超人的政治胆略和巨大的理论勇气，彻底否定“以阶级斗争为纲”的错误理论和实践，科学评价毛泽东同志和毛泽东思想，在党的十一届三中全会上毅然决然地作出把党和国家工作中心转移到经济建设上来、实行改革开放的历史性决策。与此同时，也开始了改变农村生产关系、促进农村生产力发展的改革，揭开了我国农村改革的序幕。党和人民不约而同地作出了同样的抉择，吹响走自己的路、建设中国特色社会主义的时代号角，开启了中华民族不断发展壮大，向着社会主义现代化和民族复兴中国梦阔步前行的历史征程。在改革开放和社会主义现代化建设的伟大实践中，我们党确立了社会主义初级阶段基本路线，创立了邓小平理论，指引全党全国各族人民在改革开放的伟大征程上阔步前进。以江泽民同志为核心的党的第三代中央领导集体带领全党全国各族人民，高举邓小平理论伟大旗帜，坚持改革开放、与时俱进，在国内外政治风波、经济风险等严峻考验面前，依靠党和人民，捍卫中国特色社会主义，创建社会主义市场经济新体制，开创全面开放新局面，推进党的建设新的伟大工程，创立“三个代表”重要思想，继续引领改革开放的航船沿着正确方向破浪前进。以胡锦涛同志为总书记的党中央，坚持以邓小平理论和“三个代表”重要思想



① 习近平：《决胜全面建成小康社会 夺取新时代中国特色社会主义伟大胜利——在中国共产党第十九次全国代表大会上的报告》（2017年10月18日），北京：人民出版社，2017年，第14页。

为指导，顺应国内外形势发展变化，抓住重要战略机遇期，发扬求真务实、开拓进取的精神，坚持理论创新和实践创新，着力推动科学发展、促进社会和谐，完善社会主义市场经济体制，在全面建设小康社会实践中坚定不移地把改革开放伟大事业继续推向前进。

党的十八大以来，以习近平同志为核心的党中央，坚持以马克思主义、毛泽东思想、邓小平理论、“三个代表”重要思想、科学发展观为指导，坚持解放思想、实事求是、与时俱进、求真务实，坚持辩证唯物主义和历史唯物主义，紧密结合新的时代条件和实践要求，以全新的视野深化对共产党执政规律、社会主义建设规律、人类社会发展规律的认识，进行艰辛理论探索，取得了重大理论创新成果，形成了习近平新时代中国特色社会主义思想。这一思想，深刻回答了新时代坚持和发展中国特色社会主义的总目标、总任务、总体布局、战略布局和发展方向、发展方式、发展动力、战略步骤、外部条件、政治保证等基本问题，并且根据新的实践对经济、政治、法治、科技、文化、教育、民生、民族、宗教、社会、生态文明、国家安全、国防和军队、“一国两制”和祖国统一、统一战线、外交、党的建设等各方面作出了科学的理论分析和政策指导，从理论和实践结合上系统回答了新时代坚持和发展什么样的中国特色社会主义、怎样坚持和发展中国特色社会主义的时代课题。五年来，面对世情国情党情的深刻变化，我们党以巨大的政治勇气和强烈的责任担当，提出一系列新理念新思想新战略，出台一系列重大方针政策，推出一系列重大举措，推进一系列重大工作，解决了许多长期想解决而没有解决的难题，办成了许多过去想办而没有办成的大事，推动党和国家事业发生历史性变革，继续领航中国号巨轮向着光明彼岸破浪前行，将中国特色社会主义理论和实践不断推向新境界。

中国特色社会主义是改革开放以来党的全部理论和实践的主题，是党和人民历尽千辛万苦、付出巨大代价取得的根本成就。党的十一届三中全会以来，我们党团结带领人民进行改革开放新的伟大革命，坚持把马克思主义基本原理同中国实际和时代特征结合起来，独立自主走自己的路，勇于变革、勇于创新，不为任何风险所惧，不被任何干扰所惑，以一往无前的进取精神和波澜壮阔的创新实践，开创和发展了中国特色社会主义，从而找到了实现中华民族伟大复兴的正确道路，推动我国经济社会快速发展起来，使中华民族大踏步赶上时代前进潮流、迎来伟大复兴的光明前景。对此，习近平在参观《复兴之路》展览时总结道："中华民族的今天，正可谓'人间正道是沧桑'。改革开放以来，我们总结历史经验，不断艰辛探索，终于找到了实现中华民族伟大复兴的正确道路，取得了举世瞩目的成果。这条道路就是中国特色社会主义。"①现在，我们比历史上任何时期都更接近中华民族伟大复兴的目标，比历史上任何时期都更有信心、有能力实现这个目标。事实证明，中国特色社会主义道路是实现社会主义现代化、创造人民美好生活的必由之路。我们必须更加自觉地增强道路自信，既不走封闭僵化的老路，也不走改旗易帜的邪路，保持政治定力，始终坚持和发展中国特色社会主义。

"千淘万漉虽辛苦，吹尽狂沙始到金。"正确的民族复兴之路，是中国共产党带领全国各族人民在不懈探索和艰苦奋斗中一步一个脚印踏出来的。90多年来的岁月轨迹，就是一条艰难曲折而又波澜壮阔的实现民族独立和人民解放，实现国家富强和民族复兴之路。历史和人民在选择了马克思主义、选择了中国共产党、选择了社会主义、选择了改革开放之后，从根本上改变了中国人民的前途命运，开启了中华民族发展新的历史纪元。因此，中国特色社会主义道路，是中国人民自鸦片战争以来长期艰难探寻实现民族复兴之路所

① 中共中央文献研究室编：《十八大以来重要文献选编》（上），北京：中央文献出版社，2014年，第83页。

作出的正确选择，是中国共产党成立90多年以来带领全国人民不懈奋斗和探索的必然结果。正如习近平同志指出的："中国特色社会主义是党和人民90多年奋斗、创造、积累的根本成就，是改革开放30多年实践的根本总结，凝结着实现中华民族伟大复兴这个近代以来中华民族最根本的梦想，也体现着近代以来人类对社会主义的美好憧憬和不懈探索。"[①]总之，中国特色社会主义，是历史的选择、人民的选择、时代的选择。"中国特色社会主义道路……发轫于鸦片战争以来一代又一代志士仁人的上下求索，奠定于毛泽东领导新民主主义革命胜利和进行社会主义建设艰难曲折的实践，成功于邓小平高蹈宏阔的改革开放谋略与勇于闯关的胆识，传承光大于江泽民、胡锦涛、习近平继往开来、与时俱进的阔步向前。"[②]

历史是一面镜子，蕴含着兴衰成败的深刻哲理。一百多年来，历经磨难的东方古国，争取独立解放、国强民富是矢志不渝的奋斗目标；振兴中华、民族复兴是始终不变的社会理想。推动一个四分五裂的半殖民地半封建社会，向自立于世界民族之林的现代化国家转变，恢宏的历史无可辩驳地证明了是历史和人民选择了中国共产党，选择了马克思主义，选择了社会主义道路，选择了改革开放，从而选择了中国特色社会主义道路。中国近代苦难史与新中国成立以来特别是改革开放以来的辉煌史，从正反两方面证明了中国特色社会主义道路的历史必然性与合理性，为我们坚定中国特色社会主义道路自信奠定了深厚的历史根基。

① 中共中央文献研究室编：《习近平关于实现中华民族伟大复兴的中国梦论述摘编》，北京：中央文献出版社，2013年，第24—25页。

② 中共中央宣传部编：《百年潮·中国梦解说词》，北京：学习出版社，2014年，第23页。

## 二、选择中国特色社会主义道路的历史必然性

近代以来,中国历史和人民选择中国特色社会主义道路,具有客观必然性。中国特色社会主义道路,是近代以来中国社会特殊发展历程的必然结果,是中国近代革命的必然结果。

### (一)资本主义在中国行不通

从近代中国经济社会发展过程看,资本主义在中国行不通。在人类社会发展的历史长河中,资本主义制度取代封建制度是一种规律性的历史现象。但是,在近代中国特殊的历史条件下,资本主义制度却行不通。近代以来,西方列强依靠其"船坚炮利",发动野蛮的侵略战争,强行打开中国的大门。古老的封建大国在遭受欺凌的同时,内部也发生了深刻的不自主的变化:高度集权的封建政权在民族矛盾和国内阶级矛盾日益尖锐的情况下摇摇欲坠,封闭的自然经济逐渐解体,中国一步步沦为半殖民地半封建社会。有着数千年文明史的古老中国,在内忧外患的压力下,驻足于历史的十字路口,面临着向何处去的抉择。不同的思想政治先驱提出了不同的主张,如洋务派的"中体西用"、维新派的君主立宪、革命派的民主共和等。这些政治主张的表现形式尽管不同,但有一点是共同的,即向西方国家学习,主张发展资本主义,通过资本主义的道路发展中国。"西化"道路开启了中国走向世界的步伐,但是,结果都失败了。因为,当时中国的特殊历史条件不允许中国走资本主义道路。一是外有帝国主义的侵略。中国被迫打开国门后,还来不及走上资本主义道路就沦为多个帝国主义国家控制的半殖民地。各帝国主义列强通过投资设厂、筑路开矿和政治性贷款控制清政府,操纵中国的财政经济命脉,使中国近代民族资本主义经济对外国垄断资本一直具有

相当大的依赖性，始终未能形成独立的工业体系来抗衡帝国主义的控制。同时，各帝国主义还在中国划分势力范围，通过攫取种种特权来逐渐操纵中国的政治和军事。中国的领土完整遭到破坏，主权独立受到侵犯，开始成为世界资本主义的商品市场和原料供应地，彻底丧失了独立发展资本主义的条件。二是内有封建势力的统治和官僚资本的横行。鸦片战争后，由于外国商品的大量输入和外国早期资本的侵入，破坏了封建经济的基础，引起了中国封建经济的重大变化，中国自然经济开始解体，传统的封建经济逐步向半封建经济的方向演变。外国资本主义不仅对封建经济结构起了瓦解作用，同时又为资本主义在中国的初步发展提供了某种可能。在外国资本主义入侵的刺激下，中国出现了一批资本主义性质的工矿企业，并在20世纪一二十年代得到进一步发展。但是，由于外国资本同国内封建势力、官僚资本勾结在一起，对中国民族资本的发展进行阻挠和挤压，使其力量非常弱小，始终没有成为社会经济的主要形式。三是西方资本主义已从自由资本主义发展为垄断资本主义，经济危机周期性爆发，其本国国民经济遭到严重破坏。特别是第一次世界大战，使得资本主义的弊端充分暴露出来。人们逐渐认识到，帝国主义是阻碍中国走向富强的主要障碍。百年来中国受侵略、受奴役的历史，给了中国人民极为深刻的教训：在半殖民地半封建的中国，企图实现资产阶级共和国的方案，只能是一种幻想；资本主义不符合中国实际，在中国走资本主义道路是行不通的。正如邓小平指出的，“孙中山开始就想学习西方，所谓西方即资本主义”，但并没有成功。“在帝国主义、封建主义和后来发展起来的官僚资本主义压迫下，中国继续贫穷下去。这个历史告诉我们，中国走资本主义道路不行，中国除了走社会主义道路没有别的道路可走。一旦中国抛弃社会主义，就要回到半殖民地半封建社会，不要说实现‘小康’，就连温饱也没有保证”①。

从近代中国各种政治力量看，走资本主义道路也没有可能性。首先，帝国主义势力不允许中国走资本主义道路。从1840年到1900年，外国侵略者通过战争同中国订立的不平等条约有300个。通过这些不平等条约，帝国主义占领了中国市场，掠夺了中国资源，从政治、军事、经济、文化等各个方面牢牢地控制了中国，使中国沦为半殖民地半封建社会，维持这种半殖民地半封建状态，对帝国主义而言是最理想的状态。所以，他们千方百计地阻碍中国民族资本主义的发展，破坏中国资本主义改良运动和资产阶级革命。其次，封建主义势力不愿意走资本主义道路。北洋军阀代表着封建地主阶级利益，国民党政权代表着大地主、大资产阶级的利益，要他们自己革自己的命，无疑是痴人说梦。不仅如此，他们为了维护自己的阶级利益，反而会不遗余力地排斥、镇压一切先进的思想和革命行动。国民党政权疯狂镇压中国共产党，迫害其他民主党派，断然拒绝中国共产党提出的建立民主联合政府的主张，就是历史明证。再次，中国民族资产阶级本身的软弱性和妥协性决定了他们没有能力走资本主义道路。中国的民族资产阶级是在帝国主义和封建主义的夹缝中生存、发展起来的，他们在经济上依附于帝国主义，与封建主义有着千丝万缕的联系，这就决定了其政治上的软弱性和革命的不彻底性。他们既没有彻底的反帝反封建的勇气，也没有推翻封建统治和帝国主义、争取民族独立的能力，因而，依靠民族资产阶级的力量，中国不可能完成民族革命和民主革命，成为一个独立的资本主义国家。最后，无产阶级的革命性和先进性，决定了其在中国革命中的主导性，其革命必然导致无产阶级专政。在近代中国，反帝反封建本是中国民族资产阶级的历史任务，但由于中国民族资产阶级的软弱性，反帝反封建的任务历史性地落在中国无产阶级及其政



① 《邓小平文选》第3卷，北京：人民出版社，1993年，第205、206页。

党的身上。无产阶级及其政党不仅承担起反帝反封建的历史任务，而且能够领导人民完成反帝反封建任务。这是由四个因素所决定的：一是无产阶级及其政党只有完成新民主主义革命后，才能进行社会主义革命（或社会主义改造），这是中国近代革命的特殊性规律；二是中国的无产阶级代表了当时中国最先进的生产力，具有革命的彻底性，中国共产党的理论指导是马克思主义，具有理论上的先进性，这使无产阶级及其政党有能力成为近代中国唯一能够领导中国人民完成反帝反封建革命任务的政治力量；三是俄国十月革命以后，世界进入帝国主义和无产阶级革命时代，中国的反帝反封建成为世界无产阶级革命的一部分，中国的新民主主义革命能够得到世界无产阶级的大力支持，尤其是苏联的支持；四是资本主义的侵略扩张和经济危机，使中国知识分子对资本主义制度失望，而苏联社会主义第一个五年计划的辉煌成绩，使社会主义制度对中国人民的吸引力大大增强。在这样的背景下，中国共产党团结工人、农民、小资产阶级、民族资产阶级等一切可以团结的力量，逐渐主导了中国革命发展的方向，取得了新民主主义革命的胜利。既然是在共产党领导下，以工人、农民、小资产阶级、民族资产阶级为主要力量取得了民主革命的胜利，中国走社会主义道路也就成了必然的选择。

### （二）十月革命后世界进入社会主义革命时代

从共产主义运动看，十月革命标志着世界已进入社会主义革命时代。1917 年 11 月 7 日，俄国发生了震惊世界的十月革命。十月革命给世界无产阶级树立了榜样，鼓舞他们为争取社会主义而斗争。

对中国来说，十月革命架起了一座桥梁，把世界无产阶级的革命运动和被压迫民族的解放运动联结起来，使社会主义在被压迫民族和被压迫人民中的影响大大扩展开来。十月革命的胜利，不仅指明了社会主义是人类社会历史发展的趋势，也为经济文化落后的国家走向社会主义提供了明确的航向。同时，十月革命也是俄国工人、农民、士兵的革命。十月革命在先进的中国人面前展示了新的革命力量，即工农群众的力量。十月革命促进了中国先进知识分子对工农大众的极大关注，使他们认识到劳动人民中蕴涵着巨大的革命力量，尤其是看到了“五四”运动中工人阶级所展现的巨大力量。他们开始向工人群众传播社会主义，特别是用社会主义来观察中国的现实，解决中国的问题，中国历史进入了一个崭新的时期。

随着马克思主义的广泛传播，随着一批具有共产主义思想的知识分子走上革命斗争的领导岗位，随着中国共产党的成立，中国的无产阶级开始了彻底的、不妥协的反对帝国主义的斗争。这一革命在第一阶段，是以建立新民主主义的社会和建立各个阶级联合专政的国家为目的，并为社会主义的发展扫清道路。毛泽东指出，十月革命的胜利改变了整个世界历史的方向，划分了整个世界历史的时代。“在这种时代，任何殖民地半殖民地国家，如果发生了反对帝国主义，即反对国际资产阶级、反对国际资本主义的革命，它就不再是属于旧的世界资产阶级民主主义革命的范畴，而属于新的范畴了；它就不再是旧的资产阶级和资本主义的世界革命的一部分，而是新的世界革命的一部分，即无产阶级社会主义世界革命的一部分。”①从此，中国革命必然走上社会主义革命道路。若企图再在中国建立资产阶级专政的资本主义社会，那是完全不可能的。

## （三）社会主义建设经验的历史昭示

从历史比较的视野看，我国社会主义探索的失误和苏联等社会主义国家的惨痛教训，都昭示了社会主义建设的客观规律：必须把

① 《毛泽东选集》第2卷，北京：人民出版社，1991年，第668页。

马克思主义基本原理与本国具体实际结合起来，走自己的路，建设本国特色的社会主义。

新中国成立后，以毛泽东为核心的党的第一代中央领导集体在建设社会主义建设道路中进行了艰辛的探索。自社会主义诞生开始，社会主义模式问题就是令共产党人和社会主义者困惑的问题，走什么样的社会主义建设道路，成为社会主义国家执政党面临的最重大课题。当时国际、国内的舆论普遍认为：社会主义就是苏联，苏联就是社会主义。这种不当的认识，导致了世界其他社会主义国家在建设中大都采用过"苏联模式"，甚至盲目地加以照抄照搬。我国一开始的社会主义建设就照搬"苏联模式"，在政治上实行高度集中的中央集权制，经济上实行计划经济。高度集中的计划经济体制为我国奠定了社会主义工业化的基础，但在长期的社会主义建设过程中，这种较少有中国独创性、并不符合中国国情的发展模式的弊端逐步暴露出来。毛泽东认识到照搬苏联的模式是行不通的，必须要探索自己的道路。毛泽东在 1956 年的《论十大关系》中提出"以苏联为鉴"，走自己的路建设社会主义的思想。党的八大提出，社会主义制度确立后我国社会的主要矛盾不再是阶级矛盾，已经是建立先进的工业国的要求同落后的农业国的现实之间的矛盾，已经是人民对于经济文化迅速发展的需要同当前经济文化不能满足人民需要的状况之间的矛盾。党的八大对我国社会主要矛盾的科学概括，为社会主义道路的探索提供了实践依据。1957 年 2 月，毛泽东在《关于正确处理人民内部矛盾的问题》的讲话中，运用唯物辩证法科学地分析了社会主义社会的基本矛盾，第一次提出了正确处理人民内部矛盾的命题，阐述了社会主义建设中的一系列重大问题，对社会主义建设道路作出了有益的探索，为我国社会主义事业的发展奠定了理论基础。但在党的探索中，也出现了忽视客观经济规律的"大跃进"运动，以及"以阶级斗争为纲"的"文化大革命"。这些失误，偏离了实事求是的思想路线,脱离了中国国情,给我国社会主义事业带来了巨大损害。这段历史清晰地揭示出一个客观规律:脱离实际搞社会主义建设,是不可能成功的。

这一客观规律,在苏联社会主义国家兴衰成败的历史中也得到了验证。苏联社会主义模式形成于以战争与革命为主题的时代背景下,高度集中的计划经济、思想僵化等成为其突出特征。随着时代主题由战争与革命转变为和平与发展,苏联模式越来越显示出其局限性,后斯大林时代的苏联领导人反思并曾试图解决该模式所存在的弊端,结果都没有取得如意的效果。赫鲁晓夫简单地把苏联社会主义发展过程中所存在的问题归咎于斯大林的个人品质,认为斯大林时期个人崇拜造成了严重后果。勃列日涅夫执政时期的改革,基本上是在原有模式的框架内进行的,依然沉迷于美苏军事竞争,使重工业、轻工业、农业比例严重失调。而戈尔巴乔夫执政时期对"苏联模式"的调整更是出现方向性错误。戈氏鼓吹其"新思维"即所谓"民主社会主义",放弃共产党的领导,放弃马克思主义指导,放弃社会主义道路——经济上私有化、政治上"民主化"和思想文化上多元化,走上了"改旗易帜"的邪路,最终导致苏联社会主义国家解体。①

我们党正是在认真总结我国社会主义建设正反两方面的历史经验,以及吸收借鉴其他社会主义国家兴衰成败经验的基础上,才坚持解放思想、实事求是的思想路线,从中国社会主义现代化建设的实际出发,在对中国社会主义道路的深入探索中,创造性地运用马克思主义基本原理,从本质上把握了中国共产主义运动和社会主义建设的客观规律,从而开创和发展了中国社会主义,走上了中国特色社会主义道路。

---

① 董振平、秦宁波:《中国特色社会主义道路自信的多维动因分析》,《理论学刊》2015 年第 10 期。

## 三、中国特色社会主义道路得到了历史检验

实践是检验真理的唯一标准。道路选得对不对、走得好不好，实践是最好的裁判、最硬的标准。判断一个国家选择的道路是否正确，最根本的是看其在这条道路上能否取得辉煌成就。改革开放以来，我们高举中国特色社会主义伟大旗帜，坚定不移地沿着中国特色社会主义道路前行，推动党和国家各项事业取得了一个又一个胜利。实践充分证明，中国特色社会主义道路是一条伟大正确的道路，是一条符合中国国情的富民强国之路。

### （一）走中国特色社会主义道路取得辉煌成就

新中国成立60多年，特别是改革开放40年来，经过一代又一代中国人的探索实践和发展，我国在社会主义道路上取得了举世瞩目的成就。一是综合国力大幅提升。我国的GDP总量从1978年的3 679亿元，迅速跃升至2017年的827 122亿元，经济规模扩大了225倍。占世界经济总量的比例，也由1978年1.8%迅速上升到2017年的15%，稳居世界第二位。我国外汇储备总量由1978年的1.67亿美元，增加到2017年12月末的31 399亿美元，排名世界第一。我国进出口总额从1978年的206.4亿美元，提高到2017年的4.1万亿美元，年均增长14.5%，占全球进出口比重从0.77%提升到10%左右，在全球货物贸易中的排名由第三十位跃升至第一位。二是人民生活明显改善。改革开放40年来，我国人均GDP不断提高，已经成功实现从低收入国家向中等收入国家的跨越。从国家统计局数据看，1978年我国人均GDP仅381元，1987年突破千元，2003年跨过万元大关，2017年跃升至近6万元。我国城镇居民人均可支配收入从1978年的343元增长到2017年的36 396元。农村居民人

均纯收入从1978年的134元增长到2017年的13 432元。目前,我国大中小学在校生数量位居世界第一,高等教育规模位居世界第一,城乡免费九年义务教育在我国已经全面实现。此外,我国在保障和改善民生、增进人民福祉、全面构建社会主义和谐社会等方面都有了很大的改观。三是国际影响力显著提高。从1950年到2016年,中国在自身长期发展水平和人民生活水平不高的情况下,累计对外提供援款4 000多亿元人民币,实施各类援外项目5 000多个,其中成套项目近3 000个,举办11 000多期培训班,为发展中国家在华培训各类人员26万多名。改革开放以来,中国累计吸引外资超过1.7万亿美元,累计对外直接投资超过1.2万亿美元,为世界经济发展作出了巨大贡献。2008年国际金融危机爆发以来,中国经济增长对世界经济增长的贡献率年均在30%以上。国际货币基金组织估算,2016年中国对世界经济增长的贡献率达到39%,连续八年成为世界经济第一动力。据世界银行估测,2017年中国对世界经济增长的贡献率为34%左右。中国已经成为世界120多个国家的最大贸易伙伴。中国企业对"一带一路"沿线国家投资达到500多亿美元,一系列重大项目落地开花,带动了沿线各国经济发展,创造了大量就业机会。四是逐步进入世界舞台中心。作为金砖国家、上海合作组织、中日韩首脑会晤、中阿合作论坛、中非合作论坛等区域合作机制的创始国,中国对这些机制的进展具有举足轻重的意义。特别是中国提出"一带一路"倡议以来,已经有100多个国家和国际组织积极响应支持,有40多个国家和国际组织同中国签署了合作协议。此外,中国在有关全球气候变化问题国际会议、朝核问题的"六方会谈"框架、伊核问题六国对话机制等有关国际热点中的作用和地位不可或缺。总之,新中国成立以来特别是改革开放以来,我国经济实力、综合国力大幅提升,人民生活显著改善,国际地位空前提升。

改革开放40年间,我国经济以同期世界经济年均增长率三倍多的速度持续快速发展，成功实现从低收入国家向中等偏上收入国家的跨越，人民生活显著改善，实现了从温饱到总体小康的跨越。这样的发展、这样的巨变，在人类发展史上都是罕见的。习近平同志指出："今天之中国，同新中国成立以前之中国相比，同鸦片战争以后之中国相比，有天壤之别啊！"伴随着经济生活的深刻变革，我国社会焕发出蓬勃旺盛的活力，中华民族的凝聚力、向心力显著增强。面对十分复杂的国内外形势，党和人民经受住各种困难和风险考验，取得了一个又一个胜利，香港、澳门回归，"神舟"飞天、"嫦娥"揽月、"蛟龙"探海，北京奥运会、上海世博会的巨大成功，抗震救灾、灾后重建创造的人间奇迹……都向世界展示了中国发展进步的伟大力量，彰显了中国特色社会主义的巨大优越性和强大生命力，预示着中华民族伟大复兴的光明前景。同欧美一些国家受困于金融危机、债务危机相比，同一些发展中国家陷入发展困境相比，同西亚北非一些国家政治动荡、社会混乱相比，我国发展可以说是"风景这边独好"。这一切成就的取得，关键在于选择了立足中国国情、反映时代发展要求、符合人类社会发展规律的正确道路——中国特色社会主义道路。事实雄辩地证明：中国特色社会主义这条路，走得对、走得好。

## （二）中国特色社会主义道路是符合中国国情的正确道路

世界是丰富多彩的，每个国家都有自己的特点，只有根据本国国情选择适合自己的发展道路，才能实现国家富强和人民幸福。习近平同志指出，每个国家和民族的历史传统、文化积淀、基本国情不同，其发展道路必然有着自己的特色。"独特的文化传统，独特的历史使命，独特的基本国情，注定了我们必然要走适合自己特点的发展道路。"[①]中国特色社会主义道路，是从新中国成立60多年特别是改革开放40年的艰辛探索和伟大实践中走出来的，具有强大的理论支撑、深厚的历史底蕴和牢固的实践基础。对我国来说，中国特色社会主义道路就是最合适的发展道路，就是实现中华民族伟大复兴中国梦的唯一正确道路。在接受金砖国家媒体联合采访时，习近平同志指出："正如一棵大树上没有完全一样的两片树叶一样，天下没有放之四海而皆准的经验，也没有一成不变的发展模式。""只有走中国人民自己选择的道路，走适合中国国情的道路，最终才能走得通，走得好。"[②]

中国特色社会主义道路是一条符合中国国情、富民强国的正确道路。"'鞋子合不合脚，自己穿了才知道。'一个国家的发展道路合不合适，只有这个国家的人民才最有发言权。"[③]习近平同志在发表的系列讲话中，多次从铁的历史事实出发，用"事实雄辩地证明""党和国家的长期实践充分证明""实践充分证明"等总结性话语，铿锵有力地提出"要发展中国、稳定中国，要全面建成小康社会、加快推进社会主义现代化，要实现中华民族伟大复兴，必须坚定不移坚持和发展中国特色社会主义"。[④] 在参观大型展览《复兴之路》时，他还用"雄关漫道真如铁""人间正道是沧桑""长风破浪会有时"三句诗，形象有力地阐述"中国特色社会主义与民族复兴"之间的内在联系。在接受拉美三国媒体联合采访时，他强调指出："实现中国梦，必须坚持中国特色社会主义道路。我们已经在这条道路上走了30多年，历史证明，这是一条符合中国国情、富民强国的正确道路，我

---

① 《习近平在全国宣传思想工作会议上强调 胸怀大局 把握大势 着眼大事 努力把宣传思想工作做得更好》，《人民日报》2013年8月21日01版。

② 《习近平接受金砖国家媒体联合采访》，《人民日报》2013年3月20日01版。

③ 习近平：《习近平谈治国理政》，北京：外文出版社，2014年，第273页。

④ 中共中央文献研究室编：《习近平关于实现中华民族伟大复兴的中国梦论述摘编》，北京：中央文献出版社，2013年，第21页。

们将坚定不移地沿着这条道路走下去。"①只有中国特色社会主义，而没有别的什么主义能够引领当代中国发展进步；中国特色社会主义道路，就是实现中华民族伟大复兴"中国梦"的必由之路。这是党和人民从历史和现实中得出的不可动摇的结论。

有比较，才能分高低、判优劣。像中国这样一个13亿多人口的大国，经济总量从世界第十跃居第二，这在世界经济史上是没有过的。经济增长之快、延续时间之长、惠及面之宽、人民生活水平提升之大，前所未有；从生产力到生产关系、从经济基础到上层建筑、从体制环境到社会结构等各领域各方面的发展进步，以及中国人民的面貌、社会主义中国的面貌、中国共产党的面貌发生的历史性变化，也前所未有。中国特色社会主义道路，不仅创造了"中国奇迹"，实现了从低收入国家到中等偏上收入国家的历史性跨越，也彰显了"中国优势"，显示了中国独特发展道路和发展模式的巨大优越性和强大生命力；不仅激发了"中国想象"，增强了广大发展中国家探索符合自身实际的现代化道路的信心，也作出了"中国贡献"，推动了世界和平和人类发展进步。正是这条道路，把中国送到世界第二大经济体的位置，使城乡居民收入增长30倍以上；正是这条道路，让我国十年间构筑起一些西方国家近百年才完成的基本社保网，我国不到二十年就为全球减贫事业作出超过70%的贡献。对此，习近平同志指出："中国特色社会主义伟大实践，不仅使我们国家快速发展起来，使我国人民生活水平快速提高起来，使中华民族大踏步赶上时代前进潮流、迎来伟大复兴的光明前景，而且使中国人民和中华民族为世界和平与发展作出了重大贡献。"②

中国道路，世界瞩目。中国道路创造的东方奇迹，赢得了世界上

---

① 中共中央文献研究室编：《习近平关于实现中华民族伟大复兴的中国梦论述摘编》，北京：中央文献出版社，2013年，第28页。

② 中共中央文献研究室编：《习近平关于实现中华民族伟大复兴的中国梦论述摘编》，北京：中央文献出版社，2013年，第21页。

越来越多的理解赞同，引发了国际热议。美国前国务卿基辛格说中国是“难以想象”“超越想象”。新加坡前总理李光耀先生说：“今天，中国是世界上发展速度最快的发展中国家，其速度在50年前是无法想象的，这是一个无人预料到的巨大转变。”①《纽约时报》刊发题为“追赶中国浪潮”的评述文章指出，过去10年，中国经济“创造了三个英国，这真是太惊人了”。《欧华联合时报》说：“中国人民从上百年的屈辱、牺牲、奋斗的历史中找到和选择了一条正确的光明大道。”俄罗斯《政治杂志》周刊载文指出：“全世界都见证了中国通过完善国家政治体制和进行面向市场的改革而快速地发展与复兴。”②有些国外学者认为，中国发展道路和发展理念具有世界意义，促进了人类文明的多样化发展；中国的快速发展，导致一些西方理论正在被质疑，一种新版的马克思主义理论正在颠覆西方的传统理论。就连“历史终结论”的美国学者福山也修正了自己的观点，认为中国经济令人惊异的快速发展体现了中国模式的有效性，人类思想宝库需为中国留有一席之地。

### （三）中国特色社会主义道路推动中国特色社会主义进入新时代

党的十九大报告明确指出：“经过长期努力，中国特色社会主义进入了新时代，这是我国发展新的历史方位。”③中国特色社会主义进入新时代，根源于中国特色社会主义道路，是改革开放以来走中国特色社会主义道路取得的历史性成就和历史性变革的必然结果。

① 格雷厄姆·艾利森、罗伯特·D·布莱克威尔、阿里·温尼编，蒋宗强译：《李光耀论中国与世界》，北京：中信出版社，2013年，第4页。

② 《中国道路 世界瞩目》，新浪网，http://finance.sina.com.cn/roll/20071023/07011736521.shtml.

③ 习近平：《决胜全面建成小康社会 夺取新时代中国特色社会主义伟大胜利——在中国共产党第十九次全国代表大会上的报告》，北京：人民出版社，2017年，第10页。

一穷二白是中华人民共和国成立之初的真实写照。站起来后，如何建设社会主义，如何实现社会主义现代化是全新的课题和难题。尽管探索艰辛坎坷，但我们党取得的积极成果是极其宝贵的，为新时期开创中国特色社会主义提供了宝贵经验、理论准备、物质基础、制度前提。改革开放之初，我们党发出了走自己的路、建设中国特色社会主义的伟大号召。此后，在改革开放40年的接续奋斗中，我们党团结带领全国人民高举中国特色社会主义伟大旗帜，历尽千辛万苦，不断开拓进取，推动中国特色社会主义走过了探索和开创、推进和发展的不同时期，推动我国经济实力、科技实力、国防实力、综合国力进入世界前列，推动我国国际地位实现前所未有的提升，使党的面貌、国家的面貌、人民的面貌、军队的面貌、中华民族的面貌发生了前所未有的变化。正是改革开放以来取得的辉煌历史性成就和历史性变革，把中国特色社会主义推进到一个夺取新的伟大胜利、向着伟大奋斗目标前进的新时代。这个新时代，是承前启后、继往开来、在新的历史条件下继续夺取中国特色社会主义伟大胜利的时代，是决胜全面建成小康社会、进而全面建设社会主义现代化强国的时代，是全国各族人民团结奋斗、不断创造美好生活、逐步实现全体人民共同富裕的时代，是全体中华儿女勠力同心、奋力实现中华民族伟大复兴中国梦的时代，是我国日益走近世界舞台中央、不断为人类作出更大贡献的时代。

走中国特色社会主义道路取得的辉煌成就，推动我国社会主要矛盾发生重大转化，标志着中国特色社会主义进入新时代。习近平同志在党的十九大报告中指出："中国特色社会主义进入新时代，我国社会主要矛盾已经转化为人民日益增长的美好生活需要和不平衡不充分的发展之间的矛盾。"①长期以来，我国的社会主要矛盾是

① 习近平：《决胜全面建成小康社会 夺取新时代中国特色社会主义伟大胜利——在中国共产党第十九次全国代表大会上的报告》，北京：人民出版社，2017年，第11页。

人民日益增长的物质文化需要同落后的社会生产之间的矛盾。经过改革开放40年的快速发展,我国社会主要矛盾两方面的内涵都发生了深刻变化。一方面,我国总体上实现小康,人民生活显著改善,对美好生活的向往更加强烈,呈现多样化多层次多方面的特点。人民群众不仅对物质文化生活提出了更高要求,而且在民主、法治、公平、正义、安全、环境等方面的要求日益增长。另一方面,我国社会生产力水平总体上显著提高,社会生产能力在很多方面进入世界前列。社会生产已不是突出问题,更加突出的问题是发展不平衡不充分,且成为满足人民日益增长的美好生活需要的主要制约因素。这表明我国的社会主要矛盾已经发生了深刻变化,已经转化为人民日益增长的美好生活需要和不平衡不充分的发展之间的矛盾。这意味着我国进入了着力解决发展不平衡不充分问题、更好满足人民日益增长的美好生活需要、更好推动人的全面发展和社会全面进步的中国特色社会主义新时代。

中国特色社会主义进入新时代,是中国特色社会主义作为科学社会主义在当代的一种新形式,是经过长期探索、发展和成长成熟到一定程度必然要展示的新姿态、新境界。中国特色社会主义进入新时代,在中华人民共和国发展史上、中华民族发展史上具有重大意义,在世界社会主义发展史上、人类社会发展史上也具有重大意义。中国特色社会主义进入新时代,意味着近代以来久经磨难的中华民族迎来了从站起来、富起来到强起来的伟大飞跃,迎来了实现中华民族伟大复兴的光明前景;意味着科学社会主义在21世纪的中国焕发出强大生机活力,在世界上高高举起了中国特色社会主义伟大旗帜;意味着中国特色社会主义道路、理论、制度、文化不断发展,拓展了发展中国家走向现代化的途径,给世界上那些既希望加快发展又希望保持自身独立性的国家和民族提供了全新选择,为解决人类问题贡献了中国智慧和中国方案。

历史雄辩地证明，资本主义不符合中国实际，在中国走资本主义道路是行不通的，只有社会主义才能救中国，只有中国特色社会主义才能发展中国、繁荣中国、富强中国。这就是今天我们坚定道路自信的深刻历史逻辑和实践逻辑。

第三章

# 一脉相承、与时俱进的科学理论指导
# ——道路自信的理论逻辑

中国特色社会主义道路不是从天而降、凭空产生的，它既是中国共产党团结带领全国各族人民在长期的历史奋斗、持续的实践奋斗中走出来的，也是在马克思主义科学理论的指导下开创、形成和发展起来的。中国特色社会主义道路的成功开创和不断发展，离不开对科学社会主义基本原则的坚持与发展，离不开与时俱进、创新发展的当代中国马克思主义科学理论的指导与武装。习近平总书记深刻指出，“中国特色社会主义，是科学社会主义理论逻辑和中国社会发展历史逻辑的辩证统一”。中国特色社会主义道路自信有着坚实的理论逻辑，它的理论逻辑就在于中国特色社会主义道路是在马克思主义指导下开创、形成和发展起来的；就在于其既坚持了马克思主义的立场、观点、方法和科学社会主义的基本原则，又实现了在与马克思主义一脉相承基础上的与时俱进、创新发展；就在于其既没有教条化、僵化、修正马克思主义理论，又在中国化时代化马克思主义理论指导下推动了中国社会主义的发展并取得了辉煌成就。把握中国特色社会主义道路自信的理论逻辑，就要揭示中国特色社会主义道路与中国特色社会主义理论体系之间的内在关系，探求中国特色社会主义道路自信的理论根据和理论支持，夯实新时代坚定走中国特色社会主义道路的思想理论基石。

## 一、马克思主义是开创中国社会主义道路和坚定中国特色社会主义道路自信的思想武器

近代以来中国人民探索救国救亡、民族复兴的道路并非一开始就拥有十分清晰的“路线图”，历史表明，只是在中国人民找到了马克思主义的思想武器后，中国革命的面貌才发生了天翻地覆的改变。马克思主义是中国共产党带领中国人民夺取革命胜利的思想明灯，是指导实现中华民族伟大复兴的思想武器。有了马克思主义的科学理论，中国共产党就有了思想灵魂，中国人民就有了思想武器。伟大的事业呼唤科学的理论指导，科学的理论推动伟大的事业发展。在马克思主义和当代中国马克思主义的指导下，中国革命、建设、改革取得了一个又一个伟大胜利，中国人民、社会主义中国、中国共产党的面貌和精神状态发生了历史性改变，由此书写了坚定道路自信不断实现中华民族伟大复兴的精神史诗。

### （一）马克思主义是指导中国人民在救亡复兴道路上自强自信的思想武器

近代以来的中国历史告诉人们两个真理：一是没有共产党就没有新中国，只有共产党才能肩负起历史的使命；二是没有马克思主义就没有共产党，只有马克思主义才能救中国、改变中国、发展中国、富强中国、复兴中国。

中国共产党是在马克思主义的指导下创建的，中国共产党领导

开展的新民主主义革命是在马克思主义指导下走向胜利的。近代以来中国人民探索救国救亡、自强复兴的社会主义道路，是在马克思主义的指导下实现的，马克思主义是指引中国人民走上社会主义道路的思想明灯。离开了马克思主义的科学理论和思想武器，中国人民还将在黑暗中苦苦摸索很长一段时间和路程，不唯中国革命不能取得成功，而且中国社会主义建设、改革也会面临难以想象的挫折和困难。进而言之，马克思主义传入中国并被中国共产党所接受、所信仰、所实践，这是中国人民走向社会主义道路的理论前提和思想基础。

近代以来，中国人民探索救国救亡、自强复兴的道路经历了一个漫长而艰辛的历程。这一探索过程实际上是在历史的烟云中选择领路人、选择思想武器、选择革命道路的同一过程。这一过程是曲折的也是客观的。透过蜿蜒向前的历史河床，可以依稀看出中国人民选择社会主义道路的历史过程和与其交织的理论逻辑。从 1840 年的鸦片战争到 1919 年的“五四”运动，在接近 80 年的历史探索中，中国人民始终没有找到实现民族独立、国家富强、人民幸福的思想武器。毛泽东指出，“自从一八四〇年鸦片战争失败那时起，先进的中国人，经过千辛万苦，向西方国家寻找真理。洪秀全、康有为、严复和孙中山，代表了在中国共产党出世以前向西方寻找真理的一派人物。……中国人向西方学得很不少，但是都行不通，理想总是不能实现”①。这七十多年的时间里，“中国人民没有什么思想武器可以抵抗。旧的顽固的封建主义的思想武器打了败仗，抵不住，宣告破产了”②，西方资产阶级的进化论、天赋人权论等思想武器也宣告破了产。不在探索中爆发，就在历史中死亡。十月革命的胜利像一声春雷，为中国人民和中国共产党送来了马克思主义。“十月革

① 《毛泽东选集》第 4 卷，北京：人民出版社，1991 年，第 1469—1470 页。

② 《毛泽东选集》第 4 卷，北京：人民出版社，1991 年，第 1514 页。

命帮助了全世界的也帮助了中国的先进分子，用无产阶级的宇宙观作为观察国家命运的工具”。[①] 马克思、恩格斯、列宁给中国的武器不是机关枪，而是马克思主义，这对在黑暗和困难中苦苦探索的中国人民来说，无疑是“指路明灯”。在马克思主义科学理论的指引下，中国共产党诞生了，人民军队诞生了。在马克思主义指导下和中国共产党领导下，中国人民逐渐探索出了一条符合中国国情的革命道路，创造了夺取革命胜利的“三大法宝”——党的建设、统一战线、武装斗争；形成了中国共产党的“三大优良作风”——理论和实践相结合的作风、和人民群众紧密地联系在一起的作风、批评与自我批评的作风。历经28年艰苦卓绝的革命斗争，打败了日本帝国主义，打倒了国民党反动派，推翻了压在中国人民头上的“三座大山”——帝国主义、封建主义、官僚资本主义，夺取了新民主主义革命最终胜利。总之，中国革命的胜利，是马克思主义的胜利，是马克思主义中国化第一次历史飞跃成果——毛泽东思想的胜利。可以肯定地说，如果没有马克思主义、毛泽东思想的指导，中国新民主主义革命的胜利是不可能的，这是不可磨灭的历史事实，也是不容置疑的历史结论。总而言之，中国共产党对马克思主义的接受、信仰是中国社会主义革命道路生成的理论前提和逻辑起点，马克思主义对中国革命的正确指导是中国共产党道路自信的理论基础。

### （二）马克思主义指引中国人民走上了实现社会主义现代化和中华民族伟大复兴的正确道路

新中国成立以来，在马克思主义和毛泽东思想的指导下，中国共产党开始了探索中国社会主义建设道路的新征程，翻开了中国社会主义改造、大规模社会主义建设的新篇章。从理论根源和理论逻辑

① 《毛泽东选集》第4卷，北京：人民出版社，1991年，第1471页。

看，新中国成立后的二三十年间，中国人民在社会主义道路上奋勇前进取得的巨大成就是马克思主义指引、毛泽东思想哺育的结果。

"雄鸡一唱天下白。"新中国成立以来全国各族人民在中国共产党领导下，在马克思主义、毛泽东思想指引下，以翻身做主人的热情、大干社会主义的豪情、扬眉吐气的心情，夺取了中国社会主义改造、大规模社会主义建设的一个又一个胜利。社会主义新生活、社会主义新风尚、社会主义建设新成就以及中国国际地位的大幅提高，极大地提升了中国人民的社会主义道路自信。这一时期，歌唱社会主义和毛泽东思想方面的歌曲红遍大江南北，诸如"社会主义好，社会主义好，社会主义国家人民地位高……""太阳最红，毛主席最亲，您的光辉思想永远照我心；春风最暖，毛主席最亲，您的光辉思想永远指航程……"等等，这些歌曲生动体现了中国人民在共产党领导下，以马克思主义和毛泽东思想为指引，走社会主义道路、建设社会主义事业的真实心声与饱满自信。正是在马克思主义和毛泽东思想指导下，中国人民夺取了社会主义革命、社会主义改造、大规模社会主义建设的一个又一个胜利。经济上，实现了国民经济的恢复①，有计划开展"五年计划"建设，在一穷二白的基础上逐步建立了比较完整的独立的工业体系和国民经济体系，经济发展成就达到历史新水平，经济增长速度位居世界前列。政治上，建立了工人阶级领导的以工农联盟为基础的人民民主专政的国家政权，全面确立了社会主义基本制度，使中国人民掌握了自己的命运，彻底站起来了。社会主义文化、教育、科技、卫生等事业实现了历史性的跨越和发展，比如在核技术、人造卫星和运载火箭方面取得了震惊世界的

① 到1952年底，与1949年相比，工业总产值增长了145%，农业总产值增长了49%。全国职工的平均工资提高了70%左右，农民收入增长了30%以上。从1950年到1979年，工业平均增长率，中国为13.4%，美国为4.5%，日本为11.9%，联邦德国为6.7%，英国为2.5%，法国为2.4%；农业年平均增长率，中国为4.0%，美国为1.9%，日本为2.1%，联邦德国为2.0%，英国为2.2%，法国为2.4%。数据来源于李海英：《中国的社会主义建设成就纵横比》，《商场现代化》2005年第18期。

新突破。社会建设方面，荡涤了旧社会的污泥浊水，社会风气空前好转。国家安全与外交方面，废除了西方列强强加的不平等条约和帝国主义在中国的一切特权，与世界上诸多社会主义国家和爱好和平的国家建立外交关系，恢复了在联合国的合法席位，成为具有举足轻重的世界大国。

党的十一届三中全会作出了改革开放的伟大决定，开启了中国社会主义现代化建设和中华民族伟大复兴的新征程。改革开放以来，中国共产党带领全国各族人民开创了中国特色社会主义道路，形成了中国特色社会主义理论体系，为实现中华民族伟大复兴找到了正确道路和理论指导。改革开放以来的 40 年，中国在经济、政治、文化、社会、生态文明、外交、国防、科技等领域取得了举世瞩目的伟大成就和跨越式的发展，"社会生产力、经济实力、科技实力迈上一个大台阶，人民生活水平、居民收入水平、社会保障水平迈上一个大台阶，综合国力、国际竞争力、国际影响力迈上一个大台阶"①，创造了令世界惊叹的"中国模式"。比如，在经济建设方面，自 2010 年起中国经济总量超越日本成为当今世界第二大经济体，中国对世界经济增长的贡献率在 30%以上，是世界经济增长的重要发动机。在国际关系方面，中国是促进世界和平稳定、共同繁荣发展的重要力量，在全球治理中扮演着越来越重要的角色。在中国特色社会主义事业全面推进、快速发展的历史进程中，中国共产党迎来了马克思主义中国化时代化发展的新时代，收获了实践创新基础上理论创新的一系列丰硕成果。包括邓小平理论、"三个代表"重要思想、科学发展观在内的中国特色社会主义理论体系，是马克思主义与当代中国实践、时代特征相结合，是马克思主义在当代中国第二次伟大飞跃的最新成果，是"指导党和人民实现中华民族伟大复兴的正确

① 中共中央文献研究室编：《十八大以来重要文献选编》(上)，北京：中央文献出版社，2014 年，第 5 页。

理论”。十八大以来,习近平同志面对国内外形势变化和我国各项事业发展提出的重大时代课题——新时代坚持和发展什么样的中国特色社会主义、怎样坚持和发展中国特色社会主义,紧密结合新的时代条件和实践要求,从理论和实践上系统回答了这一重大课题,以全新的视野深化了对共产党执政规律、社会主义建设规律、人类社会发展规律的认识,形成了新时代中国特色社会主义思想。“新时代中国特色社会主义思想,是对马克思主义、毛泽东思想、邓小平理论、‘三个代表’重要思想、科学发展观的继承和发展,是马克思主义中国化最新成果,是党和人民实践经验和集体智慧的结晶,是中国特色社会主义理论体系的重要组成部分,是全党全国人民为实现中华民族伟大复兴而奋斗的行动指南。”①改革开放以来中国所取得的举世瞩目的成就,中国特色社会主义道路的开创与发展,中华民族伟大复兴目标的不断接近与实现,一方面是建立在马克思主义和毛泽东思想指引下中国社会主义道路发展、中国社会主义制度建设的巨大成就基础之上的,另一方面是中国共产党带领人民在坚持马克思主义、毛泽东思想特别是在中国特色社会主义理论体系的指导下取得的。在马克思主义和当代中国马克思主义一系列最新成果的指导下,中国不仅取得了改革开放和社会主义现代化建设的伟大成就,而且走上了一条实现中华民族伟大复兴的光明大道,实现了由站起来—富起来—强起来、由自卑—自强—自信的历史跃迁。

### (三)马克思主义改变了党的面貌、国家的面貌、人民的面貌、军队的面貌、中华民族的精神面貌

马克思主义传入中国,经过具有共产主义理想的先进知识分子

① 习近平:《决胜全面建成小康社会 夺取新时代中国特色社会主义伟大胜利——在中国共产党第十九次全国代表大会上的报告》,北京:人民出版社,2017年,第20页。

的介绍、讴歌、宣扬，以及在工人、学生等群体中的大众化传播，成为影响和感召中国共产党、中国人民的，前所未有、充满能量的新思潮、新学说。马克思主义带给中国人民的除了闻所未闻的新思想、新观点、新工具以外，还有辩证唯物主义和历史唯物主义的科学世界观方法论和阶级斗争的社会革命论，这些都成为启迪国民心智、解放人民思想，实现救国救亡、改造社会、自强复兴梦想的思想武器和精神动力。从逻辑上分析，马克思主义传入中国并被早期中国共产党人所接受、信仰、传播、武装，不仅改变了中国革命的现状和命运，而且改变了中国共产党的精神信仰、中国人民的思想认识和精神风貌。

马克思主义是一种科学的学说、先进的思想，是有史以来最为科学的理论。这一学说、思想、理论，如闪电、惊雷、阳光，对长期浸润于封建传统文化的中国人民以及苦苦探求救国救亡道路的中国共产党来说，在思想眼界、精神信仰、文化心理诸方面产生了革命性的巨大影响。在《论联合政府》一文中，毛泽东在总结建党 24 年来中国革命的经验时指出："我们的党从它一开始，就是一个以马克思主义的理论为基础的党，这是因为这个主义是全世界无产阶级的最正确最革命的科学思想的结晶。马克思主义的普遍真理一经和中国革命的具体实践相结合，就使中国革命的面目为之一新。"①作为"全世界无产阶级的最正确最革命的科学思想的结晶"的马克思主义，一经传入中国并被中国共产党人所接受、信仰、实践，就使中国革命"面目一新"，这源自它的科学性、革命性、先进性、人民性。先进的理论一旦被群众所掌握，就能变成强大的物质力量，发挥既改造客观世界又塑造主观世界的双重作用。优胜劣汰是历史演进的铁律。封建地主阶级的旧文化和资产阶级的文化"一遇见中国人民学会了

① 《毛泽东选集》第 3 卷，北京：人民出版社，1991 年，第 1093 页。

的马克思主义的新文化,即科学的宇宙观和社会革命论,就要打败仗"①。整个新民主主义革命时期,被中国人民学会了的科学的革命的新文化接连打败了北洋军阀,打败了日本帝国主义及其汪伪政权,打败了美国等帝国主义在中国的统治及其反动派的统治,极大地增强了党和革命群众的革命自信。总之,学习掌握了马克思主义和毛泽东思想的中国共产党和中国人民,改变了中国人民的命运,去除帝国主义欺凌之下"东亚病夫"的称呼,洗雪了割地赔款、丧权辱国的屈辱,封建主义、帝国主义、官僚资本主义"三座大山"压迫之下的苦难;马克思主义和毛泽东思想是新民主主义革命时期中国人民掌握自己命运、改变国家和民族命运的精神火炬、思想灯塔、文化主心骨,有了它的指导和指引,中国革命的面貌焕然一新,中国人民的命运彻底改变,中国人民的精神世界不再沉沦。

新中国成立后,当家作主、站起来的中国人民拥有了空前的自信心、自豪感。一穷二白基础上建设社会主义的艰辛,三年困难时期的重大挫折,都没有影响中国共产党、中国人民对社会主义道路、制度的自信。在新中国成立之后的30年间,在马克思主义和毛泽东思想指引下,社会主义改造、社会主义建设所取得的历史性成就,强化了人民的道路自信,反过来塑造、影响着人们的精神信仰和思想文化。党的十一届三中全会开启了中国改革开放的航程,从此中国共产党人和中国人民以一往无前的进取精神和波澜壮阔的创新实践,谱写了中华民族自强不息、顽强奋进的壮丽史诗。改革开放以来,在马克思主义、毛泽东思想特别是中国特色社会主义理论体系指导下,一个面向世界、面向现代化、面向未来的社会主义中国屹立在世界东方;中国不仅成功走出了一条符合国情与时代发展要求的中国特色社会主义道路,而且为世界经济发展和人类文明进步作出

① 《毛泽东选集》第4卷,北京:人民出版社,1991年,第1515页。

了重大贡献。解放思想、实事求是、与时俱进、求真务实，马克思主义中国化、时代化、大众化、理论创新，面向世界、面向未来、引领时代、改革创新，中国文化、中国形象、中国精神、中国贡献，这些“关键词”都映射出改革开放以来在马克思主义特别是当代中国化的马克思主义指导下，中国共产党、中国人民、社会主义中国所发生的时代变化和所彰显出的精神、思想、文化风貌。

## 二、中国特色社会主义道路既坚持了科学社会主义的基本原则，又实现了马克思主义的创新发展

党的十七大报告指出：“中国特色社会主义道路之所以完全正确、之所以能够引领中国发展进步，关键在于我们既坚持了科学社会主义的基本原则，又根据我国实际和时代特征赋予其鲜明的中国特色。”党的十八大报告指出，“中国特色社会主义，既坚持了科学社会主义基本原则，又根据时代条件赋予其鲜明的中国特色”。党的十七大和十八大报告中的论断揭示出中国特色社会主义道路自信的理论基础和依据——既坚持了科学社会主义的基本原则，又根据实践发展、时代进步实现了创新发展并赋予其鲜明特色。

### （一）中国特色社会主义道路坚持了科学社会主义的基本原则

中国特色社会主义道路自信，从理论根源上说，是对“科学社会主义”的自信。中国特色社会主义之所以是“社会主义”而不是其他主义，其根本点在于它坚持了科学社会主义的基本原则，而科学社会主义基本原则是中国特色社会主义道路的逻辑起点和理论根据。中国特色社会主义对科学社会主义基本原则的坚持，保证了中国社

会主义发展道路的正确方向，为中国特色社会主义沿着科学社会主义和马克思主义所指引的正确方向发展提供了基本原则保证和思想方法指导。

1.科学社会主义的基本原则是中国特色社会主义道路的理论基石

科学社会主义是中国特色社会主义的理论逻辑之根。中国特色社会主义道路自信必须坚持科学社会主义的基本原则。这是由科学社会主义在马克思主义中的独特地位决定的，也是被历史和实践所证明了的结论。科学社会主义阐明了社会主义和共产主义运动的内涵，指明了主旨、道路、方向、目标、设想、原则、力量、策略等根本性、规律性的东西，揭示了马克思主义与其他非社会主义思潮的根本区别。1848年《共产党宣言》的发表，标志着马克思主义的诞生和科学社会主义的问世。《共产党宣言》这一标志性的马克思主义经典文献阐明了科学社会主义的基本原则。

一是得出了“资产阶级的灭亡和无产阶级的胜利是同样不可避免的”（即“两个不可避免”）的科学结论。二是阶级斗争是阶级社会发展的直接动力的原理。三是推翻资本主义，建设社会主义和共产主义是无产阶级的两大历史使命。四是无产阶级革命和无产阶级专政是无产阶级实现伟大历史使命的根本道路。五是未来的共产主义社会将是每个人自由而全面发展的自由联合体。六是阐明了无产阶级的政党学说——共产党是以科学理论武装起来的无产阶级先锋队组织；以马克思主义为指导的共产党在实践和理论方面具有阶级的先进性，共产党的最近目标是“消灭私有制，推翻资产阶级的统治，实现无产阶级掌握政权”，最终目的是“彻底消灭阶级、实现共产主义”。七是制定了无产阶级政党的策略、原则——把为工人阶级的最近目的和利益而斗争同它的长远的、未来的目的和利益结合起来，把原则的坚定性与政策的灵活性统一起来，联合一切可能的同盟者，加强对工人阶级的教育，资产阶级革命取得胜利后立即开始反对资产阶级的斗争。

《共产党宣言》阐述并论证的上述七个方面的思想原则，在1848年的欧洲革命、19世纪60年代中后期的“第一国际”革命活动、19世纪70年代的“巴黎公社”革命，以及马克思恩格斯晚年的理论和实践活动中得到了进一步发展，比如马克思恩格斯晚年提出东方落后国家有可能跨越资本主义制度“卡夫丁峡谷”的设想。总之，马克思主义关于科学社会主义的基本原则揭示了资本主义必然灭亡、共产主义必然胜利的客观规律，阐明了无产阶级推翻资本主义建立社会主义、共产主义的伟大历史使命，提出了完成历史使命的道路、策略、手段、力量，阐发了关于未来共产主义社会的设想，为世界无产阶级运动指出了光明大道，鼓舞了世界社会主义运动的斗志，增强了中国人民走中国特色社会主义道路的信心。

2.中国特色社会主义道路坚持了马克思主义的立场、观点、方法

一种道路是在一定的思想方法和科学理论指导下形成和发展起来的，这一道路必定体现、贯穿着一定的立场、观点和方法。作为有机整体的立场观点方法是贯穿于一个理论或一种道路的稳定、核心、本质的灵魂性的东西，“是马克思主义最根本的理论特征和思想基础”。中国特色社会主义是科学社会主义在当代中国的新发展，是中国共产党人在马克思主义指导下，在坚持马克思主义立场观点方法和科学社会主义基本原则的基础上，经过几代人长期奋斗、创新实践才开创、形成和发展起来的。因此，从思想方法和理论逻辑的根本——立场、观点、方法看，中国特色社会主义之所以是“社会主义”的和“马克思主义”的，就在于其一以贯之地坚持、贯彻了马克思主义的立场观点方法。离开了马克思主义的立场观点方法，社会主义就有可能变质、褪色，走向失败，失去让人信仰的根基和魅力。东欧国家的剧变、苏联的解体，一些民族社会主义国家的变异、混

乱，就在于其没有真正把握、彻底坚持马克思主义的立场观点方法，搞的是“修正的”、“自我剪裁”的、“变异的”的社会主义，最终不仅走向垮台，而且砸了社会主义招牌，影响了人们对社会主义运动的信心。中国特色社会主义道路之所以能够引起世界的关注和赞誉，从根本上分析，就在于其坚持了马克思主义的立场、观点、方法。在立场方面，中国特色社会主义道路是以马克思主义为指导，在中国共产党领导下，“一切为了人民、一切依靠人民”，才开创、形成和发展起来的。中国特色社会主义道路的立场就是马克思主义的立场，就是“无产阶级、人民大众的立场，是一切为了人民、一切相信人民、一切依靠人民、全心全意为人民服务的立场”①。中国特色社会主义道路的立场与马克思主义的立场、共产党人的阶级立场、人民群众的立场本质契合、内在统一并体现在党的性质宗旨和群众路线之中。“立场观点方法”中的“观点”，不是指马克思主义的具体观点，而是指作为“关于自然、社会和人类思维规律的科学知识，是对自然界规律和人类社会实践经验的科学总结”的基本观点。中国特色社会主义道路的开创、形成和发展的整个过程都坚持、贯穿并体现了马克思主义的实事求是观点、实践观点、联系发展观点、劳动观点、阶级观点、群众观点、社会发展动力观点，以及经济、政治、社会各领域的带有一定规律性、思想指导性的观点。中国特色社会主义道路所蕴含、体现的马克思主义方法有辩证唯物主义和历史唯物主义的根本方法，表现为矛盾分析的方法、实事求是的思想方法、群众路线的工作方法、系统论的方法等基本的思想方法。比如中国特色社会主义道路的开创就坚持了矛盾普遍性与特殊性相统一的方法；再如中国特色社会主义改革发展的动力就来自于生产力与生产关系、经济基础与上层建筑之间的基本矛盾运动。总之，改革开放以来，正

① 习近平：《深入学习中国特色社会主义理论体系，努力掌握马克思主义立场观点方法》，《求是》2010 年第 7 期。

是由于中国共产党人始终坚持以马克思主义的立场、观点、方法为指导并把其贯穿于中国特色社会主义实践的各领域和全过程，才成功开创、推进发展了中国特色社会主义道路。

3.中国特色社会主义道路坚持了科学社会主义的基本原则

中国特色社会主义道路坚持了科学社会主义的基本原则，这是中国特色社会主义道路之所以是“社会主义”而不是别的“主义”的根本所在，这是中国共产党人可以理直气壮、自豪自信地谈论中国特色社会主义道路自信的理论根源。以马克思主义为理论旗帜的中国共产党人对科学社会主义基本原则的坚持，主要体现在以下方面：

第一，科学社会主义认为，“每一历史时代的经济生产以及必然由此产生的社会结构，是该时代政治的和精神的历史的基础”，“无产阶级夺取政权后要尽可能快地增加生产力的总量”。中国特色社会主义道路强调“以经济建设为中心”“解放和发展社会生产力”，坚持并体现了科学社会主义关于发展生产力是社会主义的根本任务的基本原则。第二，消灭私有制、实现生产资料公有制是《共产党宣言》里的核心观点，是马克思主义政党的根本主张和社会主义的本质特征。中国特色社会主义道路强调公有制和共同富裕是社会主义的根本原则，并把“逐渐实现全体人民共同富裕”作为中国特色社会主义道路内涵的基本内容，是对科学社会主义关于消灭私有制、实现公有制这一基本原则的坚持。第三，科学社会主义提出，无产阶级要完成自己的历史使命必须建立马克思主义政党，马克思主义政党必须是用科学理论武装起来的先进组织，自觉肩负起领导无产阶级革命和无产阶级专政的使命，在无产阶级革命、无产阶级专政、社会主义运动中必须坚持党的领导。中国特色社会主义道路始终强调坚持党的领导、加强和改进党的领导，把党建设成为永葆先进性、担当历史使命、走在时代前列的坚强有力的马克思主义执政党，这就秉持了科学社会主义关于无产阶级政党历史使命、政党建设的基本原则与核心观点。第四，科学社会主义强调未来的共产主义社会将是每个人自由而全面的发展的自由联合体，实现人的自由而全面发展是马克思主义学说的终极价值目标和共产主义社会的本质特征。中国特色社会主义道路强调以人为本，从实际出发，既要着眼于人民现实的物质文化生活需要，又要着眼于促进人民素质的提高，推动社会全面进步和人的全面发展，这些都坚持并体现了科学社会主义关于人的自由全面发展是社会主义的根本目标和最高价值的基本原则。第五，科学社会主义认为社会意识对社会存在具有能动的反作用，无产阶级政党必须重视加强社会主义意识形态教育和建设。“任何一个时代的统治思想始终都不过是统治阶级的思想”，“一个阶级是社会上占统治地位的物质力量，同时也是社会上占统治地位的精神力量”，这是《共产党宣言》里的重要观点和马克思主义历史唯物主义的原理性观点。中国特色社会主义道路强调建设社会主义先进文化和社会主义核心价值体系、培育社会主义核心价值观，这是对科学社会主义关于无产阶级意识形态必须居于统治地位这一基本原则的坚持和发展。第六，中国特色社会主义道路还坚持和体现了科学社会主义的其他基本原则。比如，中国的改革开放坚持了科学社会主义关于社会主义是“经常变化和改革的社会”（恩格斯语）的基本原则，建设社会主义和谐社会坚持了科学社会主义关于未来社会是生产力和生产关系高度发达、高度和谐的社会的基本原则，社会主义初级阶段理论坚持和体现了科学社会主义关于未来共产主义社会发展阶段论断的基本原则，等等。

### （二）中国特色社会主义道路实现了对科学社会主义基本原则的创造性运用和发展

中国特色社会主义道路，一方面坚持了马克思主义的立场、观点、方法和科学社会主义基本原则，从而使得中国特色社会主义道路保持了“社会主义”的本性；另一方面还根据实践发展、时代进步推动了马克思主义一脉相承基础上的与时俱进、创新发展，赋予中国特色社会主义以鲜明的实践特色、时代特色、理论特色和民族特色，使中国特色社会主义道路焕发出自信的光芒。

### 1.中国特色社会主义道路体现了马克思主义与时俱进的理论品格

中国特色社会主义道路是不断拓展的，马克思主义理论是创新发展的，不断拓展是中国特色社会主义道路的鲜明特点，创新发展是马克思主义理论的灵魂生命。正向看，中国特色社会主义道路的成功开创与不断拓展，是在创新发展的马克思主义理论的指导下实现的。蜿蜒向前、波澜壮阔的中国特色社会主义道路生动体现了马克思主义理论与时俱进的本质要求和鲜明品格。反向讲，一旦离开了创新发展，不能做到与时俱进，马克思主义就丧失了生命力，以马克思主义为理论旗帜的中国特色社会主义道路就失去了生命力、前进动力，就停滞不前、无从发展，何谈道路自信?!

中国特色社会主义道路之所以让党和人民充满自信，不仅在于它的成功性、正确性，还在于它的发展性、开放性，在于它把马克思主义基本原理与当代中国实践、时代特征进行具体结合、动态结合，不断开创了中国特色社会主义新局面、新境界、新辉煌。从历史和实践看，中国特色社会主义道路之所以保持着强大生命力、展现出举世瞩目的魅力，就在于这条道路在具有与时俱进品格的马克思主义理论指导下，在具有创新精神的中国共产党人领导下，不断探索实践、不断自我完善、不断创新发展，不僵化、不停滞、不满足，勇于打破“定律”，不断改写“模式”，努力突破各种“本本”“条条”“框框”，推动改革发展，实现实践创新基础上的理论创新，推动党和国家事业向前发展。新中国成立以来的社会主义建设道路探索中，以毛泽东为核心与代表的中国共产党人先是提出向苏联学习,在发现苏联社会主义建设暴露的问题以及体制弊端之后提出了“以苏为鉴”,主张把马克思主义与中国具体实际进行“第二次结合”,独立探索中国社会主义建设道路的重大命题。其间,积累收获了诸多宝贵而有益的思想和经验,比如高举马克思主义、毛泽东思想旗帜探索中国社会主义道路的问题,正确处理人民内部矛盾,警惕西方“和平演变”的问题等等;也收获了对日后进行改革开放具有反面“教材”意义的教训和“财富”,比如正确处理高举旗帜的问题,独立自主与对外开放的问题,经济建设与阶级矛盾的问题等等。改革开放以来,中国特色社会主义道路的开创与发展,思想前提是恢复和形成解放思想、实事求是的正确思想路线。理论探索上,冲破了“姓资姓社”“姓公姓私”等思想桎梏。实践方略上,作出了改革开放的伟大决策,提出了建设中国特色社会主义道路的命题和课题。总之,中国共产党既看到了坚持科学社会主义基本原则的普遍性,又看到了根据不同国情、时代条件赋予其鲜明特色的特殊性,不断深化对胜利推进社会主义事业的现实性、科学性和规律性的理解,对社会主义建设规律、共产党执政规律、人类社会发展规律的认识,实现了中国特色社会主义道路与马克思主义理论的创新发展、和谐发展、互动发展,彰显了中国特色社会主义道路的成功魅力和马克思主义与时俱进、理论常青的鲜明品格。

2.中国特色社会主义道路丰富发展了科学社会主义的基本原则

实践在发展,理论在创新。中国特色社会主义道路的发展不仅坚持了科学社会主义原则,还在实践发展和时代进步中丰富发展了科学社会主义基本原则,彰显了中国特色社会主义道路的特色、魅力与自信。主要体现在以下几个方面:

一是提出了社会主义初级阶段理论,丰富发展了科学社会主义关于未来共产主义社会发展阶段的设想和原则。马克思主义认为人类社会是一个由低级向高级逐渐发展的历史过程。马克思在《哥达纲领批判》中提出了过渡时期的理论，即“在资本主义社会和共产主义社会之间，有一个从前者变为后者的革命转变时期”和共产主义两个阶段的学说，即过渡时期之后的共产主义社会将经历“第一”和“高级”两个相继的发展阶段。改革开放以来，中国共产党在总结我国和其他社会主义国家经验教训的基础上提出了社会主义初级阶段的理论，即像中国这样一个经济文化发展比较落后、生产力水平还不发达的国家，进入社会主义以后必须经历一个很长的初级阶段。社会主义初级阶段理论是开创和发展中国特色社会主义道路的总依据。

二是提出社会主义本质论，创造性地发展了科学社会主义关于社会主义本质及其特征的观点和原则。马克思主义认为，社会主义是消灭私有制、由全社会共同占有生产资料的社会，是有计划组织生产和实行按劳分配的社会。马克思主义创始人关于社会主义本质和原则的结论是“从批判旧世界中发现新世界”的。改革开放以来，邓小平同志在开创中国特色社会主义道路、指导中国特色社会主义建设的实践探索和理论思考之后提出了社会主义本质论，即“解放生产力，发展生产力，消灭剥削，消除两极分化，最终达到共同富裕”。社会主义本质论是中国特色社会主义道路对科学社会主义基本原则的重大理论创新和贡献。

三是作出改革开放决策，形成了社会主义改革开放理论，丰富发展了科学社会主义关于社会主义社会是“经常变化和改革的社会”的论断。改革是解放和发展生产力，改革是“中国的第二次革命”，改革的性质是坚持和完善社会主义制度，改革是坚持和发展中国特色社会主义道路的必由之路，等等，中国共产党的改革开放理论发展了科学社会主义关于改革社会主义的思想。

四是中国社会主义市场经济体制改革的目标、中国社会主义市场经济的理论和实践，实现了对马克思主义经典作家社会主义经济理论的突破和传统社会主义经济模式的创新。马克思主义经典作家和传统社会主义理论都认为，计划和市场分别是社会主义经济和资本主义经济的标志。中国搞的社会主义市场经济则把公有制、市场经济体制、政府宏观调控有效结合起来并且取得了巨大成功，这是中国特色社会主义道路对科学社会主义理论的独特伟大创造。

五是中国特色社会主义道路的发展布局、发展战略、发展目标、发展路径、发展原则、发展理念实现了对科学社会主义发展理论的全面创新。中国特色社会主义发展道路的"五位一体"总体布局，"四个全面"战略布局，先富带动后富、最终实现共同富裕的发展路径，温饱—小康—全面建设小康—全面建成小康—"两个一百年奋斗目标"的发展阶段，建设富强、民主、文明、和谐、美丽的社会主义现代化强国和国家富强、民族振兴、人民幸福的中国梦的奋斗目标，以人为本、全面协调可持续的发展观、"创新、协调、绿色、开放、共享"的五大发展理念等等，实现了对科学社会主义发展理论的全面创新。

六是中国特色社会主义道路在路线方针政策原则等方面对科学社会主义基本原则的创新和发展，比如中国特色社会主义道路强调在党的领导下，立足基本国情，坚持"一个中心、两个基本点"的基本路线，坚持解放思想、实事求是、与时俱进的思想路线，这些都是中国共产党在开创、坚持和发展中国特色社会主义道路方面对发展科学社会主义基本原则作出的新贡献。

3.中国特色社会主义道路推动了马克思主义和党的指导理论创新发展

时代是思想之母，实践是理论之源。实践产生理论，理论指导实践，实践检验理论，理论推动实践发展。重视实践，注重理论创新，善于理论联系实际，是中国共产党人的优良传统和一大优势。在开创、坚持和发展中国特色社会主义道路的历史进程和实践过程中，中国共产党在坚持科学社会主义基本原则的基础上，回答了关于中国特色社会主义道路的一系列重大理论和实践问题，实现了科学社会主义在当代中国的新发展，形成了关于中国特色社会主义道路的完整概念和思想体系，深化了对科学社会主义基本原则的认识，丰富发展了科学社会主义理论，推动了马克思主义的与时俱进和理论创新。中国特色社会主义道路的探索实践推动了马克思主义的理论创新和党的理论发展，这反过来为坚定中国特色社会主义道路自信提供了理论指南、理论支持。

中国特色社会主义道路发展推动了马克思主义的理论创新和党的理论发展，可以从具体的理论观点和体系化的理论成果两个方面阐述。关于“具体的理论观点”的创新，前文“中国特色社会主义道路丰富发展了科学社会主义的基本原则”已经概括论述。关于“体系化的理论成果”创新，主要是指改革开放以来在党的几代中央领导集体领导下，在开创、坚持和发展中国特色社会主义道路的历史进程和具体实践中，中国共产党围绕“什么是社会主义、怎样建设社会主义”“建设什么样的党、怎样建设党”“实现什么样的发展，怎样发展”“新时代坚持和发展什么样的中国特色社会主义、怎样坚持和发展中国特色社会主义”这些重大的理论和时代课题，形成了包括邓小平理论、“三个代表”重要思想、科学发展观、习近平新时代中国特色社会主义思想等在内的中国特色社会主义理论体系。习近平新时代中国特色社会主义思想是马克思主义中国化的最新成果和中国特色社会主义理论体系的重要组成部分。这些理论创新成果，是在开创、坚持和发展中国特色社会主义道路的实践中形成的，必将指导、推动中国特色社会主义事业的进一步发展，为坚定中国特色社会主义道路自信提供科学的理论指导和有力的思想支持。

## 三、深刻把握中国特色社会主义道路自信的理论逻辑

“树高千丈总有根,河流万里总有源。”不仅中国特色社会主义道路的开创有其思想渊源和实践基础,而且人们对中国特色社会主义道路的自信也有其深层的理论逻辑,这一逻辑贯穿于中国特色社会主义道路的发展过程,是支撑中国特色社会主义道路自信的内在依据。

### (一)科学社会主义基本原则是中国特色社会主义道路自信的理论之根

科学社会主义基本原则是中国特色社会主义道路的理论基石或理论根源。马克思主义创始人在批判旧世界的基础上提出了科学社会主义的基本原则。马克思主义诞生170年来,科学社会主义基本原则指导着一代代共产党人和革命者不懈奋斗,推进了社会主义由空想到科学的转变,由科学理论到发展道路、基本制度的实践,由一国到多国的兴盛,历经曲折而又顽强发展,特别是中国特色社会主义道路的蓬勃发展与辉煌成就,改变了资本主义独霸天下的局面,大大推进了人类进步事业。历史和实践表明,马克思主义创始人提出的科学社会主义基本原则是建立在深刻洞察人类社会发展基本规律并对资本主义社会客观分析基础之上的科学结论、正确结论,必须始终坚持而不能动摇、背弃。一旦背离了科学社会主义的基本原则,就不是“社会主义”的道路,而会走上其他“主义”的道路。历史上,一些放弃了科学社会主义基本原则、马克思主义理论指导的前社会主义国家,并没有走上理想的发展道路。经济倒退,政局动荡,各种社会问题“剪不断、理还乱”,腐败问题严重,人民生

活水平止步不前，国家综合实力下降。历史的教训和启示是，一旦背离了科学社会主义基本原则，放弃了马克思主义理论旗帜，就会走上一条违背初衷、自毁前程的倾覆之路、不归之路，就会葬送社会主义事业，极大地挫伤人们的国家自豪感、道路自信心、民族认同感。

20世纪80年代末90年代初，在东欧剧变、苏联解体、世界社会主义运动遭遇空前挫折的背景下，中国共产党团结带领全国各族人民，坚持解放思想、实事求是，坚持四项基本原则、坚持改革开放，保持了中国社会主义屹立不倒、蓬勃发展的良好势头。改革开放以来，邓小平同志反复强调中国搞改革开放必须坚持“四项基本原则”不动摇，坚持党的基本路线必须坚持“四项基本原则”的立国之本。“四项基本原则”与科学社会主义的基本原则是一脉相承的，是对科学社会主义基本原则的中国化发展。在改革开放整个过程中，党的领导人对“四项基本原则”的强调，就是对科学社会主义基本原则的坚持。因此，邓小平指出，我们搞改革开放，把工作重心放在经济建设上，没有丢马克思，没有丢列宁，也没有丢毛泽东。老祖宗不能丢，丢了就会丧失根本。这个老祖宗，就是马克思主义基本原理，就是科学社会主义基本原则。十八大以来习近平总书记也强调：“中国特色社会主义是社会主义而不是其他什么主义，科学社会主义基本原则不能丢，丢了就不是社会主义。”①总之，科学社会主义是社会主义丢不得、忘不得的“根”。

科学社会主义基本原则是中国特色社会主义道路的理论基石，也是中国特色社会主义道路自信的理论之根。正是由于中国特色社会主义道路始终坚持并丰富发展科学社会主义基本原则，推动了马克思主义和党的理论创新，从而不仅为中国特色社会主义道路的

① 中共中央文献研究室编：《十八大以来重要文献选编》（上），北京：中央文献出版社，2014年，第109页。

健康发展、不断拓展稳固了“根”，保证了正确的发展方向，而且为中国特色社会主义道路的不断发展提供了马克思主义中国化的科学理论指导和理论支持。马克思主义告诉我们，科学的理论一旦被人民群众所掌握，就能变成强大的力量。

改革开放以来的历史证明，坚持并贯彻了科学社会主义基本原则的中国特色社会主义道路，是实现我国社会主义现代化的必由之路，是创造人民美好生活的必由之路。中国特色社会主义道路对科学社会主义基本原则是坚持而不是“修正”，是发展而不是“放弃”，凸显了中国共产党人的道路自信、理论自信。在任何时候任何情况下始终坚持而不放弃科学社会主义的基本原则，是中国共产党人对中国特色社会主义道路取得成功并引以为荣、永葆自信的根本。

### （二）一脉相承基础上的与时俱进是中国特色社会主义道路自信的理论之魂

马克思主义具有与时俱进的理论品格，中国共产党人是具有创新精神的马克思主义政党。在开创、坚持和发展中国特色社会主义道路的历史进程和实践奋斗中，具有创新精神的中国共产党人不仅牢牢坚持了科学社会主义基本原则，而且丰富发展了科学社会主义基本原则，从而推进了马克思主义和党的指导理论的创新发展，推动了中国特色社会主义事业发展，增强了党和人民群众坚定走中国特色社会主义道路、为实现“两个一百年”奋斗目标和中华民族伟大复兴而努力奋斗的信心。在开创、坚持和发展中国特色社会主义道路的历史进程中，一方面中国共产党人牢牢把握住马克思主义一脉相承的“脉”，另一方面推动马克思主义理论一脉相承基础上的与时俱进、创新发展，高超地实现了马克思主义发展和中国特色社会主义发展过程中“不变”与“变”、继承与发展、坚持与创新的有机统一，这种在继承中发展、在坚持中创新的精神就是中国特色社会主义道路自信的理论之魂。

一脉相承基础上的与时俱进是贯穿中国特色社会主义道路发展始终的一条无形的红线，这条红线的一头牢牢地牵系着马克思主义一脉相承的“脉”——科学社会主义基本原则、马克思主义立场观点方法，保证了中国特色社会主义道路和事业不丧失根本、不迷失方向。中国社会主义的发展并不是一帆风顺、一马平川、一路鲜花，而是充满着诱惑、暗流、险滩，面临着来自各种社会思潮的干扰、威胁、挑战，稍有不慎就会走错路、翻船、栽跟头。马克思主义和社会主义发展的历史表明，只有始终坚持科学社会主义基本原则、牢牢把握马克思主义立场观点方法，才能增强坚定不移走社会主义道路的理论定力、自信，才能走出一条既坚持科学社会主义基本原则又符合中国基本国情、时代特征的中国特色社会主义宽广道路。改革开放以来，中国共产党始终坚持马克思主义的立场观点方法和科学社会主义基本原则，秉持马克思主义一脉相承的“脉”，坚持四项基本原则，走出了一条中国特色社会主义道路。如果说，不搞改革开放是死路一条，那么同样可以说，在改革开放中不坚持科学社会主义基本原则、四项基本原则、马克思主义的立场观点方法，也会走上错路、邪路，也是死路一条！因此，改革开放以来，面对各种社会思潮和错误论调的干扰、诱惑、挑战、破坏，邓小平、江泽民同志反复强调坚持四项基本原则、科学社会主义基本原则、马克思主义的立场观点方法；胡锦涛、习近平等党的领导人反复强调决不走“封闭僵化的老路”“改旗易帜的邪路”。

一脉相承基础上的与时俱进是贯穿中国特色社会主义道路发展始终的一条不断发展的红线，这条红线的另一头牵系在马克思主义与时俱进的“魂”——创新发展上，保证中国特色社会主义道路永不僵化、永不停滞，使中国特色社会主义道路永葆生机活力。创新是马克思主义的灵魂，是中国共产党人的优秀品质。在开创、坚持和发展中国特色社会主义道路的历史进程和伟大实践中,一方面,中国共产党人把握住马克思主义一脉相承的“脉”。另一方面,更重要的是抓住了马克思主义与时俱进的“魂”,坚持解放思想、实事求是、与时俱进的思想路线;坚持把马克思主义基本原理与当代中国的基本国情、时代特征相结合,在实践发展、实践创新的基础上推动马克思主义和党的理论创新发展;坚持四项基本原则与改革开放的辩证统一,以改革创新的办法推进中国特色社会主义发展;坚持根据时代条件和实践发展不断丰富中国特色社会主义的实践特色、理论特色、民族特色、时代特色;坚持以全新的视野深化对共产党执政规律、社会主义建设规律、人类社会发展规律的认识,从理论和实践结合上不断探索回答中国特色社会主义发展中的重大理论和现实问题;坚持推动马克思主义中国化时代化大众化,推动党的理论创新和理论武装;等等。以强烈的创新精神和使命担当推动中国特色社会主义道路发展和中国特色社会主义理论创新。

### (三)“四大特色”彰显了中国特色社会主义道路的理论自信

“地上本没有路,走的人多了,也便成了路。”中国特色社会主义道路不是从书斋中空想出来的,而是在当代中国改革开放的伟大实践中干出来的、走出来的;是在中国特色社会主义理论体系指导下形成和发展起来的,反过来推动了马克思主义和党的理论创新发展;是在当代中国基本国情与历史文化传统的土壤中生发起来的;是在和平与发展成为时代主题的背景下,面向世界、面向未来、面向现代化,把握时代特征、应对时代挑战、引领时代发展中形成的。总而言之,中国特色社会主义道路具有鲜明的实践特色、理论特色、民族特色、时代特色。在一定意义上讲,改革开放以来中国特色社会主义道路的发展,就是在坚持科学社会主义基本原则基础上不断丰富、不断增强中国特色社会主义实践特色、理论特色、民族特色、时代特色的过程。党的十七大报告首次提出“大力推进理论创新，不断赋予当代中国马克思主义鲜明的实践特色、民族特色、时代特色”①。2012年7月23日胡锦涛同志在省部级主要领导干部专题研讨班上的讲话中，明确提出了“不断丰富中国特色社会主义的实践特色、理论特色、民族特色、时代特色”（即“四大特色”）。党的十八大报告再次强调中国特色社会主义（这里实际上指的是中国特色社会主义道路），“既坚持了科学社会主义基本原则，又根据时代推进赋予其鲜明的中国特色”，“我们要毫不动摇坚持、与时俱进发展中国特色社会主义，不断丰富中国特色社会主义的实践特色、理论特色、民族特色、时代特色”，而且在党的历史上首次提出了“全党要坚定这样的道路自信、理论自信、制度自信”②的课题。强调中国特色社会主义的“实践特色”，旨在表明中国共产党对马克思主义实践观的坚持，中国特色社会主义道路不是从“本本”中来的，而是从社会主义初级阶段党领导人民开展的改革开放实践中形成的，是“科学社会主义”的也是“当代中国实践”的。强调中国特色社会主义的“理论特色”，旨在表明中国共产党是重视理论创新和理论指导的党，中国特色社会主义道路注重实践基础上的理论总结、理论创新、理论应用。强调中国特色社会主义的“民族特色”，旨在表明中国特色社会主义道路是在立足中国国情、尊重中国传统、肩负中华民族历史课题的基础上形成与发展起来的。强调中国特色社会主义的“时代特色”，旨在表明中国特色社会主义道路的当代性特征。总之，改革开放以来党中央提出中国特色社会主义“四大特色”的概念和不断丰富中国特色社会主义“四大特色”的课题，表明中国共产党

---

① 中共中央文献研究室编：《十七大以来重要文献选编》（上），北京：中央文献出版社，2009年，第26页。

② 中共中央文献研究室编：《十八大以来重要文献选编》（上），北京：中央文献出版社，2014年，第10、13页。

从实践、理论、民族、时代四个角度深化了对中国特色社会主义的认识，彰显出中国特色社会主义道路的优势，作为一个崭新的思想认识成果彰显了中国共产党对中国特色社会主义道路的理论自信。

## （四）理论逻辑和历史逻辑的统一是统摄中国特色社会主义道路自信的规律红线

透视近代以来中国社会主义道路形成与发展的历史轨迹，不难发现其中贯穿着一条带有规律性的逻辑红线：科学社会主义基本原则的一以贯之及其在中国社会发展历史实践中的展开，也就是中国特色社会主义实践形态和理论形态的生成及其交织过程。习近平总书记总结指出，“中国特色社会主义，是科学社会主义理论逻辑和中国社会发展历史逻辑的辩证统一，是根植于中国大地、反映中国人民意愿、适应中国和时代发展进步要求的科学社会主义，是全面建成小康社会、加快推进社会主义现代化、实现中华民族伟大复兴的必由之路”①。中国特色社会主义是科学社会主义基本原则的理论逻辑与中国社会发展的历史逻辑（简称“两个逻辑”）的辩证统一，极其简明地揭示了中国特色社会主义道路发展的内在规律，也揭示了中国特色社会主义道路之所以成功开创并发展壮大的经验奥秘。

任何一种道路的形成与发展都有其理论指导、理论依据和具体的动态的历史实践，也就是有其理论逻辑与历史逻辑。然而并不是所有道路都能取得成功并产生重大影响，问题的关键在于能否实现理论逻辑和历史逻辑的辩证统一。中国特色社会主义道路在坚持马克思主义立场观点方法、科学社会主义基本原则的基础上，把马

① 中共中央文献研究室编：《十八大以来重要文献选编》（上），北京：中央文献出版社，2014年，第118页。

克思主义基本原理、科学社会主义基本原则与中国国情、时代特征相结合，坚持解放思想、实事求是、与时俱进的思想路线，有效实现了科学社会主义在当代中国的扎根、开花、结果，收获了中国特色社会主义道路、中国特色社会主义理论体系、中国特色社会主义制度中国特色社会主义文化四种形态的成果。

中国特色社会主义"两个逻辑"的辩证统一和现实统一有其客观的实践基础——社会主义初级阶段的改革开放伟大实践。中国特色社会主义"两个逻辑"的辩证统一和现实统一有着鲜明的特色特征——中国特色社会主义道路、理论、制度、文化的"四位一体"与有机统一。中国特色社会主义"两个逻辑"的辩证统一和现实统一体现了科学的思想方法——解放思想、实事求是、与时俱进是中国特色社会主义"两个逻辑"实现统一的思想保证，马克思主义的实践观是中国特色社会主义"两个逻辑"相统一的哲学基石，矛盾普遍性与特殊性辩证统一的原理是中国特色社会主义"两个逻辑"相统一的方法论依据。中国特色社会主义"两个逻辑"的辩证统一和现实统一有着统一而一贯的价值追求——"求得民族独立和人民解放""实现国家繁荣富强和人民共同富裕"是中国特色社会主义"两个逻辑"统一的价值牵引，人的自由而全面发展是中国特色社会主义"两个逻辑"统一的最高价值追求，富强民主文明和谐美丽是中国特色社会主义"两个逻辑"统一的具体追求。中国特色社会主义"两个逻辑"的辩证统一和现实统一具有重要的多重意义——提升了对科学社会主义和中国特色社会主义认识的新视野新境界，深化了对共产党执政规律、社会主义建设规律、人类社会发展规律的认识，为世界社会主义和人类文明发展提供了有益的借鉴启示。

综上，中国特色社会主义"两个逻辑"的辩证统一是中国特色社会主义道路生成与健康发展的重要经验和原则，是中国特色社会主义道路自信深层的理论逻辑依据。

第四章

# 中国特色社会主义道路的成功实践——道路自信的现实基础

中国特色社会主义道路是中国特色社会主义的实践形态，是科学社会主义在当代中国的崭新应用。在开辟和形成中国特色社会主义道路的历史征程中，我国的经济建设、政治建设、文化建设、社会建设和生态文明建设取得了辉煌成就，既具体生动地展现出中国特色社会主义道路的实践特色，又充分证明了中国特色社会主义道路是实现中华民族伟大复兴的正确道路。

## 一、建立社会主义市场经济体制，实现经济又好又快发展

改革开放以来，经过四十年的不懈努力，我国成功实现了从高度集中的计划经济体制到充满活力的社会主义市场经济体制的伟大转折，经济持续快速发展、人民生活水平日益提高、综合国力显著增强。“中国经验”“中国道路”赢得全世界广泛关注，也得到了国际

社会的普遍认可。

## （一）建立社会主义市场经济是我国经济体制改革的一项壮举

确定什么样的目标和方向，是关系我国经济体制改革和社会主义现代化建设全局的一个重大问题。这个问题的核心，是正确认识和处理计划经济与市场经济的关系。在传统观念中，市场经济是资本主义特有的东西，资本主义国家都实行市场经济制度；计划经济是社会主义的鲜明标志，在第一个社会主义国家苏联建立以后的很长一段时间内，所有社会主义国家都实行计划经济。

思想观念的僵化、认识水平的局限，使得我国虽然早在20世纪50年代中期就提出了“以苏为鉴”，要独立探索中国式的现代化道路，但种种尝试也都只是计划经济框架下的修修补补。对社会主义经济模式的探索，始终未能跳出之前社会主义国家经济改革模式的窠臼。多年的计划经济虽然打下了我国社会主义现代化建设的工业化基础，但改革开放之前的中国经济仍然是物资短缺、贫困和僵化的状况。

实行改革开放之后，我国开始在各项经济活动中引入市场机制，使社会经济生活逐步活跃起来。从安徽凤阳小岗村走向全国的家庭联产承包责任制，赋予广大农民按照自身和市场需求进行生产经营的自主权，极大解放了农村生产力，使农业生产得以迅速恢复和发展，在一个较短的时间内解决了全国绝大多数地区和人口的衣食短缺问题，并使农民收入大幅度提高。此后，我国在城乡市场逐步放开农副产品、工业消费品和服务价格，结果是一放就活，带来了城乡市场的繁荣，也使城乡就业者迅速增加，让人们深切体会和认识到发展商品经济生产和交换、尊重和发挥价值规律的作用。1984年召开的党的十二届三中全会通过了《中共中央关于经济体制改革的决定》,肯定了社会主义经济是公有制基础上有计划的商品经济。

1992年的初春,邓小平同志在南方谈话中提出:“计划多一点还是市场多一点,不是社会主义与资本主义的本质区别。计划经济不等于社会主义,资本主义也有计划;市场经济不等于资本主义,社会主义也有市场。计划和市场都是经济手段。”①当年秋天召开的党的十四大根据这一谈话精神,明确提出我国经济体制改革的目标是建立社会主义市场经济体制。这标志着我国经济体制改革已经从“不管黑猫白猫,能抓住老鼠就是好猫”以及“摸着石头过河”的探索尝试逐步走向自觉有序推进,有力地推动了我国社会主义现代化建设事业的迅猛发展,中国经济改革终于摆脱了计划经济的羁绊。

其后,1993年党的十四届三中全会通过的《中共中央关于建立社会主义市场经济体制若干问题的决定》,勾画出了社会主义市场经济的基本框架。2002年党的十六大报告正式宣布,中国社会主义市场经济体制已经初步建立。2003年党的十六届三中全会通过的《中共中央关于完善社会主义市场经济体制若干问题的决定》,标志着我国进入以完善市场经济体制为核心内容的制度创新时期。2007年党的十七大报告提出,要深化对社会主义市场经济规律的认识,推进公平准入,破除体制障碍。2012年党的十八大提出要加快完善社会主义市场经济体制,在更大程度、更广范围发挥市场在资源配置中的基础性作用。2013年党的十八届三中全会通过的《中共中央关于全面深化改革若干重大问题的决定》指出,要使市场在资源配置中起决定性作用,更好发挥政府作用。习近平同志指出:提出使市场在资源配置中起决定性作用,是我们党对中国特色社会主义建设规律认识的一个新突破,是马克思主义中国化的一个新的成

① 《邓小平文选》第3卷,北京:人民出版社,1993年,第373页。

果，标志着社会主义市场经济发展进入了一个新阶段。[①] 党的十九大报告在阐述“坚持新发展理念”这条基本方略时，再次强调要“使市场在资源配置中起决定性作用，更好发挥政府作用……不断壮大我国经济实力和综合国力”[②]。

社会主义与市场经济的有机结合是前无古人的伟大创举，是中国特色社会主义道路的一大亮点，确立了改革开放最为重要的核心内容。社会主义市场经济带来的不仅仅是物质上的丰富和实惠，它同时还带来了思想解放、观念更新、人员自由流动、发展机会增多，以及平等、竞争、效率、规则、法治等市场意识的苏醒，让我们在面对世所罕见的繁重艰巨的改革发展任务、面对纷繁复杂的矛盾问题、面对可以预料和难以预料的风险挑战时，有了前所未有的从容和底气。我国社会主义现代化建设飞速发展的实践证明，建立社会主义市场经济体制是极其正确的选择。随着社会主义市场经济体制的进一步完善，这一体制的优越性和生命力将更好地发挥出来，从而也能够更加有力地推动全面建成小康社会和社会主义现代化建设。

## （二）我国社会主义基本经济制度具有强大生命力

新中国成立后，经过工业化和对农业、手工业和资本主义工商业的社会主义改造，我国建立了以生产资料公有制为基础的社会主义基本制度。但受传统思想观念的束缚和苏联模式的影响，我国长期实行单一的公有制经济，人为限制甚至打击非公有制经济，致使生产力发展遭遇严重阻碍和破坏。

为总结社会主义建设的经验教训，党的十一届三中全会提出要

---

① 《习近平在中共中央政治局第十五次集体学习时强调 正确发挥市场作用和政府作用 推动经济社会持续健康发展》，《人民日报》2014 年 5 月 28 日01 版。

② 习近平：《决胜全面建成小康社会 夺取新时代中国特色社会主义伟大胜利——在中国共产党第十九次全国代表大会上的报告》，北京：人民出版社，2017 年，第 21—22 页。

根据我国社会主义建设的具体实际，改革同生产力发展不相适应的生产关系和上层建筑。伴随着经济体制改革的深入推进和对当代中国基本国情的清醒认识，我们逐渐认识到非公有制经济在发展生产、繁荣市场、解决就业、增加税收等方面的积极作用。党的十四届三中全会指出，必须坚持以公有制为主体、多种经济成分共同发展的方针。党的十五大第一次明确提出，公有制为主体、多种所有制经济共同发展，是我国社会主义初级阶段的一项基本经济制度。此后，在党的十六大、十七大、十八大、十九大及有关中共中央全会上，都强调要坚持和完善这一基本经济制度。在中国特色社会主义的伟大实践中，坚持公有制为主体、多种所有制经济共同发展的基本经济制度，对建立完善社会主义市场经济体制、发展生产力和增强综合国力发挥了不可替代的重要作用，为我国经济发展注入了强大的生机和活力。

改革开放40年来，公有制经济和非公有制经济共同发展，使我国走上了一条快速发展的正确道路。一方面，公有制的主体地位保证了市场经济的社会主义性质，有利于实现全体人民共同富裕、保持经济持续稳定协调发展。经过改革调整，公有制经济特别是国有经济重新焕发出活力，牢牢掌握着国民经济的命脉，一大批极具竞争力的国有企业和国有控股企业脱颖而出，在提高经济效益、资产保值增值、规范治理结构和管理制度创新等各方面取得了显著成绩，其主要经济技术指标在国内位居一流，在国际上也属于较好水平，一些优秀的国有企业已经足以与世界一流企业媲美。除此之外，国有企业在重大工程建设、科技自主创新等落实国家战略方面也走在了前头，在保障民生、抗震救灾等社会领域更是作出了表率。

另一方面，多种所有制经济的共同发展有利于发挥各种生产要素的作用，调动各方面的积极性，在增强社会经济活力等方面显示出巨大优势。改革开放以来，非公有制经济蓬勃发展，其产值比重、劳动力比重已占到半壁江山，一批现代化的私营企业竞相涌现，成为我国重要的经济增长点。以私营企业为例，目前该类企业的数量已占全国企业总数的80%以上，注册资本占全国总额的四成。华为等一批领军企业已经打造出世界一流的优质品牌，参与国家发展战略和国际竞争的能力不断提高。

习近平同志指出，坚持公有制为主体、多种所有制经济共同发展的基本经济制度，既能够搞活公有制经济，又能够促进多种所有制经济的共同发展，这是推动中国特色社会主义蓬勃发展的重要支柱，也是社会主义市场经济体制的根基，事关中国特色社会主义的前途命运。从功能上来看，公有制经济和非公有制经济都是社会主义市场经济的重要组成部分，都是我国经济社会发展的重要基础。在社会主义市场经济条件下，公有制经济和非公有制经济平等竞争、相互促进，统一于社会主义现代化建设的进程之中。① 为进一步坚持和完善公有制为主体、多种所有制经济共同发展的基本经济制度，党的十八届三中全会《中共中央关于全面深化改革若干重大问题的决定》强调："必须毫不动摇巩固和发展公有制经济，坚持公有制主体地位，发挥国有经济主导作用，不断增强国有经济活力、控制力、影响力。必须毫不动摇鼓励、支持、引导非公有制经济发展，激发非公有制经济活力和创造力。"②党的十九大报告在讲到这一问题时，再次指出，"必须坚持和完善我国社会主义基本经济制度和分配制度，毫不动摇巩固和发展公有制经济，毫不动摇鼓励、支持、引导非公有制经济发展"③。

① 习近平：《毫不动摇坚持我国基本经济制度 推动各种所有制经济健康发展》（2016年3月4日），《人民日报》2016年3月9日02版。

② 中共中央文献研究室编：《十八大以来重要文献选编》（上），北京：中央文献出版社，2014年，第515页。

③ 习近平：《决胜全面建成小康社会 夺取新时代中国特色社会主义中伟大胜利胜——在中国共产党第十九次全国代表大会上的报告》，北京：人民出版社，2017年，第21页。

### （三）中国经济持续稳定增长，综合国力显著增强

改革开放以来，我国经济在一个时期内持续保持 10%左右的年均增长率，创造了人类经济发展史上的一个奇迹。2008 年国际金融危机波及全球，促使世界经济深度调整。总的来看，各国经济复苏进程曲折艰难，发达国家中美国、日本、德国年均增长率分别只有 1.1%、0.1%、0.7%，新兴经济体中南非、巴西、俄罗斯、印度分别也只有 3.6%、3.0%、1.3%、6.9%。而通过加强多重目标、多种政策、多项改革的协调配合，我国经济保持了中高速增长。2013 年至 2016 年，国内生产总值年均增长率为 7.2%，高于同期世界平均水平的 2.5%和发展中经济体 4%的平均增长水平，仍然处于绝对领跑者地位。展望未来，我国还具备保持中高速增长的巨大潜力。正如习近平同志所指出的，中国新型工业化、信息化、城镇化、农业现代化持续推进，居民储蓄率高，消费潜力巨大，人民工作勤奋，中等收入者比重在提高，服务业发展势头强劲，市场空间和潜力都很大，今后一个时期保持经济中高速增长有基础也有条件。①

中国经济持续稳定增长，为世界经济增长做出巨大贡献。经过多年的持续发展，中国经济与世界深度融合，成为当今世界最大的发展中国家和全球第二大经济体、第一大制造业国、第一大贸易国，改变了世界经济版图。2013 年至 2016 年，我国对世界经济增长的平均贡献率达到 30%以上，超过美国、欧元区和日本贡献率的总和，居世界第一位。展望未来，我国仍将是世界经济增长的"压舱石"。据测算，"十三五"时期，中国经济年均增长率能够保持在 6.5%以上，到 2020 年经济总量将达 17 万亿美元左右，占世界经济总量比重 20%左右。

中国的经济转型注重创新驱动，为世界经济转型释放强劲动能。

① 《习近平接受〈华尔街日报〉采访时强调 坚持构建中美新型大国关系正确方向 促进亚太地区和世界和平稳定发展》，《人民日报》2015 年 9 月 23 日 01 版。

坚持把科学技术作为第一生产力，中国大力推动科技创新，走上了创新驱动的发展新路，创新型国家建设成果丰硕。近年来，天宫、蛟龙、天眼、悟空、墨子、大飞机等重大科技成果相继问世，为世界技术发展提供了中国力量。世界知识产权组织《2016年全球创新指数报告》显示，2016年，我国的创新指数居全球第25位，在中等收入国家中排名首位。同时，作为拥有完整工业门类的制造业大国，中国拥有庞大的产业基础和国内市场，国际上的新技术、新产业、新业态大都能够在中国找到转换落地的机会，形成产业化效应。

中国不断扩大对外开放，为世界经济发展提供更多新空间。2016年，我国货物进出口总额3.685万亿美元，占世界贸易总额11%以上。特别是“一带一路”建设实施顺利，开启了我国与沿线国家经贸投资合作新空间。2014年至2016年，我国同“一带一路”沿线国家贸易总额超过3万亿美元，对“一带一路”沿线国家投资累计超过500亿美元，为相关国家创造近11亿美元税收和18万个就业岗位。2016年，我国与“一带一路”沿线国家新签合同额1260亿美元，占同期对外承包工程新签合同额的51.6%，完成营业额760亿美元，占同期总额的47.7%，“中国制造”“中国建造”“中国服务”受到越来越多沿线国家的欢迎。①

放眼未来，新常态下的中国经济正在全新的探索与实践中迈向新的征程，挑战前所未有，机遇前所未有。纵观世界，在当前及今后一个时期，国际国内形势仍然错综复杂，我国经济发展确实面临着不少困难和问题，改革转型任务异常艰巨繁重，但是这些都是前进和发展中不可避免的问题，也应当在发展中获得解决。新常态下，我国发展仍处于可以大有作为的重要战略机遇期，我们完全有条件、有能力、有信心保持经济持续健康发展。

---

① 国家统计局综合司:《供给侧结构性改革深入推进 转型升级步伐加快——党的十八大以来经济社会发展成就系列之十》，国家统计局2017年7月14日。

## 二、中国特色社会主义政治发展道路为实现最广泛的人民民主确立了正确方向

由于历史演进和具体国情不同，每个国家在选择政治发展的路径和模式上都不尽相同。党的十九大报告指出："中国特色社会主义政治发展道路，是近代以来中国人民长期奋斗历史逻辑、理论逻辑、实践逻辑的必然结果，是坚持党的本质属性、践行党的根本宗旨的必然要求。"①

### （一）走中国特色社会主义政治发展道路是历史和人民的选择

习近平同志指出："以什么样的思路来谋划和推进中国社会主义民主政治建设，在国家政治生活中具有管根本、管全局、管长远的作用。古今中外，由于政治发展道路选择错误而导致社会动荡、国家分裂、人亡政息的例子比比皆是。中国是一个发展中大国，坚持正确的政治发展道路更是关系根本、关系全局的重大问题。"②中国特色社会主义政治发展道路，是我们党把马克思主义国家学说和民主理论同中国具体实际和时代特征相结合，在发展社会主义民主政治、建设社会主义政治文明的实践中走出的一条符合中国国情的政治发展道路，是中国社会发展的必然结果。

中国共产党自成立之日起，就坚持以实现和发展人民民主为己任。1940 年，在抗日战争的艰难岁月里，毛泽东同志向全中国人民

---

① 习近平：《决胜全面建成小康社会 夺取新时代中国特色社会主义伟大胜利——在中国共产党第十九次全国代表大会上的报告》，北京：人民出版社，2017 年，第 36 页。

② 中共中央文献研究室编：《十八大以来重要文献选编》（中），北京：中央文献出版社，2016 年，第 59 页。

庄严宣告：中国共产党的一切奋斗之目的，就是要建立一个具有新政治、新经济、新文化的新中国。这里所说的新政治，就是充分体现“非少数人所得而私”的新民主主义政治。抗日战争胜利前夕，毛泽东同志在延安与民主人士黄炎培有段著名的“窑洞对”。黄炎培问毛泽东说，共产党能否找出一条新路，跳出中国历史上由兴盛到衰败的周期率。毛泽东同志回答说，“我们已经找到新路。我们能够跳出这个周期率。只有让人民来监督政府，政府才不敢松懈。只有人人负起责来，才不会人亡政息”。

新中国成立后，党领导各族人民建立了人民民主专政这一国体和人民代表大会制度这一根本政治制度，建立了中国共产党领导的多党合作和政治协商制度、民族区域自治制度以及基层群众自治制度，开辟了中国历史上从未有过的人民当家作主新时代。虽然其后我国的社会主义民主政治建设在探索中也出现过曲折，但党领导人民当家作主的努力却从未停止过。

进入改革开放和社会主义现代化建设的历史新时期，党领导人民开始了建设中国特色社会主义民主政治的新探索。党的十一届三中全会提出健全社会主义民主和加强社会主义法制的任务后，以邓小平同志为核心的党的第二代中央领导集体深刻总结新中国成立以来特别是“文化大革命”的经验教训，作出了“没有民主就没有社会主义，就没有社会主义的现代化”的著名论断，把实现社会主义民主规定为党在社会主义初级阶段的奋斗目标之一。党的十三届四中全会以来，在改革开放和发展社会主义市场经济的历史条件下，以江泽民同志为核心的党的第三代中央领导集体，提出要建设有中国特色的社会主义民主政治，把发展社会主义民主政治、建设社会主义政治文明确立为全面建设小康社会的重要目标。党的十六大以来，站在新的历史起点上，以胡锦涛同志为总书记的党中央继续推进社会主义民主，提出“人民民主是社会主义的生命”的科学命题,反复强调发展社会主义民主政治是我们党始终不渝的奋斗目标。站在新的历史起点上,党的十八大报告郑重宣示:"人民民主是我们党始终高扬的光辉旗帜。改革开放以来,我们总结发展社会主义民主正反两方面经验,强调人民民主是社会主义的生命,坚持国家一切权力属于人民,不断推进政治体制改革,社会主义民主政治建设取得重大进展,成功开辟和坚持了中国特色社会主义政治发展道路,为实现最广泛的人民民主确立了正确方向。"①党的十九大报告再次强调"必须坚持中国特色社会主义政治发展道路",这既是对以往我国社会主义民主政治建设情况的科学总结,也为我们坚定不移地发展社会主义民主政治提供了方向指引,昭示了中国共产党人坚定不移走中国特色社会主义政治发展道路的决心和信心。

## (二)中国特色社会主义政治发展道路具有丰富的内容和鲜明的特点

中国特色社会主义政治发展道路,是社会主义民主政治在中国的具体化,是中国特色社会主义道路在政治发展方面的重要展开,这条道路的基本内涵是:在中国共产党领导下,立足基本国情,扩大社会主义民主,建设社会主义法治国家,发展社会主义政治文明;坚持党的领导、人民当家作主、依法治国有机统一,坚持和完善人民代表大会制度、中国共产党领导的多党合作和政治协商制度、民族区域自治制度以及基层群众自治制度,巩固和发展最广泛的爱国统一战线,发展社会主义协商民主,健全民主制度,丰富民主形式,拓宽民主渠道,保证把人民当家作主落实到国家政治生活和社会生活之中。

---

① 中共中央文献研究室编:《十八大以来重要文献选编》(上),北京:中央文献出版社,2014年,第19—20页。

一方面，坚持党的领导、人民当家作主、依法治国有机统一，是中国特色社会主义政治发展道路的基本原则和核心要求，也是这条道路的鲜明特点。党的领导是人民当家作主和依法治国的根本保证。党的十八大以来，习近平同志多次指出，中国最大的国情就是中国共产党的领导，党的领导是中国特色社会主义最本质的特征。坚持中国特色社会主义政治发展道路，核心是坚持党的领导。人民当家作主是社会主义民主政治的本质特征。在我国发展社会主义民主的一切行动和目的，都是为了实现人民当家作主，党的领导的实质也是领导和支持人民当家作主。人民是宪法和法律所确认并保障的民主和政治权利的主体，他们依照法律规定，掌握国家政权，行使民主权利，管理国家事务、管理经济和文化事业、管理社会事务。依法治国是党领导人民治理国家的基本方式。实施依法治国方略、建设社会主义法治国家，其目的是实现社会主义民主的制度化、规范化和程序化，为人民当家作主提供政治和法制制度保障。依法治国的过程，实际上就是在党的领导下，实现人民当家作主的过程。党的十八大强调，依法治国是党领导人民治理国家的基本方略，法治是治国理政的基本方式，要更加注重发挥法治在国家治理和社会管理中的重要作用，全面推进依法治国，加快建设社会主义法治国家。党的十九大进一步强调，全面依法治国是中国特色社会主义的本质要求和重要保障。在这三者之间，人民当家作主是价值目标，依法治国是基本途径和方略，党的领导是根本保障，三者的有机统一，体现了中国特色社会主义民主政治建设的优越性。

另一方面，人民代表大会制度、中国共产党领导的多党合作和政治协商制度、民族区域自治制度以及基层群众自治制度，是中国特色社会主义政治发展道路的基本制度框架。人民代表大会制度是我国的根本政治制度，是我国的政体，是坚持党的领导、人民当家作主、依法治国有机统一的根本政治制度安排。作为国家政权机关的组织形式,它是以民主集中制为组织原则,由人民选举代表组成国家权力机关,统一领导国家事务的制度。中国共产党领导的多党合作和政治协商制度是我国的一项基本政治制度,是具有中国特色的社会主义政党制度。这一政党制度的显著特征是:共产党领导、多党派合作,共产党执政、多党派参政。这种政党制度既有利于增强党和国家的活力,保持国家政局的稳定和社会安定团结,又有利于加强、改善共产党的领导和充分发挥民主党派的参政党作用。民族区域自治制度是我国的又一项基本政治制度,是解决我国民族问题的基本政策。在单一制的国家结构形式之下,充分考虑我国的历史发展、文化特点、民族关系和民族分布等具体情况,实行民族区域自治,由少数民族自主管理本民族区域的内部事务,这是实现各民族共同团结进步、共同繁荣发展的最好政治形式。基层群众自治制度是中国特色社会主义民主政治制度的重要组成部分,是人民当家作主最有效、最广泛的途径。广大群众通过依法直接行使民主权利,管理基层公共事务和公益事业,实行自我管理、自我服务、自我教育、自我监督,对干部实行民主监督,这是我国社会主义民主最直接和最具体的体现。

习近平同志指出:“这样一套制度安排,能够有效保证人民享有更加广泛、更加充实的权利和自由,保证人民广泛参加国家治理和社会治理;能够有效调节国家政治关系,发展充满活力的政党关系、民族关系、宗教关系、阶层关系、海内外同胞关系,增强民族凝聚力,形成安定团结的政治局面;能够集中力量办大事,有效促进社会生产力解放和发展,促进现代化建设各项事业,促进人民生活质量和水平不断提高;能够有效维护国家独立自主,有力维护国家主权、安全、发展利益，维护中国人民和中华民族的福祉。”[①]只有坚持和不断完善这一套制度体系，我们才能更好地实现最广泛的人民民主。

## （三）中国特色社会主义政治发展道路是我国发展社会主义政治文明的正确道路

习近平同志指出：“评价一个国家政治制度是不是民主的、有效的，主要看国家领导层能否依法有序更替，全体人民能否依法管理国家事务和社会事务、管理经济和文化事业，人民群众能否畅通表达利益要求，社会各方面能否有效参与国家政治生活，国家决策能否实现科学化、民主化，各方面人才能否通过公平竞争进入国家领导和管理体系，执政党能否依照宪法法律规定实现对国家事务的领导，权力运用能否得到有效制约和监督。”[②]中国特色社会主义政治发展道路，是几代中央领导集体带领全党和全国各族人民不懈奋斗，在不断完善和发展社会主义民主的进程中走出来的。在中国特色社会主义政治发展道路上，人民民主的内容不断扩大、形式不断丰富、制度不断健全、实践不断深化，充分表明中国特色社会主义政治发展道路具有巨大优势和强大生命力，是在我国真正实现人民民主的正确之路、成功之路、必由之路。

坚持中国特色社会主义政治发展道路，我们以保证人民当家作主为根本，以增强党和国家活力、调动人民积极性为目标，不断扩大人民有序政治参与，依法实行民主选举、民主决策、民主管理、民主监督，保障人民的知情权、参与权、表达权、监督权，人民实现了内容广泛的当家作主。通过持续推进政治体制改革，我国的各项民主制

① 中共中央文献研究室编：《十八大以来重要文献选编》（中），北京：中央文献出版社，2016年，第61—62页。

② 中共中央文献研究室编：《十八大以来重要文献选编》（中），北京：中央文献出版社，2016年，第60—61页。

度不断完善，为人民当家作主提供了广泛的途径和便捷的方式，使人民群众真正成为国家和社会的主人。近年来，英国伦敦外交政策中心发表的美国高盛公司的长篇研究报告《北京共识》受到国际社会广泛关注。在肯定中国经济社会的巨大变化并探索这些变化背后的动因时，报告认为，中国实行改革开放以来取得了巨大进步，其最大的成功之处就在于中国创造了一种适合自己的经济和政治发展模式。当代中国在世界面前展现的良好形象，既充分彰显了中国特色社会主义经济制度的成功，也向世界昭示了中国特色社会主义政治发展道路的正确。事实胜于雄辩，中国特色社会主义政治发展道路不仅在我国得到了各党派团体、各社会阶层、各不同群体的衷心拥护，也在国际上得到了越来越多的认同和赞誉。高举人民民主的大旗，中国特色社会主义政治发展道路必将越走越宽广，社会主义民主政治必将展现出更加旺盛的生命力。



## 三、中国特色社会主义文化发展道路引领社会主义文化大繁荣大发展

文化是一个国家、一个民族的灵魂。文化兴国运兴，文化强民族强。改革开放以来，我们党始终把文化建设摆在党和国家全局工作的重要战略位置，坚持物质文明和精神文明两手抓、依法治国和以德治国相结合、文化事业和文化产业同发展，在推动文化建设不断取得新成就的过程中，成功走出了一条中国特色社会主义文化发展道路。

## （一）中国特色社会主义文化发展道路是我国文化建设长期实践探索的结果

中国特色社会主义文化发展道路，凝聚着我们党九十多年来特别是改革开放40年来探索文化建设的基本经验，是我国文化建设实践探索的重要结晶，是中国特色社会主义道路的重要组成部分。

中国共产党从成立之日起，就既是中华优秀传统文化的忠实传承者和弘扬者，又是中国革命文化和先进文化的积极倡导者和发展者。在新中国成立前夕，毛泽东同志就预言："随着经济建设的高潮的到来，不可避免地将要出现一个文化建设的高潮。中国人被人认为不文明的时代已经过去了，我们将以一个具有高度文化的民族出现于世界。"新中国成立后，以毛泽东同志为核心的党的第一代中央领导集体开始了社会主义文化发展道路的探索，强调要建设民族的科学的大众的文化，提出社会主义文化为工农兵服务、为社会主义服务的根本方向和"百花齐放、百家争鸣"的方针，还提出"古为今用，洋为中用"的文艺创作方针，奠定了我国文化建设的理论基础和指导方针。

进入改革开放新时期，以邓小平同志为核心的党的第二代中央领导集体，提出文化要为人民服务、为社会主义服务，强调"我们要在建设高度物质文明的同时，提高全民族的科学文化水平，发展高尚的丰富多彩的文化生活，建设高度的社会主义精神文明"，社会主义物质文明和精神文明"两手抓、两手都要硬"。在继承和发扬党的正确的文化建设方针的基础上，带领人民逐步走上了中国特色社会主义文化发展道路。

党的十三届四中全会后，以江泽民同志为核心的第三代中央领导集体高度重视社会主义精神文明建设，强调中国特色社会主义文化是"综合国力的重要标志"，在坚持基本路线不动摇的基础上，制定了中国特色社会主义建设的经济、政治和文化纲领，指出："建设有中国特色社会主义的文化，就是以马克思主义为指导，以培育有理想、有道德、有文化、有纪律的公民为目标，发展面向现代化、面向世界、面向未来的，民族的科学的大众的社会主义文化。"特别是在"三个代表"重要思想中，强调中国共产党要始终代表中国先进文化的前进方向，使我们党的文化自觉达到了一个新高度，也使中国特色社会主义文化发展道路又向前跨越了一大步。

党的十六大以来，以胡锦涛同志为总书记的党中央以科学发展为主题，以破解文化发展难题为指向，积极探索新形势下的文化建设规律，使中国特色社会主义文化发展道路日渐明晰。2010 年 4 月，在《中共中央办公厅、国务院办公厅转发〈中央宣传部关于党的十六大以来文化体制改革及文化事业文化产业发展情况和下一步工作意见〉的通知》中，首次提出要"努力探索中国特色社会主义文化发展道路"。2011 年 10 月，党的十七届六中全会通过的《中共中央关于深化文化体制改革推动社会主义文化大发展大繁荣若干重大问题的决定》正式宣告：改革开放以来，我们党始终把文化建设放在党和国家全局工作重要战略地位，走出了中国特色社会主义文化发展道路。

党的十八大从实现"两个一百年"奋斗目标的高度，对中国特色社会主义文化发展道路作了进一步系统阐发，并提出建设社会主义文化强国的战略任务。确立建设社会主义文化强国的宏伟目标，是中国特色社会主义文化发展道路向前迈进的必然结果和目标追求。其后，习近平同志多次就文化建设作出重要讲话，为中国特色社会主义文化建设指明了方向，提供了遵循。党的十八届三中全会在部署全面深化改革时，更是将深化文化体制改革作为全面深化改革的一个重要方面，描绘了中国特色社会主义文化发展道路更为广阔的前景。着眼建设社会主义现代化强国，党的十九大报告指出，"要坚持中国特色社会主义文化发展道路,激发全民族文化创新创造活力,建设社会主义文化强国”①。

## (二)中国特色社会主义文化发展道路具有鲜明的实践特色、理论特色、民族特色和时代特色

中国特色社会主义文化发展道路内涵丰富,思想深刻,既包含文化发展的指导思想、方针原则、战略目标,又包含发展动力、发展路径、发展目标、依靠力量等。这条道路的理论指导,就是马克思主义、毛泽东思想和中国特色社会主义理论体系,特别是习近平新时代中国特色社会主义思想;这条道路的核心,就是构建社会主义核心价值观;这条道路的动力,就是不断深化文化体制改革;这条道路的目的,就是促进社会主义文化大发展大繁荣,为人民群众提供更好更多的精神文化产品,不断满足人民群众的精神文化需求。

其一,坚持解放思想、实事求是、与时俱进、求真务实,不断推进马克思主义中国化、时代化、大众化,丰富和完善中国特色社会主义理论体系,发展21世纪中国的马克思主义,为开辟和拓展中国特色社会主义文化发展道路、促进社会主义文化大发展大繁荣提供科学理论指导。

其二,坚持推进社会主义核心价值体系建设,积极构建社会主义核心价值观,巩固马克思主义在意识形态领域的指导地位,巩固全党全国各族人民团结奋斗的共同思想基础,用中国特色社会主义共同理想凝聚力量,用以爱国主义为核心的民族精神和以改革创新为核心的时代精神鼓舞斗志,用社会主义荣辱观引领风尚,培育和践行社会主义核心价值观,为全面建成小康社会、实现中华民族伟大

① 习近平:《决胜全面建成小康社会 夺取新时代中国特色社会主义中伟大胜利胜——在中国共产党第十九次全国代表大会上的报告》,北京:人民出版社,2017年,第41页。

复兴的中国梦集聚强大正能量。

其三,坚持为人民服务、为社会主义服务的方向和百花齐放、百家争鸣的方针,运用多种手段调动和激发广大人民群众和文化工作者的积极性、主动性、创造性,推动优秀文化产品大量涌现,满足人民群众对更加丰富的精神文化生活的需求。

其四,创新文化发展理念,坚持推进文化体制改革,解放和发展文化生产力,推动文化事业全面繁荣、文化产业健康发展,努力提高人民基本文化权益保障水平,充分发挥文化在经济社会发展中的地位和作用,加快构建把社会效益放在首位、社会效益和经济效益相统一的体制机制。

其五,坚持发展多层次、宽领域对外文化交流格局,在借鉴吸收人类优秀文明成果的同时,努力实施文化走出去战略,在美美与共中展示中华文化的独特魅力,向世界展示我国改革开放的崭新形象和我国人民昂扬向上的精神风貌。



### (三)中国特色社会主义文化发展道路结下累累硕果

改革开放以来,我国的文化建设书写了灿烂篇章,奏响了时代强音。文化事业活力激增,蓬勃发展;文化产业从无到有,由弱变强;文化体制改革成效明显,发展百尺竿头更进一步;文化对外交流积极活跃,成为塑造中国软实力的强大力量。

其一,公共文化服务体系初步形成,均等化程度稳步提高,服务能力显著增强。在坚持公益性、基本性、均等性、便利性的原则下,目前,覆盖城乡、结构合理、功能健全、实用高效的六级公共文化服务体系初步形成。基层文化设施不断完善,全国公共图书馆、文化馆、乡镇综合文化站基本实现了"无障碍、零门槛",公共空间设施场地全部免费开放,所提供的基本服务项目全部免费,覆盖城乡的公共文化设施网络已经基本建立。大剧院、音乐厅、影剧院、美术馆、博物馆、文化馆、档案馆等公共文化设施遍布城乡，其中许多成为当地的标志性建筑。文化资源和文化服务向农村和欠发达地区、少数民族地区倾斜力度逐步加大，基本实现了“县有公共图书馆、文化馆，乡有综合文化站”的建设目标，深入实施广播电视村村通、文化信息资源共享、农家书屋等重大文化惠民工程，城乡、区域公共文化服务的差距不断缩小，广大人民群众享受的公共文化产品和服务更加趋于均等化。2016 年，全国共有群众文化机构44 497个，公共图书馆3 153个，博物馆4 109个，文物保护管理机构3 318个，全国广播综合人口覆盖率为 98.4%，全国电视综合人口覆盖率 98.9%。

其二，文化产业规模持续扩大，整体竞争力不断提高，规模化集约化专业水平明显提升。著名未来学家托夫勒说：“哪里有文化，哪里早晚就会出现经济繁荣；而哪里出现经济繁荣，文化就向哪里转移。”改革开放以来，我国文化产业迅猛发展，逐步成为国民经济新的增长点，对国民经济增长的贡献逐年增大。通过深化国有文化企业改革、鼓励和引导非公有制文化企业发展，培育了一大批合格的文化市场主体，成为文化产业发展的主力军。近年来，虽然整体经济下行压力较大，但文化产业始终保持两位数的增长速度，文化产业增加值从 2012 年 1.81 万亿元增加到 2016 年 3.03 万亿元，首次突破 3 万亿元；GDP 占比从 3.48%提高到 4.07%，首次突破 4%。截至 2017 年 6 月底，全国文化及相关产业企业数量已超过 322 万户。同时，进一步深化文化产业投融资体系改革，鼓励支持符合条件的文化企业通过资本市场做优做强。目前，沪深两市文化上市公司达 103 家，约占 A 股上市公司总数的 3.21%，形成特色鲜明的“文化板块”，其中营业收入超 100 亿元的有 10 家。全国中小企业股份转让系统启动以来，挂牌的文化企业有 690 家，约占新三板挂牌企业总数的 6.2%。

其三，文化体制改革总体框架确立，体制改革激发文化活力。改革开放以后,党中央出台了一系列关于加强文化建设的方针政策,为推进我国文化体制改革、加快文化发展指明了方向。在党的十六大上,我们做出了深化文化体制改革的重大决策,这是我国继经济体制改革、政治体制改革之后,进行的又一项重大改革。特别是党的十八大以来,文化体制改革在新的起点上持续向纵深推进,制定了《深化文化体制改革实施方案》,编制了《国家"十三五"时期文化发展改革规划纲要》,出台了 40 多个改革文件,细化了改革的路线图、时间表、任务书。截至目前,党的十八届三中、四中、五中、六中全会确定的 104 项文化体制改革任务已完成 97 项,其余 7 项正在抓紧推进之中。通过深化文化体制改革,激发了文化创新创造活力,促进了文化事业和文化产业繁荣,人民群众的文化获得感显著增强,开创了社会主义文化建设新的局面。

其四,实施文化"走出去"战略,不断增强中华文化国际影响力,形成多层次、宽领域对外文化交流格局。随着我国日益走向世界舞台中心,国际社会"中华文化热"持续升温。改革开放以来,我们发挥政府主导作用,成功举办文化年、文化周等文化交流活动,参加重要国际电影展、图书展、文物展等活动,中华文化影响力扩大,中文、中国功夫、中国书画、中华美食魅力四射。海外中国文化中心和孔子学院建设加速发展,2016 年底,全球已有 140 个国家和地区建立了 512 所孔子学院和 1073 个中小学孔子课堂。我国对外文化贸易增长迅猛,2016 年文化产品出口额 786.7 亿美元,文化体育和娱乐业对外直接投资 39.2 亿美元,图书版权输出 1 万种,中国电影海外销售收入为 38.25 亿元,"中国电影 普天同映"全球发行平台目前已与亚洲、欧洲、北美、大洋洲等多个国家的主流院线成功对接。党的十八大以来,中央印发《关于进一步加强和改进中华文化走出去工作的指导意见》《关于加快发展对外文化贸易的意见》《关于加强"一带一路"软力量建设的指导意见》等文件,统筹对外文化交流、文化传播和文化贸易，推动中华文化走出去的脚步愈发铿锵。

## 四、中国特色社会发展道路是建设美好社会的必由之路

在长期革命、建设和改革实践中，中国共产党一直为建设美好社会进行艰辛探索和不懈努力。改革开放特别是进入21世纪以来，我们党从维护和实现好广大人民群众的切身利益出发，高度重视社会建设，不断加强社会治理，走出了一条中国特色社会主义社会建设新路。

### （一）实现社会和谐是中国共产党人的不懈追求

"看似寻常最奇崛，成如容易却艰辛。"改革开放40年的社会巨变，主要是由两个大的转变推动的：一个是经济体制的转轨，即由高度集中的计划经济体制转向社会主义市场经济体制；另一个是社会结构的转型，即由农业的、乡村的、半封闭的传统社会转向工业的、城镇的、开放的现代社会。

关心群众生活、倾听社会呼声是中国共产党的优良作风。改革开放以来，在中国共产党的正确领导下，我国经济社会发展取得举世瞩目的成就，人民生活水平显著提高，为构建社会主义和谐社会打下坚实基础。然而，进入新世纪以后，在社会建设领域也出现了不少影响社会和谐的矛盾与问题。城乡、地区、经济社会发展不平衡的矛盾更加突出，缩小发展差距和促进经济社会协调发展任务仍然艰巨；人民群众的物质文化需求日趋多样并不断提高，社会利益关系更趋复杂，统筹兼顾各方面利益的难度加大等问题比较突出。2003年，我国人均国内生产总值首次突破1000美元，一些国家和地区的发展历程表明，在人均国内生产总值突破1000美元之后，经济

社会就进入了一个关键的发展阶段，在经济转轨、社会转型中，各种深层次矛盾会比较集中尖锐地凸显出来。为此，党的十六大报告首次把“社会更加和谐”作为我们党要为之奋斗的一个重要目标提了出来，指出“我们要在本世纪头二十年，集中力量，全面建设惠及十几亿人口的更高水平的小康社会，使经济更加发展、民主更加健全、科教更加进步、文化更加繁荣、社会更加和谐、人民生活更加殷实”。在总结国内外发展经验的基础上，党的十六届三中全会正式提出了科学发展观，强调坚持以人为本，树立全面、协调、可持续的发展观，促进经济社会和人的全面进步。

面对突然爆发的“非典”、居高不下的基尼系数、日趋紧张的资源环境状况，2004 年 9 月，党的十六届四中全会深入分析我们党治国理政面临的新形势、新要求，从全面建设小康社会、开创中国特色社会主义事业新局面的全局出发，提出构建社会主义和谐社会的重大战略思想，强调“要适应我国社会的深刻变化，把和谐社会建设摆在重要位置”，向全党提出了“不断提高构建社会主义和谐社会的能力”的要求，使我国社会建设的目标更加明确。构建社会主义和谐社会战略任务的提出，使中国特色社会主义事业的总体布局更加明确地由社会主义经济建设、政治建设、文化建设“三位一体”发展为社会主义经济建设、政治建设、文化建设、社会建设“四位一体”，从而开辟了我国社会主义现代化建设的新阶段，使我国经济社会开始走上全面协调发展的轨道。

2005 年 2 月 19 日，胡锦涛同志在省部级主要领导干部提高构建社会主义和谐社会能力专题研讨班开班式上作出了“社会和谐是中国特色社会主义的本质属性”的重要论断，提出了构建社会主义和谐社会的战略任务。2006 年，党的十六届六中全会作出了《关于构建社会主义和谐社会若干重大问题的决定》，对构建社会主义和谐社会作了全面部署。党的十七大报告提出“以改善民生为重点的社会建设”，并规定了社会建设六个方面的主要内容，即优先发展教育、实施扩大就业的发展战略、深化收入分配制度改革、加快建立覆盖城乡居民的社会保障体系、建立基本医疗卫生制度、完善社会管理等，进一步开创了我国社会建设的新局面，推动以保障和改善民生为重点的社会建设进入快车道。

党的十八大将社会建设纳入全面建成小康社会的目标，强调指出，加强社会建设，必须以保障和改善民生为重点，必须加快推进社会体制改革。党的十八届三中全会把社会治理纳入了国家治理体系和治理能力现代化的总目标，将社会体制改革纳入了全面深化改革的主要任务。党的十八届四中全会，又从全面推进依法治国的高度，提出了法治国家、法治政府、法治社会一体建设的思想。党的十九大提出："提高保障和改善民生水平，加强和创新社会治理”，强调“坚持人人尽责、人人享有，坚守底线、突出重点、完善制度、引导预期，完善公共服务体系，保障群众基本生活，不断满足人民日益增长的美好生活需要，不断促进社会公平正义，形成有效的社会治理、良好的社会秩序，使人民获得感、幸福感、安全感更加充实、更有保障、更可持续。”①这就进一步开辟了我国社会建设的新境界。

### （二）构建社会主义和谐社会开启了中国特色社会主义新篇章

加强社会建设，构建社会主义和谐社会，是我们党深刻把握共产主义执政规律、社会主义建设规律和人类社会发展规律作出的重大战略决策，也是坚持和发展中国特色社会主义伟大事业中的重大理论和实践创新，不仅具有重要的现实意义，而且具有深远的历史

---

① 习近平：《决胜全面建成小康社会 夺取新时代中国特色社会主义中伟大胜利胜——在中国共产党第十九次全国代表大会上的报告》，北京：人民出版社，2017年，第45页。

意义。

构建社会主义和谐社会是对中国特色社会主义价值目标的新概括。提出构建社会主义和谐社会的目标,是对我国改革开放和现代化建设经验的科学总结,表明我们党对社会主义建设规律的认识进入了一个新境界。马克思、恩格斯曾经在批判资本主义社会种种弊端的基础上,天才地设想过未来理想社会,但他们没有亲身经历社会主义的实践,因而,究竟什么是社会主义,怎样建设社会主义这样的问题,还要靠后来的马克思主义者在实践中不断深化认识、作出回答。随着改革开放的不断深入,我国原有的经济结构和社会结构发生重大变化,发展中的问题得到解决又不断出现,复杂多样的社会矛盾对党执政兴国构成巨大挑战,这就迫切要求我们深化对社会建设的认识。党的十六大以来,我们从新世纪新阶段的实际出发,确立构建社会主义和谐社会的战略目标,表明我们党进一步明确了中国特色社会主义的建设规律和价值取向,进一步深化了对什么是社会主义,怎样建设社会主义的认识,进一步把握了社会主义的本质。

构建社会主义和谐社会是对中国特色社会主义事业总体布局的新拓展。中国特色社会主义事业总体布局,表现了党领导中国特色社会主义建设的顶层设计和战略谋划。改革开放以来,我们从提出"以经济建设为中心",到坚持物质文明和精神文明"两手抓,两手都要硬",再到提出建设社会主义政治文明,在实践中逐步形成并不断拓展着中国特色社会主义事业的总体布局。中国特色社会主义社会,是一个全面发展和进步的社会,既要有物质文明、政治文明和精神文明,也要有文明的社会关系。明确提出构建社会主义和谐社会的重大任务,就使中国特色社会主义事业的总体布局,由之前的经济建设、政治建设、文化建设"三位一体",扩展为社会主义经济建设、政治建设、文化建设、社会建设"四位一体",让中国特色社会主义建设的内容和领域更加全面，涵盖了经济、政治、文化、社会各个方面。物质文明、政治文明和精神文明建设为构建社会主义和谐社会提供坚实的物质基础、政治保障和精神支撑，而和谐社会建设又为其他方面的建设提供有利的社会条件。它们有机统一、互相促进，从而全面推进中国特色社会主义事业的发展。

构建社会主义和谐社会是中国共产党执政理念的新飞跃。新中国成立后，党所处的历史方位发生了根本性变化，我们党从领导人民为夺取全国政权而奋斗的党，成为领导人民掌握政权并长期执政的党；从受到外部封锁和实行计划经济条件下领导国家建设的党，成为对外开放和发展社会主义市场经济条件下领导国家建设的党。这种历史方位的变化，决定了我们党工作重心的转移，这就要求我们党必须适应主要任务的变化，实现执政理念的创新，促进执政方式的转变。构建社会主义和谐社会作为一种执政目标和执政理念，实质在于我们党要不断巩固执政的社会基础，使各方面积极因素得到广泛调动，使各方面利益关系得到妥善协调，使社会公平正义得到切实维护和实现，使全体人民平等友爱、融洽相处。只有保持社会关系协调和整个社会和谐稳定，才能最大限度解放和增强社会发展活力，才能使全体人民勠力同心共同建设和发展中国特色社会主义。

### （三）满足人民对美好生活的向往，经济社会发展协调性不断增强

党的十九大报告指出："带领人民创造美好生活，是我们党始终不渝的奋斗目标。必须始终把人民利益摆在至高无上的地位，让改革发展成果更多更公平惠及全体人民，朝着实现全体人民共同富裕

不断迈进。”①随着改革开放的不断深化，中国共产党加快健全基本公共服务体系，不断改进公共服务方式，多谋民生之利，多解民生之忧，着力解决好人民最关心最直接最现实的利益问题，在学有所教、劳有所得、病有所医、老有所养、住有所居上持续取得新进展，努力让人民过上更好的生活，成功地找到了一条既抓住机遇、加快发展，又妥善应对挑战、化解矛盾，确保社会既充满活力又和谐稳定的中国特色社会发展道路。我国在保持经济平稳较快发展的同时，社会事业取得全面进步。

城乡统筹发展深入推进，一体化水平稳步提升。为着力化解城乡差别，党和国家推出一系列解决“三农”问题的政策举措，大力推进社会主义新农村建设。当前，城乡要素市场一体化建设稳步推进，城乡统一的人力资源市场初步形成，城乡劳动者平等就业和同工同酬制度逐步落实。以建设美丽乡村为目标，城乡规划一体化取得进展，城乡基础设施一体化迅速推进，城乡公共服务一体化稳步推进。近年来，强农惠农政策不断完善，农村居民收入增长明显快于城镇居民，城乡收入倍差缩小，从 2012 年的 2.88 降至 2016 年的 2.72。

区域发展差距稳步缩小，受惠群体不断扩大。为加快中西部地区发展，缩小地区差距，党和国家大力实施西部大开发等战略。21 世纪以来，东部沿海发达地区产业加快向其他地区转移，经济增长呈现从南到北、由东至西转移的态势，区域相对差距逐步缩小、绝对差距逐步放缓。2016 年，东部地区与西部地区居民人均收入之比为 1.67(西部地区居民收入=1)，中部地区与西部地区居民人均收入之比为 1.09，东北地区与西部地区居民人均收入之比为 1.21，相对差距分别比 2012 年缩小 0.06、0.02、0.08。与此同时，政府对发展滞

① 习近平：《决胜全面建成小康社会 夺取新时代中国特色社会主义中伟大胜利胜——在中国共产党第十九次全国代表大会上的报告》，北京：人民出版社，2017 年，第 45 页。

后地区的投入力度不断加大，城乡人口基本公共服务差距开始缩小。2016 年末，全国参加城乡居民基本养老保险、基本医疗保险、失业保险、工伤保险、生育保险人数分别达到 8.9 亿、7.4 亿、1.8 亿、2.2亿和 1.8 亿人，社会保险覆盖范围不断扩大，越来越多的群众享有基本生活保障。

我国贫困人口大幅减少，为世界减贫作出巨大贡献。从 1978 年到 2016 年，全国农村贫困人口减少 7.3 亿，贫困发生率从 1978 年的 97.5%下降至 2016 年的 4.5%，我国成为第一个提前实现联合国千年发展目标贫困人口减半的发展中国家。按照我国现行农村贫困标准(2010 年价格水平每人每年 2300 元)测算，全国农村贫困人口由 2012 年的 9899 万人减少至 2016 年的 4335 万人，四年累计减少 5564 万人，平均每年减少近 1400 万人。贫困地区农村居民生活条件和环境明显改善，为到 2020 年所有贫困地区和贫困人口一道迈入全面小康社会打下了坚实的基础。

就业规模持续扩大，社会就业不断增加。由于中国庞大的人口基数，近年来，我国就业总量特别是城镇就业压力仍然较大，需在城镇就业的新成长劳动力每年 1500 万人左右。面对巨大的就业压力，党和政府制定完善了新时期促进就业创业的政策体系，通过采取强化职业技能培训、扶持就业困难人员和零就业家庭就业、提升基层公共就业服务能力等措施，使城乡就业规模持续扩大，就业质量逐步提高。党的十八大之后的几年，城镇登记失业率一直保持在 4.1%左右，远低于 4.5%的控制目标。

收入分配制度进一步完善，基尼系数有所下降。坚持处理好效率和公平的关系，党和政府持续深化收入分配制度改革，最低工资标准、个人所得税起征点、国家扶贫标准普遍有了较大幅度提高，城乡居民收入差距扩大的趋势得到遏制，劳动报酬占国内生产总值的比重开始回升。2016 年我国基尼系数为 0.465，居民收入差距总体在不断缩小。

社会保障不断完善,覆盖城乡居民的社会保障体系框架基本建立。经过多年的努力,我国已经建成世界上最大的社保体系,建立健全了新型农村合作医疗保险制度、新型农村社会养老保险制度、城镇居民基本医疗保险制度、城镇居民社会养老保险制度、非农就业职工五大险种保险制度,以及城乡居民最低生活保障制度和其他各项社会救助、救济制度。伴随着公共卫生整体实力和疾病防控能力迈上新台阶,我国城乡居民健康状况显著改善。居民平均预期寿命由 2010 年的 74.83 岁提高到 2015 年的 76.34 岁,超过世界平均水平 4.3 岁。

教育公平迈出重大步伐,教育事业稳步推进。全面实现全国范围的九年免费义务教育,农民工随迁子女在城市接受义务教育问题初步解决。为解决农村和偏远落后地区的教育问题,党和政府将公共教育资源向农村地区、边远贫困地区和民族地区倾斜,基本公共教育服务均等化水平大幅提高。与此同时,高等教育大众化水平进一步提高,2016 年毛入学率达到 42.7%,人民群众上大学的需求得到更好满足。

## 五、坚持走中国特色生态文明建设道路，为打造美丽中国开辟光明前景

人与自然是命运共同体,人类必须尊重自然、顺应自然、保护自然。20 世纪 60—70 年代,面对传统工业文明给生态环境带来的巨大破坏,世界各国民众的生态环境意识开始觉醒。随着人类对生态环境问题认识的不断深化和拓展,可持续发展成为共识。秉承这一理念,深刻把握当今世界和当代中国发展新趋向,我国成功探索出了一条中国特色生态文明建设道路。

## （一）走中国特色生态文明建设道路是党带领人民进行的新的伟大实践

在社会主义建设初期，以毛泽东同志为核心的党的第一代中央领导集体就重视生态环境问题，提出了一些保护生态环境的主张，对我国的生态建设进行了初步探索。新中国成立后，毛泽东同志号召“绿化祖国”“实现大地园林化”。1956 年，我国开始了第一个“12 年绿化运动”。1972 年 6 月，中国政府代表团出席了联合国在瑞典首都召开的首届人类环境会议，共同通过了《人类环境宣言》。1973 年 8 月，我国召开了第一次全国环境保护会议，通过了《关于保护和改善环境的若干规定》，确定了“全面规划、合理布局、综合利用、化害为利、依靠群众、大家动手、保护环境、造福人民”的 32 字方针。

以邓小平同志为核心的党的第二代中央领导集体把环境保护确定为基本国策，强调发展中国的社会主义事业要走生态资源的可持续化发展道路，认为没有良好的生态环境和长期可利用的自然资源，人们就失去了赖以生存和发展的基础和条件，我国的经济建设就难以得到长期稳定持续的发展。结合我国实际国情，借鉴他国实践经验，我国陆续通过了《关于在国民经济调整时期加强环境保护工作的决定》《国务院关于环境保护工作的决定》《中华人民共和国环境保护法》《中华人民共和国海洋保护法》等一系列法律法规，使我国的环境保护和生态文明建设做到了有法可依、有章可循，为我国的生态文明建设奠定了基础。

以江泽民同志为核心的党的第三代中央领导集体始终重视人口、资源、环境工作，统筹考虑环境与发展，把可持续发展确定为国家发展战略，提出推动整个社会走上生产发展、生活富裕、生态良好的文明发展道路。1994 年《中国 21 世纪议程——中国 21 世纪人口、环境与发展白皮书》的制定和实施，标志着中国可持续发展思想和战略的正式确立。1996 年 7 月 16 日，江泽民同志在第四次全国环境保护会议上明确指出："经济发展，必须与人口、资源、环境统筹考虑，不仅要安排好当前的发展，还要为子孙后代着想，为未来的发展创造更好的条件，决不能走浪费资源和先污染后治理的路子，更不能吃祖宗饭、断子孙路。"①此后，党的十五大报告中明确提出我国要实行科教兴国战略和可持续发展战略，把转变发展方式和保护生态环境放到了一个更加重要的位置。

以胡锦涛同志为总书记的党中央提出科学发展观，强调发展的可持续性，把节约资源作为基本国策，把建设生态文明确定为国家发展战略和全面建设小康社会的重要目标。党的十六大在规划全面建设小康社会的四大目标时，正式将"可持续发展能力不断增强，生态环境得到改善，资源利用效率显著提高，促进人与自然的和谐，推动整个社会走上生产发展、生活富裕、生态良好的文明发展道路"写进报告。党的十七大上，"人与自然和谐发展""建设资源节约型、环境友好型社会"进入了新修改的党章。党的十七届四中全会提出，要全面推进社会主义经济建设、政治建设、文化建设、社会建设以及生态文明建设，标志着党和政府开始把生态文明建设纳入中国特色社会主义事业的总体布局。

在实践和认识不断深化的基础上，党的十八大把生态文明建设提高到前所未有的战略高度，大会报告把"大力推进生态文明建设"作为一个章节单独列出，与经济建设、政治建设、文化建设、社会建设并列放在一起，正式形成"五位一体"的总体布局。大会还提出，要把生态文明建设放在突出地位，融入经济建设、政治建设、文化建设、社会建设各方面和全过程，努力建设美丽中国，实现中华民族永续发展。党的十八大以来，以习近平同志为核心的党中央明确提出走向社会主义生态文明新时代，强调尊重自然、顺应自然、保护自

① 《江泽民文选》第 1 卷，北京：人民出版社，2006 年，第 532 页。

然。习近平同志指出，要“像保护眼睛一样保护生态环境，像对待生命一样对待生态环境”。党的十八届三中、四中全会先后提出“建立系统完整的生态文明制度体系”“用严格的法律制度保护生态环境”，将生态文明建设提升到制度和法治层面；党的十八届五中全会提出“创新、协调、绿色、开放、共享”的新发展理念，生态文明建设的重要性获得更大提升。2015 年 5 月 6 日，中共中央、国务院发布《关于加快推进生态文明建设的意见》，“生态文明建设”有了更为明确具体的要求和实施路径。2017 年 5 月 26 日，中共中央政治局就推动形成绿色发展方式和生活方式进行集体学习，习近平同志强调，要充分认识形成绿色发展方式和生活方式的重要性、紧迫性、艰巨性，把推动形成绿色发展方式和生活方式摆在更加突出的位置。党的十九大要求“加快生态文明体制改革，建设美丽中国”，强调“我们要建设的现代化是人与自然和谐共生的现代化，既要创造更多物质财富和精神财富以满足人民日益增长的美好生活需要，也要提供更多优质生态产品以满足人民日益增长的优美生态环境需要”①。在 2018 年 5 月召开的全国生态环境保护大会上，习近平同志再次宣示：要自觉把经济社会发展同生态文明建设统筹起来，充分发挥党的领导和我国社会主义制度能够集中力量办大事的政治优势，充分利用改革开放 40 年来积累的坚实物质基础，加大力度推进生态文明建设、解决生态环境问题，坚决打好污染防治攻坚战，推动我国生态文明建设迈上新台阶。② 在几代中国共产党人的接力探索中，我国生态文明建设的实践不断丰富，成为中国特色社会主义事业的重要组成部分。

① 习近平：《决胜全面建成小康社会 夺取新时代中国特色社会主义中伟大胜利胜——在中国共产党第十九次全国代表大会上的报告》，北京：人民出版社，2017 年，第 50 页。

② 《习近平在全国生态环境保护大会上强调 坚决打好污染防治攻坚战 推动生态文明建设迈上新台阶》，《人民日报》2018 年 5 月 20 日 01 版。

## （二）建设生态文明是中国特色社会主义建设史上的一场变革

生态文明是人类文明发展到一定阶段的产物，体现了人类文明发展理念的重大进步。我们用几十年的时间走过了西方国家几百年的发展历程，取得了巨大成就，但与此同时，经济社会发展中的各种矛盾和问题也开始集中显现。建设生态文明，是我们党针对我国经济快速增长中资源环境代价过大的严峻现实而提出的重大战略决策，是着眼现实、谋划长远的科学之举。推进生态文明建设，对坚持和发展新时代中国特色社会主义具有重大现实意义和深远历史意义。

其一，建设生态文明是保持我国经济持续健康发展的迫切需要。一直以来，我国在经济发展中就存在着能源资源相对不足、生态环境承载能力不强的困扰。经过 30 多年快速发展，传统的粗放型发展方式已难以为继，经济增长依赖大量资源的消耗，造成了严重的资源短缺、生态破坏和环境污染。2012 年，我国 GDP 约占全球的 11.6%，却消耗了全球 21.3% 的能源、45% 的钢、43% 的铜、54% 的水泥，能源消耗占世界 21.3%，单位 GDP 能耗约为日本的 4.5 倍、美国的 2.9 倍。与此同时，我国生态系统面临严重危机，大气污染严重，耕地质量下降，江、河、湖、海污染严重，对人和生物的生存造成威胁。传统的发展路子走不下去，只有加快转变经济发展方式，改变资源消耗大、环境污染重的增长模式，才能走出一条代价小、排放低、效益好、可持续的发展路子。

其二，建设生态文明是坚持以人民为中心的基本要求。建设生态文明是现阶段我国发展的必然选择，也是广大人民群众的热切期盼。伴随着经济的发展，一些深层次的环境污染和生态保护问题正在显现出来，包括饮用水安全、雾霾、重金属污染等问题，不同程度地影响着人民群众的生活。人民群众过去“求温饱”，现在“盼环保”;过去“求生存”,现在“求生态”。环境问题日益成为重要的民生问题,这就要求我们必须以对人民群众高度负责的态度,把生态环境保护放在更加突出的位置,下大气力解决突出的环境问题,满足人民群众对良好生态环境的新期待,不断改善人民群众生产生活条件,使人民群众看得见山、望得见水、记得住乡愁。

其三,建设生态文明是实现中国梦的重要内容。衡量一个国家的现代化发展水平,不仅要看物质文明发展程度,也要看精神文明和生态文明的发展程度。在发展现代工业文明的进程中,既享受物质生产大发展带来的生活改善,又拥有天蓝、地绿、水净的美好家园,是全体中国人的梦想,也是实现社会主义现代化建设的重要组成部分。将生态文明建设置于发展的重要位置,就是因为它事关实现“两个一百年”奋斗目标,事关中华民族伟大复兴中国梦的实现。

其四,建设生态文明是实现中华民族永续发展的必然选择。生态文明既关系民生福祉,也关系民族未来。世界上许多国家包括一些发达国家,在实现现代化的过程中都走过“先污染后治理”的老路。20 世纪发生在西方国家的“世界八大公害事件”,对生态环境和公众生活造成巨大影响。这些前车之鉴警示我们,如果我们任由传统发展模式自发演进,而不从现在起就转变发展模式、建设生态文明,那整个国家和整个民族都会付出越来越沉重的代价。我们要在发展经济的同时,把资源利用好、环境治理好、生态保护好,决不能以牺牲生态环境为代价换取一时一地的经济增长。

其五,建设生态文明是应对全球气候变化的必由之路。地球是人类共同的家园,是每一个人的栖息之所,维护生态安全日益成为全人类的共同任务。建设生态文明,反映了全人类的利益,是人类发展理念、发展道路和发展模式的重大进步。当前,气候变化已成为全球面临的重大挑战,中国必须同国际社会一道积极应对气候变化,尽自己所能承担应尽的责任和义务。大力推进生态文明建设,有效控制温室气体排放,更好地彰显负责任大国形象,中国才能为全人类的可持续发展作出贡献。

综合起来看,建设生态文明是我国经济社会发展进入新阶段的现实需要,是我们党积极主动顺应人类社会发展要求的主动选择,是把握广大人民群众新期待进行的重大部署,进一步丰富了我国社会主义现代化建设的内涵,为提升发展质量和效益提供了新的战略指导,也标志着我们党执政理念和发展理念的重大提升。习近平同志指出,"建设生态文明是中华民族永续发展的千年大计。必须树立和践行绿水青山就是金山银山的理念,坚持节约资源和保护环境的基本国策,像对待生命一样对待生态环境,统筹山水林田湖草系统治理,实行最严格的生态环境保护制度,形成绿色发展方式和生活方式,坚定走生产发展、生活富裕、生态良好的文明发展道路,建设美丽中国,为人民创造良好生产生活环境,为全球生态安全作出贡献"。[①] 加强中国特色社会主义生态文明建设,既切中了制约我国发展的突出问题,又给破解世界性难题提供了值得期待的中国方案。

### (三)生态文明理念广泛树立,中国正在走向社会主义生态文明新时代

"生态兴则文明兴,生态衰则文明衰。"建设生态文明,关系人民福祉,关乎民族未来。改革开放以来,我国加大生态保护力度,持续加大生态环保投入,用生态文明理念统筹谋划解决环境与发展问题,已经初步建立了能源资源节约、生态环境保护的制度框架和政策体系,为改善环境质量打下了坚实基础,为推动形成人与自然和

① 习近平:《决胜全面建成小康社会 夺取新时代中国特色社会主义中伟大胜利胜——在中国共产党第十九次全国代表大会上的报告》,北京:人民出版社,2017 年, 第 23—24 页。

谐共生的发展格局走出了一条新路。

建设美丽中国成为共识，全民生态文明意识不断提高。近年来，公众更加关注环境问题，参与环境保护的热情高涨。环境保护部门也加大行动力度，积极回应社会关心的热点问题，推进面向公众的环境宣传教育。2015年6月5日，环保部开通“12369”环保微信举报平台，使每一部手机都成了一个移动的环境监控点，每一位公民都成了环保监督员。2017年世界水日，水利部与共青团中央联合倡议青年志愿者参与“河长制”，成千上万的“河小青”“河小二”加入全民治水行动。相关数据表明，对于中央提出的建设生态文明战略目标，公众予以高度认同。公众对生态文明知识从被动接受向主动获取转变，参与生态文明建设的主人翁意识明显增强。越来越多的公民选择绿色生活方式和消费理念，保护生态环境、建设美丽中国正成为绝大多数中国人的共识。

绿色发展步伐加快，生态环境明显改善。通过加大环境治理力度，节约和高效利用资源，构建生态安全屏障，我国主要污染物排放总量得到控制，资源节约型、环境友好型社会建设取得积极进展。2016年，单位国内生产总值能耗、用水量分别比2012年下降17.9%和25.4%；主要污染物减排效果显著，2015年，全国化学需氧量排放量比2012年下降8.3%，氨氮排放量下降9.3%，二氧化硫排放量下降12.2%，氮氧化物排放量下降20.8%。2016年，在监测的338个城市中，城市空气质量达标的城市占24.9%，比上年提高3.3个百分点；细颗粒物（PM2.5）未达标的地级（含）以上城市年平均浓度52微克/立方米，比上年下降8.8%。森林覆盖率由第七次全国森林资源清查（2004—2008年）的20.36%上升到第八次全国森林资源清查（2009—2013年）的21.63%，提高1.3个百分点，森林蓄积净增长14.16亿立方米。第五次全国荒漠化和沙化土地监测结果显示，截至2014年，全国荒漠化土地面积261.16万平方公里，沙化土地面积

172.12万平方公里,有明显沙化趋势的土地面积30.03万平方公里,实际有效治理的沙化土地面积20.37万平方公里,占沙化土地面积的11.8%。与上一次监测结果相比,全国荒漠化土地面积减少12 120平方公里,沙化土地面积减少9 902平方公里。同时,荒漠化和沙化程度继续减轻,沙区植被状况进一步好转,区域风沙天气明显减少。

城乡生活环境得到改善,环境基础设施建设水平提高。国家大力加强城市环境基础设施建设,在城市污水处理、垃圾处理、园林绿化、燃气、供热等方面取得了明显成效。2016年,城市污水处理厂日处理能力达到14 823万立方米,比2012年增长26.3%;城市污水处理率为92.4%,提高5.1个百分点。城市生活垃圾无害化处理率为95.0%,提高10.2个百分点。城市建成区绿地面积197.1万公顷,增长20.6%;建成区绿地率为36.4%,提高0.7个百分点;人均公园绿地面积13.5平方米,增长9.8%;城市集中供热面积70.7亿平方米,增长36.5%。与此同时,国家下大力气推进农村环境综合治理,着力建设农村饮水安全工程,加强农村改水改厕,加大农村环境基础设施建设,明显改善了农村环境质量。2015年,全国建制镇用水普及率83.8%,污水处理率51.0%,生活垃圾无害化处理率45.0%;全国乡镇用水普及率70.4%,污水处理率11.5%,生活垃圾无害化处理率15.8%;全国农村卫生厕所普及率78.4%,比2012年提高6.7个百分点。

生态文明建设在中国方兴未艾。2013年2月,联合国环境规划署第27次理事会通过了推广中国生态文明理念的决定草案,这标志着国际社会的认同和支持。2016年5月,联合国环境规划署又发布《绿水青山就是金山银山:中国生态文明战略与行动》报告,中国的生态文明建设被认为是对可持续发展理念的有益探索和具体实践,为其他国家应对类似的经济、环境和社会挑战提供了经验借鉴。

近年来积极倡导生态文明的美国阿肯色里昂学院保罗·布伯博士感慨地说:“我认为,中国是学习、了解生态文明的好去处,首要理由就是中国政府将这一理念写进了官方规划,即中国将来要超越工业文明最糟糕的方面,建成一个生态文明社会。”

六十多年来特别是改革开放以来,我国社会主义建设取得辉煌成就,中国特色社会主义在实践中显示出巨大优势和威力。习近平同志指出:“中国特色社会主义进入新时代,意味着近代以来久经磨难的中华民族迎来了从站起来、富起来到强起来的伟大飞跃,迎来了实现中华民族伟大复兴的光明前景;意味着科学社会主义在二十一世纪的中国焕发出强大生机活力,在世界上高高举起了中国特色社会主义伟大旗帜;意味着中国特色社会主义道路、理论、制度、文化不断发展,拓展了发展中国家走向现代化的途径,给世界上那些既希望加快发展又希望保持自身独立性的国家和民族提供了全新选择,为解决人类问题贡献了中国智慧和中国方案。”①“中国特色社会主义是适合中国国情、符合中国特点、顺应时代发展要求的理论和实践,所以才能取得成功,并将继续取得成功。”②中国已经这样一路走来,中国将沿着这条道路继续前行,实现中华民族的伟大复兴,并为整个人类文明作出自己独特的贡献。

---

① 习近平:《决胜全面建成小康社会 夺取新时代中国特色社会主义伟大胜利——在中国共产党第十九次全国代表大会上的报告》,北京:人民出版社,2017年,第10页。

② 中共中央文献研究室编:《十八大以来重要文献选编》(中),北京:中央文献出版社,2016年,第48页。

第五章

# 中国道路的真理性·人民性·实践性·历史性·世界性——道路自信的根源和依据

道路自信是一个极其复杂的理论和实践课题,有着深刻的内在根源和依据。通常,人们习惯于用改革开放以来的巨大成功和辉煌成就来论证道路自信的根源和依据。客观讲,用成功注解自信符合道理和常识,但没有揭示道路自信的深层根源及其内在依据。因为,在成功、顺境、成绩面前强调道路自信并不难,难的是在挫折、考验、困难面前依然保持自信。因此,对中国特色社会主义道路自信,不能作表层的注解而要作多维度的深入分析。习近平同志在中共中央政治局第七次集体学习时指出,"我们说的道路自信、理论自信、制度自信,来源于实践、来源于人民、来源于真理",这一论断揭示了道路自信的根源。道路自信的根源和依据,可以从真理性、人民性、实践性、历史性、世界性五个方面作规律性的深入分析。

# 一、真理根源及其依据：道路自信来源于从真理和规律的至高点上坚持对科学社会主义和马克思主义的科学信仰

一部中国社会主义史也是一部对共产主义、马克思主义信仰选择、追求、坚持、实践的历史；对中国特色社会主义的道路自信也是从真理和规律至高点坚持对科学社会主义和马克思主义的科学信仰，以此获得保持自信的精神力量。

## （一）道路自信来源于道路的真理性

"中国共产党一经成立，就把实现共产主义作为党的最高理想和最终目标，义无反顾地肩负起实现中华民族伟大复兴的历史使命"①，并为之作出了艰苦卓绝、持之以恒的牺牲奋斗。正是因为中国共产党找到了"帮助了全世界的也帮助了中国的先进分子，用无产阶级的宇宙观作为观察国家命运的工具"，拥有了马克思主义的思想武器，中国革命的面貌才焕然一新。毛泽东回顾中国新民主主义革命时指出，中国自有共产主义学说以来，人们的眼界提高了，革命也改变了面目。新中国成立前夕毛泽东自豪地说："自从中国人学会了马克思列宁主义以后，中国人在精神上就由被动转入主动。从这时起，近代世界历史上那种看不起中国人、看不起中国文化的时代应当完结了。"②这里毛泽东实际上指出了马克思主义对中华民族振奋精神、重拾自信的重要意义。改革开放以后，邓小平同志说："过去我们党无论怎样弱小，无论遇到什么困难，一直有强大的战斗

---

① 习近平：《决胜全面建成小康社会 夺取新时代中国特色社会主义中伟大胜利胜——在中国共产党第十九次全国代表大会上的报告》，北京：人民出版社，2017 年，第 13 页。

② 《毛泽东选集》第 4 卷，北京：人民出版社，1991 年，第 1516 页。

力，因为我们有马克思主义和共产主义的信念。有了共同的理想，也就有了铁的纪律。无论过去、现在和将来，这都是我们的真正优势。”①在南方谈话中，他针对20世纪80年代末90年代初东欧剧变、苏联解体造成的世界社会主义严重挫折这一历史大事件指出，“一些国家出现严重曲折，社会主义好像被削弱了，但人民经受锻炼，从中吸取教训，将促使社会主义向着更加健康的方向发展。因此，不要惊慌失措，不要认为马克思主义就消失了，没用了，失败了。哪有这回事！”②他指出：“我坚信，世界上赞成马克思主义的人会多起来的，因为马克思主义是科学。它运用历史唯物主义揭示了人类社会发展的规律。”③对经历中国革命、建设、改革历史风雨的邓小平同志而言，他的上述讲话不仅与毛泽东同志关于自信的思想相契合，而且触及了关于坚定中国特色社会主义道路自信的尖锐问题——在挫折困难考验面前如何坚定道路自信。

真正的道路自信并不是在成功时的赞美与追随，而是在社会主义运动处于挫折低谷时仍然能够对马克思主义、科学社会主义的真理性、科学性、价值性持以理性的认识、高度的信任、不变的态度。无独有偶，十八大以来习近平同志在中央政治局第七次集体学习时指出，“我们要在深入把握中国特色社会主义的科学性和真理性的基础上增强自信”④，强调的也是这个道理。

中国社会主义发展的历史和实践表明：马克思主义的科学理论是中国共产党人在思想上、精神上、文化上保持自信的强大武器。在任何时候、任何情况下，特别是在党的事业遭遇挫折的情况下，共产党人能够攻坚克难、保持自信的强大法宝和秘密武器就在于对马

① 《邓小平文选》第3卷，北京：人民出版社，1993年，第144页。

② 《邓小平文选》第3卷，北京：人民出版社；1993年，第383页。

③ 《邓小平文选》第3卷，北京：人民出版社，1993年，第382页。

④ 《习近平在中共中央政治局第七次集体学习时强调 在对历史的深入思考中更好走向未来 交出发展中国特色社会主义合格答卷》，《人民日报》2013年6月27日01版。

克思主义的坚定信仰以及自觉接受马克思主义科学理论的指导与武装。马克思恩格斯在《共产党宣言》中指出，共产党人在理论方面"胜过其余无产阶级群众的地方在于他们了解无产阶级运动的条件、进程和一般结果"①，也就是说共产党人由于拥有了科学理论的指导，使得他们能够掌握无产阶级运动的条件、规律，给无产阶级革命运动指出符合历史发展方向的正确道路和光明前途。

## （二）道路自信来源于无数追求真理、牺牲奋斗的"真人"领路带头

伟大的道路也是伟大的事业，伟大道路的开辟与发展离不开一批批勇于追求真理、献身真理的人为之牺牲奋斗。习近平总书记在党的十九大报告中总结指出："在近代以后中国社会的剧烈运动中，在中国人民反抗封建统治和外来侵略的激烈斗争中，在马克思主义同中国工人运动的结合过程中，一九二一年中国共产党应运而生。从此，中国人民谋求民族独立、人民解放和国家富强、人民幸福的斗争就有了主心骨，中国人民就从精神上由被动转为主动。"②在中国革命、建设、改革的历史长河中，尽管中国道路充满曲折、险滩、荆棘，但是党和人民群众却对这条道路充满自信。除了这条道路符合人类社会发展规律、代表人类社会前进方向、是马克思主义科学真理的至高点以外，更重要的是在开辟、坚持、发展道路历史进程中，有一批信仰真理、坚持真理、为真理牺牲奋斗的人在开路、领路，正是他们的光辉人格与中国道路的真理光芒完美统一，使得追随者、后来人对中国革命、建设、改革的事业充满自信，甘愿为中国革命、建设和改革事业牺牲奋斗，从而推动中国革命、建设和改革事业向

① 《马克思恩格斯文集》第2卷，北京：人民出版社，2009年，第44页。

② 习近平：《决胜全面建成小康社会 夺取新时代中国特色社会主义伟大胜利——在中国共产党第十九次全国代表大会上的报告》，北京：人民出版社，2017年，第13页。

前发展。

金一南教授曾将信仰真理、坚持真理、为真理牺牲奋斗的人称为"真人"。他指出:"战争年代共产党人之所以振臂一呼、云集者众,首先因为民众认同他们是真人。如果说真理是一支燃烧的火炬,那么率先举起这支火炬的,是真人的手臂。"①金教授指出,所谓"真人"可以概括为"说真话,办真事,信真理"的人。从近代以来的中国历史看,中国共产党就是无数"真人"的代表,共产党中就有无数这样的"真人",从党的领袖到普通党员,从战功卓著的将帅到英勇牺牲的士兵,等等,他们就是鲁迅所说的中华民族的脊梁和金教授所说的"真人"。坚信真理、为真理牺牲奋斗的人是"真人",他们所从事、推动的为实现民族复兴、国家富强、人民幸福的事业是伟业。正是有着这样无数的"真人",中国道路才会越走越宽广、越走越有信心。

然而,中国道路的开辟、形成、发展,一路走来,确实不易。唯其艰辛,更显伟大;唯其艰辛、伟大,更显出自信的魅力与价值。自信是一种信念、意志、精神的综合体现,它不是自发生成的。自信既源自个体知情意等方面的因素,也源自他人的引领、示范、感召、激励等因素。榜样的力量是无穷的,无数"真人"的榜样力量汇聚成坚定道路自信的火炬和灯塔,照耀着、激励着前进的、奋斗的人们。

毛泽东是中国新民主主义革命道路的开创者,是中国社会主义建设道路的奠基者,他是中华民族中为实现"民族独立、人民解放"和"国家繁荣富强、人民共同富裕"牺牲奋斗的"真人"与"伟人"的杰出代表,他团结带领中国人民开辟的道路、开创的事业让中国人民当家作主、扬眉吐气,让中华民族更加自尊、自强、自信。在毛泽东看来,马克思主义是共产党人的老祖宗,《共产党宣言》是共产党人的明灯。毛泽东指出,正是《共产党宣言》"使我树立起对马克思

① 金一南:《真理与真人(二)》,《当代贵州》2017 年第 7 期。

主义的信仰，一旦接受了它，把它视为对历史的正确阐释，我就再没有动摇”。无独有偶，日后成长为党、国家和军队领导人的周恩来、朱德、刘少奇、邓小平、彭德怀、陈毅、贺龙等无不强调《共产党宣言》对其人生道路和命运的积极影响。彭德怀在接受斯诺采访时指出，“读了《共产党宣言》后，我丢掉了悲观主义，开始怀着社会定能改变的信念投入到工作中”。1992 年邓小平在南方谈话中也指出“我的入门老师是《共产党宣言》和《共产主义 ABC》”，并强调“我坚信，世界上赞成马克思主义的人会多起来的，因为马克思主义是科学”。

在探索、开辟、坚持和发展中国道路的历史进程中，除了中国共产党这样一批信仰马克思主义、共产主义的“真人”之外，还有不少国际友人、中国老百姓。以国际友人而论，美国著名记者史沫特莱就是其中的杰出代表。1937 年她来到延安之后，受中国共产党的影响再次仔细地阅读了《共产党宣言》。重读《共产党宣言》后这位外国女记者产生了加入中国共产党的念头，并郑重向毛泽东、朱德、周恩来提出了申请。然而，党中央考虑为了让她在敌区和国外更好地发挥作用，婉拒了她的申请，为此她伤心了好久。在她的作品《伟大的道路》中，史沫特莱多次写到了《共产党宣言》对中国革命的影响。以中国革命老百姓而论，鲁北平原一带的农民兄弟，也是受《共产党宣言》的影响，拿起了斗争武器，走上了革命道路。据史料记载，从 1937 年至 1953 年这 16 年间，仅有几百人的刘集村，就有 190 多人参军，其中有 20 多位农民兄弟成为革命烈士。[①] 他们在接触了《共产党宣言》后，认为“《共产党宣言》就是咱泥腿子的号角”，坚信“穷人听大胡子（注：大胡子即马克思）的话没错”。中国革命在农村的蓬勃开展，中国农民群众坚定地走上革命道路与信仰马克思主义、在农村宣传传播马克思主义的一批“真人”有着密切关系。在风雨

① 铁流、徐锦庚：《国家记忆：一本〈共产党宣言〉的中国传奇》，济南：山东文艺出版社，2014 年，第 211 页。

如晦的革命战争年代，革命星火“野火烧不尽，春风吹又生”，就在于真理的作用、真人的榜样。

新中国成立以来至今，中国社会主义道路的开辟与发展，也与无数信仰、坚持马克思主义、共产主义并为之牺牲奋斗、辛勤工作的“真人”密切关联。在开辟、坚持和发展中国特色社会主义道路的历史进程和伟大实践中，从党的历代中央领导人到党员群众，从革命军人到广大理论、教育工作者等等，涌现出无数信仰、坚持、宣传、践行马克思主义和共产主义的“真人”。“真人”信仰、坚持、掌握着真理，他们的实际行动代表着正确方向和时代潮流，他们的牺牲奋斗燃烧汇聚为催人奋进的精神力量，他们信念坚定、率先垂范、鞠躬尽瘁、身体力行，为坚定中国特色社会主义道路自信事业树立了光辉榜样，推动着中国特色社会主义事业薪火相传、向前发展。

### （三）道路自信来源于中国共产党对“三大规律”的认识与掌握

科学、理性、持久的自信是一种高度自觉的行为。自觉是对规律的深刻认识。恩格斯指出：“历史事件似乎总的说来同样是由偶然性支配着的。但是，在表面上是偶然性在起作用的地方，这种偶然性始终是受内部的隐蔽着的规律支配的，而问题只是在于发现这些规律。”①综观世界社会主义发展史，中国特色社会主义之所以能够在世界东方大国生根、开花、结果，中国特色社会主义道路能够开辟、建设和发展，根本的一点是中国共产党运用历史唯物主义和辩证唯物主义的科学世界观和方法论，不断深化对共产党执政规律、社会主义建设规律、人类社会发展规律这“三大规律”的认识和掌握。中国特色社会主义道路取得的一切成就，都离不开中国共产党

① 《马克思恩格斯文集》第4卷，北京：人民出版社，2009年，第302页。

历代中央领导集体以及人民群众对“三大规律”的正确认识。历史启示我们，一旦认识和掌握了规律，就会增强人们自觉、坚定走某一道路、从事某项实践的信心。“三大规律”是中国共产党带领全国人民开辟、坚持和发展中国特色社会主义道路过程中始终遵循的科学指针，是党和人民群众坚定道路自信的重要理论基础。

恩格斯指出，“社会主义自从成为科学以来，就要求人们把它当做科学来对待，就是说，要求人们去研究它”①。中国共产党把社会主义当科学对待的历史实践，是与运用马克思主义科学世界观、方法论，认识和把握共产党执政规律、社会主义建设规律、人类社会发展规律同一过程的。共产党执政规律、社会主义建设规律、人类社会发展规律这“三大规律”是相互贯通的。中国共产党对“三大规律”的认识是从社会主义建设规律开始，贯穿于几代党中央领导集体开辟、坚持和发展中国特色社会主义整个过程。中国共产党围绕“什么是社会主义，怎样建设社会主义”“建设什么样的党，怎样建设党”“实现什么样的发展、怎样发展”等重大的理论和现实问题，形成了对社会主义建设规律、共产党执政规律、人类社会发展规律的新认识，其理论成果集中体现在毛泽东思想和中国特色社会主义理论体系中，其实践成果形成了中国特色社会主义道路、增强了中国人民的道路自信。

在中国特色社会主义长期实践的基础上，党的十八大报告概括了新时期发展中国特色社会主义必须坚持的“八个基本要求”——必须坚持人民主体地位、必须坚持解放和发展社会生产力、必须坚持推进改革开放、必须坚持维护社会公平正义、必须坚持走共同富裕道路、必须坚持促进社会和谐、必须坚持和平发展、必须坚持党的领导。党的十九大报告概括提出新时代中国特色社会主义必须准确贯彻的“十四条基本方略”——坚持党对一切工作的领导、坚持以

① 《马克思恩格斯文集》第2卷，北京：人民出版社，2009年，第219页。

人民为中心、坚持全面深化改革、坚持新发展理念、坚持人民当家作主、坚持全面依法治国、坚持社会主义核心价值体系、坚持在发展中保障和改善民生、坚持人与自然和谐共生、坚持总体国家安全观、坚持党对人民军队的绝对领导、坚持"一国两制"和推进祖国统一、坚持推动构建人类命运共同体、坚持全面从严治党。"八个基本要求"和"十四条基本方略"是深刻总结60多年来我国社会主义建设特别是中国特色社会主义建设实践而提出的,是最本质的东西,是体现共产党执政规律、社会主义建设规律、人类社会发展规律的东西,这既表明中国共产党对"三大规律"的认识达到了新高度,又彰显了中国共产党在掌握规律的基础上坚持道路自信、发展道路的自信。

## 二、人民根源及其依据：道路自信来源于坚持马克思主义群众观点和党的群众路线

探讨中国特色社会主义道路自信的人民根源及其依据,实质上是用马克思主义群众史观和党的群众路线对道路自信的力量源泉作出规律性的分析。中国特色社会主义道路自信来源于坚持马克思主义群众观点、践行党的群众路线,以此赢得人民群众的信任支持。为此,党的十九大报告总结新时代坚持和发展中国特色社会主义的基本方略中,第二条就是"坚持以人民为中心",强调指出:"人民是历史的创造者,是决定党和国家前途命运的根本力量。必须坚持人民主体地位,坚持立党为公、执政为民,践行全心全意为人民服务的根本宗旨,把党的群众路线贯彻到治国理政全部活动之中,把人民对美好生活的向往作为奋斗目标,依靠人民创造历史伟业。"①

① 习近平:《决胜全面建成小康社会 夺取新时代中国特色社会主义中伟大胜利胜——在中国共产党第十九次全国代表大会上的报告》,北京:人民出版社,2017年,第21页。

## （一）人民群众是历史的创造者和自信的力量之源

马克思主义唯物史观告诉人们，人民群众是历史的创造者，是社会实践的主体，是社会变革和历史进步的根本力量。马克思主义唯物史观揭示的这一原理被历史证明是颠扑不破的真理。历史是人民创造的，执政者只有站在人民群众的立场上才不会被历史淘汰；人民群众是社会变革与历史进步的根本力量，执政者只有一切为了人民、紧紧依靠人民，才会拥有永葆执政自信的力量源泉。

中国历史上有无数相关的名言与例子。“民为贵、社稷次之，君为轻”“得人心者得天下，失人心者失天下”“得道多助，失道寡助”“民如水，君如舟，水可载舟亦可覆舟”“民为邦本，本固邦宁”，等等，这些古训名言无不证明了历史唯物主义的群众史观关于人民群众是历史的创造者这一论断的真理性。

马克思主义经典作家、革命导师、党的领袖和领导人对此有诸多论述。马克思指出：“历史活动是群众的活动，随着历史活动的深入，必将是群众队伍的扩大。”①马恩在《共产党宣言》中指出，“过去的一切运动都是少数人的，或者为少数人谋利益的运动。无产阶级的运动是绝大多数人的，为绝大多数人谋利益的独立的运动”②，共产党“没有任何同整个无产阶级的利益不同的利益”③。马恩的观点从历史唯物主义的科学世界观和方法论的高度揭示了人民群众与人类历史、马克思主义政党的关系，以及马克思主义政党的先进性、“特殊性”。列宁指出，“生气勃勃的创造性的社会主义是由人民群众自己创立的”④，“劳动群众拥护我们。我们的力量就在这里。全世界共产主义运动不可战胜的根源就在这里”⑤。列宁的论述揭示

① 《马克思恩格斯文集》第1卷，北京：人民出版社，2009年，第287页。
② 《马克思恩格斯选集》第1卷，北京：人民出版社，2012年，第411页。
③ 《马克思恩格斯选集》第1卷，北京：人民出版社，2012年，第413页。
④ 《列宁全集》第33卷，北京：人民出版社，1985年，第53页。
⑤ 《列宁选集》第4卷，北京：人民出版社，2012年，第53页。

了人民群众与社会主义创造性、马克思主义政党力量源泉的关系。毛泽东提出人民群众是"真正的铜墙铁壁""真正的英雄""创造世界历史的动力"等一系列重要论断,发展了马克思主义群众史观。邓小平提出"领导就是服务"的论断,指出中国共产党员的含意或任务可以概括为"全心全意为人民服务"和"一切以人民利益作为每一个党员的最高准绳"这两句话。江泽民提出"三个代表"重要思想,强调"政治问题,从根本上说,就是对人民群众的态度问题和同人民群众的关系问题"①。胡锦涛提出"相信谁、依靠谁、为了谁,是否始终站在最广大人民的立场上,是区分唯物史观和唯心史观的分水岭,也是判断马克思主义政党的试金石"②。习近平提出"人民对美好生活的向往,就是我们的奋斗目标""崇高信仰始终是我们党的强大精神支柱,人民群众始终是我们党的坚实执政基础。只要我们永不动摇信仰、永不脱离群众,我们就能无往而不胜"③等一系列论断。总之,马克思主义经典作家和党的领导人关于人民群众与马克思主义政党、社会主义之间关系的论述阐明了人民群众是历史创造者的基本原理和马克思主义政党自信的根源所在。



中国共产党来自于人民、根植于人民,人民是中国共产党的坚强后盾,人民群众的支持是中国共产党保持自信的力量源泉。只有和最广大人民群众站在一起,紧紧依靠人民、有了最广大人民群众的支持,才会拥有战胜任何艰难困苦的力量,才会有所向披靡、无事不成的自信源泉。中国道路是中国人民在中国共产党领导下经过几代人不懈探索、艰苦奋斗逐渐形成的。没有人民群众的参与、支持、牺牲、奋斗,任何一支政治力量都会一事无成,要成功开创中国道路

① 江泽民:《论党的建设》,北京:中央文献出版社,2001 年,第 281 页。

② 中共中央文献研究室编:《十六大以来重要文献选编》(上),北京:中央文献出版社,2005 年,第 369 页。

③ 中共中央文献研究室编:《论群众路线——重要论述摘编》,北京:中央文献出版社、党建读物出版社,2013 年,第 118 页。

也是根本不可能的。

## (二)群众路线是共产党坚定道路自信的强大法宝

道路自信问题在中国革命、建设、改革的整个历史过程都存在。革命时期中国共产党人虽然身处逆境和劣势,却依然保持着高昂的革命自信、道路自信。革命条件下中国共产党人革命自信、道路自信的根源在哪里?就在于中国共产党坚持了马克思主义群众观点,开创并践行了党的群众路线。马克思主义唯物史观指出,人民群众是历史的创造者。毛泽东进一步指出,"人民,只有人民,才是创造世界历史的动力"①,群众是"什么力量也打不破的""真正的铜墙铁壁"②。中国共产党正是由于开创并坚持了"一切为了群众,一切依靠群众,从群众中来,到群众中去"的群众路线和全心全意为人民服务的根本宗旨,才赢得了人民群众的衷心拥护和坚定支持,才拥有了保持高度自信的强大后盾、底气和力量。正是基于这一认识,革命战争年代,毛泽东才敢于自信地预言和宣示,"星星之火可以燎原""个把日本帝国主义是不够打的""一切反动派都是纸老虎""中国革命必胜"。社会主义建设时期,不管是三年困难时期还是社会主义建设遭遇曲折之际,毛泽东和全党同志都对中国社会主义充满自信,原因就在于他们始终坚信只要代表人民群众的根本利益,为人民群众掌权、执政、服务,中国共产党就会赢得人民群众的拥护和支持,不仅完全可以跳出"历史周期率",而且完全可以战胜一切艰难险阻,夺取社会主义建设一个又一个胜利。改革开放以来,邓小平同志指出"群众路线和群众观点是我们的传家宝"③,"群众路线

① 《毛泽东选集》第3卷,北京:人民出版社,1991年,第1031页。
② 《毛泽东选集》第1卷,北京:人民出版社,1991年,第139页。
③ 《邓小平文选》第2卷,北京:人民出版社,1994年,第368页。

和实事求是这两条是最根本的东西”[①]，强调改善党的领导要贯彻群众路线，充分发挥人民群众首创精神。由此中国人民、社会主义中国、中国共产党的精神面貌发生了历史性的改变，中国人民对坚定走中国特色社会主义道路的信心显著提升。十八大以来习近平同志反复强调，“群众路线是我们党的生命线和根本工作路线，是我们党永葆青春活力和战斗力的重要传家宝”[②]，“崇高信仰始终是我们党的强大精神支柱，人民群众始终是我们党的坚实执政基础。只要我们永不动摇信仰、永不脱离群众，我们就能无往而不胜”[③]。这里习近平同志把“崇高信仰”与“不脱离群众”统一起来看作“党的精神支柱”，抓住了共产党精神支柱的核心与根本。十八大以来党中央开展了党的群众路线教育实践活动，以此增强全党全国人民对共产党执政、对中国特色社会主义道路的自信。总之，中国共产党坚持马克思主义群众观点和党的群众路线，是党赢得人民群众爱戴支持，团结带领人民群众满怀信心走中国特色社会主义道路、开创中国特色社会主义新局面的强大法宝和根源所在。

### （三）道路自信源自中国共产党对于人民的赤子之心

上述从唯物史观基本原理和党的群众路线的角度阐释了人民群众对中国共产党道路自信的根本意义。从共产党与人民群众的关系特别是党的“初心”的角度看，道路自信源自中国共产党对于人民群众的赤子之心。

习近平同志在庆祝建党95周年大会讲话中指出：“坚持不忘初心、继续前进，就要坚信党的根基在人民、党的力量在人民，坚持一

① 《邓小平文选》第2卷，北京：人民出版社，1994年，第45页。

② 中共中央文献研究室编：《十八大以来重要文献选编》（上），北京：中央文献出版社，2014年，第697页。

③ 中共中央文献研究室编：《论群众路线——重要论述摘编》，北京：中央文献出版社、党建读物出版社，2013年，第118页。

切为了人民、一切依靠人民，充分发挥广大人民群众积极性、主动性、创造性，不断把为人民造福事业推向前进。”①“初心”是大会讲话的灵魂性关键词，“不忘初心、继续前进”是贯穿大会讲话始终的主题。

“人民”二字在党的十九大报告中出现200多次。习近平总书记在党的十九大报告开篇指出：“不忘初心，方得始终。中国共产党人的初心和使命，就是为中国人民谋幸福，为中华民族谋复兴。这个初心和使命是激励中国共产党人不断前进的根本动力。全党同志一定要永远与人民同呼吸、共命运、心连心，永远把人民对美好生活的向往作为奋斗目标，以永不懈怠的精神状态和一往无前的奋斗姿态，继续朝着实现中华民族伟大复兴的宏伟目标奋勇前进。”②这段深情的文字，无不透射出中国共产党人对于人民的赤子之心和强烈的使命担当精神，可以说共产党人的“初心”不仅是激励中国共产党人不断前进的根本动力，而且是中国共产党人坚定道路自信、不断夺取中国特色社会主义新胜利的精神支柱。

共产党的“初心”，从不同角度有不同的理解，有信仰的初心、理论的初心、革命的初心等等。从中国共产党的性质、宗旨及其与人民群众的关系看，共产党的“初心”极其重要的一个方面是“对人民群众的赤子之心”，即坚持以人民为中心，坚持人民至上，坚持人民情怀，坚持人民立场，坚持人民主体地位，永远为了人民、依靠人民、代表人民、服务人民、根植于人民，永远与人民心连心、同呼吸、共命运，永远视人民为父母、热爱人民、感恩人民、报答人民的赤子之心、忠诚之心、公仆之心。中国共产党的“初心”，就是党的性质、宗旨、立场、本色的本质要求和不变之魂，是中国共产党作为马克思主义

① 习近平：《在庆祝中国共产党成立95周年大会上的讲话》，北京：人民出版社，2016年，第18页。

② 习近平：《决胜全面建成小康社会 夺取新时代中国特色社会主义中伟大胜利胜——在中国共产党第十九次全国代表大会上的报告》，北京：人民出版社，2017年，第1页。

政党区别于其他政党的显著标志，是战胜一切困难和风险的根本保证，是衡量一切工作得失的根本标准，是党对人民的庄严承诺、责任使命。中国共产党90多年的历史，就是在中国革命、建设、改革的不同时期，在开辟、坚持、发展中国特色社会主义道路的征程中，不忘初心、永葆初心、践行初心，团结带领中国人民用鲜血和汗水书写历史、不断前进的历史。中国共产党的历史表明，只有永葆党对人民群众的赤子之心，才会永葆中国共产党的性质、宗旨、本色，才会使得中国共产党拥有源源不断的力量、立于不败之地的后盾、永葆生机活力的法宝，才会不断开创中国特色社会主义道路的新局面、新辉煌。简而言之，中国共产党永葆对于人民的赤子之心，这是道路自信的重要基点和支点。

## 三、实践根源及其依据：道路自信来源于改革开放的创新实践及其辉煌成就

### （一）道路自信来源于改革开放的伟大实践及其巨大成就

马克思在《关于费尔巴哈的提纲》中指出，“人的思维是否具有客观的真理性，这不是一个理论的问题，而是一个实践的问题。人应该在实践中证明自己思维的真理性”“全部社会生活在本质上是实践的。凡是把理论引向神秘主义的神秘东西，都能在人的实践中以及对这个实践的理解中得到合理的解决”①。习近平同志在中央政治局第七次集体学习时指出，“我们说的道路自信、理论自信、制度自信，来源于实践、来源于人民、来源于真理”②。这一论断指出了

① 《马克思恩格斯文集》第1卷，北京：人民出版社，2009年，第500—501页。

② 《习近平在中共中央政治局第七次集体学习时强调 在对历史的深入思考中更好走向未来 交出发展中国特色社会主义合格答卷》，《人民日报》2013年6月27日01版。

道路自信的实践维度。

自信不是画饼充饥，空中楼阁。道路自信以及关于道路自信的问题也都可以在实践中以及对实践的理解中得到合理的解决。离开了实践，不唯道路无法形成发展，而且对道路的自信就也无从谈起。中国特色社会主义道路自信的实践维度，就是从中国特色社会主义形成发展的实践过程、实践结果、实践标准审视中国特色社会主义道路自信的根源。

中国特色社会主义道路自信来源于改革开放政策的强大动力。改革开放是决定当代中国命运的关键抉择。中国特色社会主义之所以具有蓬勃生命力，就在于是实行改革开放的社会主义。历史和实践表明，改革开放是当代中国发展进步的活力之源，是党和人民大踏步赶上时代前进步伐的重要法宝，是坚持和发展中国特色社会主义的必由之路，是发展中国、发展社会主义、发展马克思主义的强大动力，也是振奋民心、统一思想、凝聚力量、激发活力、抓住机遇迎接挑战、增强自信的动力源泉和重要法宝。40 年来全党全国人民坚定中国特色社会主义道路自信最直接、最现实的动因就是改革开放。

中国特色社会主义道路自信直接源自改革开放的巨大成功和辉煌成就。实践表明，改革开放是一条富国之路、富民之路，是中国人民富起来、强起来、自信起来的实践根据。没有改革开放就没有今日中国的国强民富，也就没有人们对走中国特色社会主义道路的自信。1992 年邓小平在视察南方的讲话中指出，“发展得这么快，我没有想到。看了以后，信心增加了”①。事实胜于雄辩。改革开放以来，“中国共产党和中国人民以一往无前的进取精神和波澜壮阔的创新实践，谱写了中华民族自强不息、顽强奋进新的壮丽史诗，中国人民的面貌、社会主义中国的面貌、中国共产党的面貌发生了历史

① 《邓小平文选》第 3 卷，北京：人民出版社，1993 年，第 370 页。

性变化”[1]。从1978年到2007年,“我国国内生产总值由三千六百五十亿元增长到二十六万八千零十九亿元,年均实际增长百分之九点九,是同期世界经济年均增长率的三倍多……我们依靠自己的力量稳定解决了十三亿多人口吃饭问题”“这三十年是我国城乡居民收入增长最快、得到实惠最多的时期。从一九七八年到二〇〇七年,全国城镇居民人均可支配收入由三百四十三元增加到一万三千七百八十六元。实际增长六点五倍;农民人均纯收入由一百三十四元增加到四千一百四十元,实际增长六点三倍”[2]。“我国在世界经济和全球治理中的分量迅速上升,我国是世界第二经济大国、最大货物出口国、第二大货物进口国、第二大对外直接投资国、最大外汇储备国、最大旅游市场,成为影响世界政治经济版图变化的一个主要因素”[3]。截至2017年,中国“国内生产总值达到74.4万亿元,增长6.7%,名列世界前茅,对全球经济增长的贡献率超过30%”[4]。总之,改革开放以来的辉煌成就使国力增强、人民富足,举世瞩目,为中国特色社会主义道路自信奠定了坚实基础,使人民群众在党的领导下在中国特色社会主义道路上走得更远、更踏实、更有信心。

中国特色社会主义道路自信来自于改革开放实践的检验。改革开放以来的中国特色社会主义道路探索、开创、发展并不是一帆风顺的,经历了由怀疑、观望、尝试、不自信到逐渐自信再到更加自信的过程。在坚持和拓展中国特色社会主义道路的过程中,涌现于经济、政治、文化、社会、生态、军事、科技等领域的各种思潮、主张、方案,都要以“三个有利于”标准接受人民、实践、时间的检验。这一检

① 中共中央文献研究室编:《十七大以来重要文献选编》(上),北京:中央文献出版社,2009年,第5页。

② 《胡锦涛文选》第3卷,北京:人民出版社,2016年,第151—152页。

③ 习近平:《在省部级主要领导干部学习贯彻党的十八届五中全会精神专题研讨班上的讲话》《人民日报》(2016年1月18日)。

④ 《李克强作的政府工作报告(摘登)》,《人民日报》2017年3月6日02版。

验首先检验的是认识的真理性,同时检验的也是包括党员干部在内的社会实践主体对中国特色社会主义道路的自信情况。实践表明,随着改革开放的成功推进,由于中国国家综合国力和国际地位的提升、人民生活的显著改善以及关系国计民生现实问题的解决,人们对中国特色社会主义道路的自信心不断增强,这是实践逻辑、实践力量、实践标准在道路自信问题上的客观作用与实际体现。

## (二)道路自信来源于对基本国情的科学认识和对现实问题的积极应对

改革开放以来党的道路自信源自对基本国情的科学认识。道路自信是一种理性的认知与精神。如果不能对基本国情作出科学的判断,就有可能对中国道路形成不正确的认识,现实中就有可能发生保守或冒进、忽“左”忽右的问题,就会对中国革命、建设、改革道路的发展造成消极影响,从而削弱党和群众的道路自信。中国革命、建设、改革事业的顺利发展与中国共产党对不同时期基本国情的科学认识有着密切的关系。对基本国情的科学认识推动了中国革命、建设、改革事业的发展,反过来促进了人们对中国道路的信心。自党的十三大提出中国特色社会主义初级阶段论以来,历代中央领导集体无不强调坚持社会主义初级阶段的理论。在此基础上,党中央始终强调科学判断社会主义初级阶段的基本国情。在中国特色社会主义事业蓬勃发展、取得举世瞩目成就的情况下,党对社会主义初级阶段基本国情的反复强调与科学认识,彰显了党的道路自信。与中国相比,苏联在社会主义建设时期,由于不能正确判断基本国情,没有形成对发展阶段、主要矛盾、根本任务、发展目标等的科学认识,提出了不符合基本国情和发展实际的目标任务,过度地强调重工业发展,开展军备竞赛,导致了盲目自信与自我膨胀,为日后苏联解体埋下了祸根。对中国而言,从改革开放以来的实践看，正是由于党中央科学认识社会主义初级阶段的基本国情，从政治高度强调坚持党的基本路线、基本国情、基本国策不动摇，才使得党和人民群众对中国特色社会主义发展阶段、主要矛盾、主要任务、成绩与挑战有了更为客观、清醒、科学的认识，从而避免重犯历史上的错误，对全党全国各族人民树立对中国特色社会主义道路的科学自信具有基础性的意义。

改革开放以来党的道路自信源自对现实问题的清醒认识和积极应对。历史发展表明，巨大成就的取得总是与挑战、问题相伴而行，自信的生成不仅源自对发展成就的骄傲自豪，而且来自于对前进道路上各种挑战、问题的清醒认识与积极应对。自信不是盲目自大、妄自尊大，不是对问题视而不见、回避问题，相反，真正的、理性的自信是对现实问题的清醒认识和积极解决，或者说具有强烈的问题意识。改革开放以来，在中国特色社会主义前进道路上，我们遇到了一系列挑战和问题，正是由于中国共产党敢于直面挑战，勇于正视问题，善于破解难题，中国特色社会主义事业才取得了巨大成就，党和人民群众的信心才更加坚定。前进道路上，我们面临着诸多不容忽视的问题，诸如：发展中不平衡、不协调、不可持续问题依然突出，科技创新能力不强，产业结构不合理；生态破坏、环境污染、资源短缺的问题；城乡区域发展差距和居民收入分配差距依然较大；教育、就业、社会保障、医疗、住房、生态环境、食品药品安全、安全生产、社会治安、执法司法等关系群众切身利益的问题较多，部分群众生活比较困难；一些基层党组织软弱涣散，少数党员干部理想信念动摇、宗旨意识淡薄，形式主义、官僚主义问题突出，反腐败斗争形势依然严峻。这些问题已经写进了党的十八大报告、十九大报告和十八大以来的中央政府工作报告中，并且提出了解决上述问题的思路、举措、办法。正视问题是解决问题的前提，正视问题的态度体现了迎难而上的信心。近些年的现实表明，随着全面深化改革的深入推进和各项政策举措的出台落地，人民群众对党和政府的信心指数不断增强，对坚定走中国特色社会主义道路的信心达到了新高度。

## 四、历史根源及其依据：道路自信来源于历史比较、历史检验、历史经验以及历史文化滋养

人民是社会实践的主体，前赴后继的实践汇聚成历史，社会发展规律呈现于人民创造的历史，人民、实践、真理三者统一于历史。历史是一面镜子，“历史视角是一条通往思想和智慧的道路”①。对于中国道路自信，我们要以历史的维度和视角，从历史比较、历史传承、历史检验、历史经验等方面审思道路自信的根源和依据。

### （一）道路自信来源于中国近代以来的历史比较

中国道路是从中国近代以来的历史中走出来的，是历史比较、历史选择的结果。中国共产党为何选择了社会主义道路，社会主义道路是否值得人们去牺牲奋斗，为何赢得了党和人民群众的信心，这些虽是现实问题，但应从历史中找答案，因为中国社会主义道路是历史比较、历史选择的客观结果，具有历史的必然性、客观性。在曲折蜿蜒而又波澜壮阔的历史中，面对各种社会思潮的干扰、诱惑、冲击，中国共产党以马克思主义世界观方法论的“望远镜”“显微镜”，以马克思主义的坚定立场、共产主义的坚定信念，选择、信仰、坚守、践行了马克思主义和科学社会主义，历经千辛万苦、付出无数巨大代价，走出了中国社会主义道路。因此，我们需要从历史比较与历史选择中坚定对中国道路的自信。

近代以来中国先进人士探索救国救亡、民族复兴的道路，是在对

---

① 威尔·杜兰特：《历史上最伟大的思想》，王琴译，北京：中信出版社，2004 年，第 108 页。

各种思潮的比较、选择中开始的。中国人民对中国社会主义的道路自信也是在历史比较、历史选择中确立起来的。新中国成立初期毛泽东总结指出，“自从一八四〇年鸦片战争那时起，先进的中国人，经过千辛万苦，向西方国家寻找真理。……那时，求进步的中国人，只要是西方的新道理，什么书也看。向日本、英国、美国、法国、德国派遣留学生之多，达到了惊人的程度。……努力学习西方”“学了这些新学的人们，在很长的时期内产生了一种信心，认为这些很可以救中国”①。然而，“中国人向西方学得很不少，但是行不通，理想总是不能实现。多次奋斗，包括辛亥革命那样全国规模的运动，都失败了。国家的情况一天一天坏，环境迫使人们活不下去。怀疑产生了，增长了，发展了”②。他又指出：“一切别的东西都试过了，都失败了。曾经留恋过别的东西的人们，有些人倒下去了，有些人觉悟过来了，有些人正在换脑筋。”③通过毛泽东的上述文字可以深切地体会到，近代以来中国道路的选择经历了艰苦、尖锐的比较、选择过程。大浪淘沙，一种思潮、道路之所以最终被选择、坚守，本身就说明了它的价值，本身就证明了人们对它的信仰与信任。十八大之后习近平同志在关于坚持和发展中国特色社会主义的几个问题中指出，“在中华民族积贫积弱、任人宰割的时期，各种主义和思潮都进行过尝试，资本主义道路没有走通，改良主义、自由主义、社会达尔文主义、无政府主义、实用主义、民粹主义、工团主义等也都‘你方唱罢我登场’，但都没能解决中国的前途和命运问题。是马克思主义、毛泽东思想引导中国人民走出了漫漫长夜、建立了新中国，是中国特色社会主义使中国快速发展起来了”④。

① 《毛泽东选集》第4卷，北京：人民出版社，1991年，第1469—1470页。

② 《毛泽东选集》第4卷，北京：人民出版社，1991年，第1470页。

③ 《毛泽东选集》第4卷，北京：人民出版社，1991年，第1471—1472页。

④ 中共中央文献研究室编：《十八大以来重要文献选编》（上），北京：中央文献出版社，2014年，第109页。

自信不是一帆风顺建立起来的，它既是历史比较与选择的结果，也是在与错误思潮批判斗争中形成发展起来的。新中国成立以来特别是改革开放以来，中国特色社会主义道路的拓展以及人们对中国特色社会主义道路的自信也是建立在对各种思潮和论调进行批判的基础之上的。马立诚指出当代中国主要有八种社会思潮，除了居于主导地位的邓小平思想外，还有老左派思潮、新左派思潮、民主社会主义思潮、自由主义思潮、民族主义思潮、民粹主义思潮、新儒家思潮，它们不同程度地对中国社会主义道路产生着影响，妄图将中国社会主义道路拉向“老路”“邪路”或其他道路上去。面对各种社会思潮的干扰、影响、破坏，中国共产党团结带领中国人民坚定不移高举中国特色社会主义伟大旗帜，积极同这些错误思潮作斗争，既不走封闭僵化的老路，也不走改旗易帜的邪路，从而走出了一条实现民族复兴、提升民族自豪感、增强民族自信心的正确、光明大道。正是在对各种社会思潮的比较、选择、批判中，党和人民群众擦亮了眼睛，看清了真伪，知晓了究竟什么样的道路才是值得选择、值得坚持的道路，从而更懂得珍惜这条来之不易的道路，更加自信地沿着这条来之不易的中国道路走下去。

### （二）道路自信来源于历史实践的检验与经验

历史是一面镜子，历史是最好的教科书。中国道路“是党和人民九十多年奋斗、创造、积累的根本成就”，是在不断总结社会主义发展经验教训基础上形成的、经过历史实践检验的适合中国国情的正确道路。历史实践的经验和历史实践的检验是党和人民群众对中国道路充满自信的重要历史依据和历史资源。

近代以来，中国共产党在半殖民地半封建社会的旧中国走出了一条“农村包围城市，武装夺取政权”的新民主主义革命道路，夺取了革命的最终胜利，解决了“民族独立、人民解放”的历史课题。新民主主义革命胜利证明了中国革命道路的正确性,中国革命道路的正确性证明了中国共产党的伟大与英明。中国革命道路的成功,不仅锻炼了中国共产党独立自主解决中华民族面临的历史课题的能力,而且极大地增强了中国共产党人领导革命、建设、改革的信心。

新中国成立以来,中国共产党在生产力水平低下、经济文化相对落后的东方大国,在一穷二白的基础上,团结带领全国各族人民进行了社会主义改造,确立了社会主义基本制度,成功实现了中国历史上最深刻最伟大的社会变革,为当代中国一切发展进步奠定了制度基础。在探索过程中,从"以俄为师"到"以苏为鉴"再到"走自己的路"建设中国社会主义,从论十大关系到社会主义社会矛盾学说,从党的八大关于党的工作中心和主要矛盾的科学判断到初步建成独立完整的国民经济体系,虽历经曲折但成就巨大,这一切无不证明了中国社会主义道路的正确与生命力。虽然十年"文革"在一定程度上动摇了部分党员和群众对社会主义道路的自信心,但是"没有哪一次巨大的历史灾难不是以历史的进步为补偿的"①。正如习近平同志指出的:"改革开放前的社会主义实践探索,是党和人民在历史新时期把握现实、创造未来的出发阵地,没有它提供的正反两方面的历史经验,没有它积累的思想成果、物质成果、制度成果,改革开放也难以顺利推进。"②总之,新中国成立后的近30年间,党和人民在经济文化相对落后的东方大国,在艰苦复杂的国内外环境条件下探索社会主义建设道路、开展社会主义建设,成为中国特色社会主义道路最直接的历史源头、历史起点、历史基础,提供着改革开放以来中国特色社会主义事业发展多方面的历史启迪,它的经验与成就增强了党和人民群众的社会主义道路自信,它的历挫折而奋

① 《马克思恩格斯文集》第10卷,北京:人民出版社,2009年,第665页。

② 中共中央文献研究室编:《十八大以来重要文献选编》(上),北京:中央文献出版社,2014年,第695页。

起、变教训为教益是党和人民群众永葆道路自信的历史财富与资源。

改革开放以来，以邓小平同志为核心的第二代中央领导集体围绕"什么是社会主义、怎样建设社会主义"的基本问题，作出了改革开放的伟大决策，明确提出"走自己的路、建设有中国特色社会主义"的重大命题，成功开创了中国特色社会主义道路。以江泽民同志为核心的第三代中央领导集体在国内外形势十分复杂、世界社会主义出现严重曲折的严峻考验面前捍卫了中国特色社会主义道路，确立了党的基本纲领和中国特色社会主义社会主义市场经济体制改革的基本框架，推进党的建设新的伟大工程，成功把中国特色社会主义推向21世纪。以胡锦涛同志为总书记的党中央抓住重要战略机遇期，在全面建设小康社会进程中推进实践创新、理论创新、制度创新，提出并贯彻科学发展观，提出并构建社会主义和谐社会，在新的历史起点上成功坚持和发展了中国特色社会主义道路。

"一切向前走，都不能忘记走过的路；走得再远、走到再光辉的未来，也不能忘记走过的过去。"①中国革命、建设、改革的历史经验和实践检验证明了中国道路的科学性和生命力，为坚定道路自信提供了历史的依据和资源。

## （三）道路自信来源于历史文化精神的浸润滋养

历史是最好的营养剂。学习党史、国史，是坚持和发展中国特色社会主义、把党和国家各项事业继续推向前进的必修课。历史不仅告诉我们从何处来，而且告诉我们以怎样的精神状态向何处去，历史中的优秀文化、红色基因是我们自信前行的精神动力。习近平同

① 中共中央文献研究室编：《十八大以来重要文献选编》（上），北京：中央文献出版社，2014年，第695页。

志在中共中央政治局第七次集体学习时强调,中国特色社会主义道路来之不易,“它是在改革开放30多年的伟大实践中走出来的,是在中华人民共和国成立60多年的持续探索中走出来的,是在对近代以来170多年中华民族发展历程的深刻总结中走出来的,是在对中华民族5000多年悠久文明的传承中走出来的”①。“四个走出来”揭示了中国特色社会主义道路自信得到了深厚的历史文化、历史精神的浸润、熏陶、滋养,这些都是中国道路自信的历史依据和资源。坚定中国道路自信,需要从历史文明、历史精神传承中去发掘资源、补充“营养”。对历史文明、历史精神把握得越透彻,就越能深入把握中国特色社会主义道路自信的客观性、根源性、自觉性、坚定性。

道路自信来自优秀传统文化和革命传统红色文化的滋养浸润。任何一项伟大事业的背后,都有支撑这一事业的文化精神。中国道路的形成与拓展,既展现了无数志士仁人和中国共产党人“敢教日月换新天”的英雄壮举,也浸润着中华优秀传统文化和近代以来中国革命传统红色文化的智慧、追求和精神。从中华优秀传统文化看,其弘扬了东方文明思维和生命关怀意识的当代价值,铸就了中国道路的“特色”,是中国道路的文化根基与精神家园②。仁爱为先、中庸和谐、崇礼尚和、自强不息、厚德载物、天下一家、家国情怀、包容互鉴、勤劳勇敢、爱好和平、兼收并蓄、天人合一、兼爱非攻、君子之风等等,贯穿、浸润于中国道路的开辟、形成与发展之中,成为中国道路的独特历史传统文化基因。中华优秀传统文化不仅是推动中国道路发展的重要软实力,而且是坚定中国道路自信的重要历史文化资源。在全球化时代和多元文化交融交锋情况下,生长于中华

---

① 《习近平在中共中央政治局第七次集体学习时强调 在对历史的深入思考中更好走向未来 交出发展中国特色社会主义合格答卷》,《人民日报》2013年6月27日01版。

② 魏晓文、王金玲:《论道路自信来源的四个维度》,《江西社会科学》2015年第1期。

传统文化土壤中的中国共产党和中国人民对浸润中华优秀传统文化的中国道路存在着文化、心理、情感上的亲近感、认同感，这些都是中国道路自信的历史文化因素。从革命传统红色文化看，近代以来形成的革命传统文化也被称为“红色文化”，它是中国共产党领导中国各族人民在中国革命中形成的独特伟大创造，其内涵可以用“理想信念、奋斗牺牲、创新开路、不畏强敌、团结守纪、万众一心”这6个关键词来概括[①]，是中华精神、中华文化历史传承与革命创造、未来发展薪火相传的统一。革命传统红色文化是中华优秀传统文化的革命创造和时代发展，是与中国共产党精神世界最为融通的东西，因此是中国共产党保持道路自信的极为重要的文化滋养和精神支撑。

## 五、世界根源及其依据：道路自信来源于人类先进文明成果，及中国对世界文明的贡献

### （一）道路自信来源于对人类先进文明成果的批判吸收

中国道路是在中国与世界的关系互动中，不断批判吸收人类先进文明成果的基础上逐渐形成与发展起来的。不断批判吸收世界优秀文明成果，不仅是中国道路形成与发展的重要资源，而且体现了中国道路的自信精神，或者说既是道路自信的体现也是道路自信的缘由。

中国特色社会主义道路的选择、开创与发展是中国共产党人以开放的世界眼光、世界胸怀接纳人类文明成果，以先进的思想文化

① 李捷：《红色文化与文化自信》，《福建日报》2017年5月8日第5版。

实现改造中国、救亡图强、振兴民族的目的。近代以来随着西方列强的入侵,中国陷入半殖民地半封建社会的痛苦深渊,面临着山河破碎、亡国灭种的危险。为探求救国救亡的道路,无数中华民族的优秀儿女远赴重洋,从西欧、日本、俄国等渠道探求新知、传播新学、宣传真理。马克思主义虽然是一种来自于西方的先进思想和新学说,但是因为其揭示了人类社会、自然和思维的普遍规律,提供了观察宇宙的科学世界观和方法论,因此被探求救国救亡道路的中国共产党人所推崇,得到了热情讴歌、拥抱、传播。在资本主义工业文明代替封建农业文明的历史大趋势下,封闭落后的旧中国饱受屈辱、欺凌,国人的自信心一落千丈。历史告诉我们,封闭导致落后,开放才能自强,自强产生自信,把握时代潮流而不拒斥人类文明是增强竞争力、提升自信力的不二法门。当今世界进入了全球化时代,和平、发展、合作、共赢成为不可阻挡的时代潮流。在这一背景下,中国特色社会主义道路的发展不能脱离人类文明大道,不能背离时代发展潮流。改革开放以来,中国由走向世界到融入世界再到引领世界,由学习借鉴到创新发展,中国特色社会主义道路越走越宽广,国人对中国特色社会主义道路日益充满信心,世界对中国道路更加充满期待,中国特色社会主义道路自信拥有了世界的气度、胸怀、视野和资源。

### (二)道路自信来源于对世界文明的中国贡献

中国特色社会主义道路自信来源于中国对世界发展和人类文明作出的巨大贡献。自毛泽东同志起,党的历代领导人一以贯之地阐述了“中国应对人类作出较大贡献”的思想。新中国成立之初,毛泽东同志曾在诸多场合的讲话中表达了"中国应当对于人类有较大的贡献"[①]的思想。改革开放新时期，邓小平同志指出，"十亿人的中国坚持社会主义"，实现现代化，"就可能对人类有比较大的贡献"[②]。世纪之交，江泽民同志提出"实现中华民族的伟大复兴，争取对人类作出新的更大的贡献"[③]。进入新世纪，胡锦涛同志提出"中华民族为人类文明进步作出了重大贡献"[④]，中国人民"有信心、有能力为世界作出自己应有的贡献"[⑤]。十八大以来，习近平同志从中国梦、世界梦、人类命运共同体的角度丰富发展了中国应当对人类文明有较大贡献的思想。回顾新中国成立以来的历史，党和国家领导人不仅一以贯之地强调了中国应对人类作出较大贡献的承诺，而且以实际行动实践了、兑现了这一承诺。贯穿这一思想及其实践过程的一条红线是中国共产党、中国人民对推动人类文明和世界发展的责任与自信。具体而言，中国道路从三个层面对人类文明和世界发展作出了"较大贡献"：一是中国道路对世界社会主义运动和事业的贡献。主要是引领世界社会主义运动走出低谷，展现了社会主义的复兴之路和希望之光；破解了世界社会主义发展的现实难题，比如社会主义和市场经济相结合的问题；创新了科学社会主义理论。二是中国道路对广大发展中国家的影响和贡献。主要是为广大发展中国家探索适合本国国情的发展道路提供了不同于西方模式的榜样；提供了发展中国家可资参考的中国经验；助推发展中国家的崛起，改变了世界经济政治格局。三是中国道路对人类文明与发展的贡献与

① 《毛泽东文集》第7卷，北京：人民出版社，1999年，第156—157页。

② 《邓小平文选》第3卷，北京：人民出版社，1993年，第158页。

③ 《江泽民文选》第2卷，北京：人民出版社，2006年，第63页。

④ 中共中央文献研究室编：《十七大以来重要文献选编》（上），北京：中央文献出版社，2009年，第393页。

⑤ 中共中央文献研究室编：《十七大以来重要文献选编》（中），北京：中央文献出版社，2011年，第234页。

意义。主要是增加了人类文明的物质基础和精神财富;丰富发展了人类社会发展的理念和模式;彰显了人类文明的丰富性、多样性;为破解人类遇到的全球性挑战难题比如脱贫减贫、气候问题、粮食危机、金融危机、民族宗教冲突等贡献了中国智慧、中国方案。正如习近平同志指出的,"当今世界,要说哪个政党、哪个国家、哪个民族能够自信的话,那中国共产党、中华人民共和国、中华民族是最有理由自信的"①。因此,放眼全球,比较来看,我们应当对中国道路保持高度自信,力争继续"为人类作出更大的贡献"。



## (三)道路自信来源于国际范围的比较

有比较才能有鉴别。坚定中国特色社会主义的道路自信,需要从国际范围的比较中获得客观认识和深刻启迪。

与原社会主义国家苏联和解体后走上资本主义道路的俄罗斯相比,中国道路具有明显的特色优势。② 苏联曾是世界上第一个社会主义国家,在斯大林、赫鲁晓夫、勃列日涅夫等的领导下,苏联逐渐形成了传统的社会主义模式。新中国成立后,中国基于实际情况接受了苏联模式。但是随着苏联模式弊端的暴露,中国开始了独立探索社会主义建设道路的新征程。特别是改革开放以来,中国在共产党的领导下实行改革开放和进行社会主义市场经济体制改革与建设,逐渐走出了不同于苏联传统社会主义模式——高度集权的体制,又不同于英美资本主义模式——资本扩张的西方现代化道路的中国特色社会主义道路。历史和实践证明,中国特色社会主义道路既符合中国基本国情和时代发展要求,又坚持了科学社会主义基本原

① 习近平:《在庆祝中国共产党成立 95 周年大会上的讲话》(2016 年 7 月 1 日),《人民日报》2016 年 7 月 2 日 02 版。

② 魏晓文、王金玲:《论道路自信来源的四个维度》,载《江西社会科学》2015 年第 1 期。

则，是中国实现社会主义现代化和民族伟大复兴的必由之路和正确道路，具有鲜明的中国特色和强大的优势。中国始终高举马克思主义和科学社会主义旗帜，坚持共产党的领导、人民民主专政和社会主义方向，坚持四项基本原则、坚持改革开放，依靠人民群众，不断推进实践创新和理论创新，走出了一条符合中国国情、适应时代发展要求的中国特色社会主义道路，使中国的国家综合实力和国际影响力大幅提升，党和人民群众的道路自信与日俱增。

同与近代中国历史境遇、国情相似，处于同一起跑线而走上非社会主义道路的国家相比，中国道路也具有无与伦比的优势。印度与中国，有着十分相似的历史遭遇，是仅次于中国的第二人口大国，是多民族多宗教的国家，1946 年建立共和国。可以说印度在历史、国情、资源禀赋和发展起跑线等方面与中国有着比较相似的情况和条件。不同的是，印度在二战后的殖民地解放运动中走上了以英法为榜样的资本主义道路，实行联邦制、多党制、议会制，由此印度被西方资本主义国家誉为世界民主的典范。然而，经过 70 多年的发展，印度在经济总量、人民生活水平、治理水平、城镇化率、基础设施建设、安全程度、国际影响力等方面均远远落后于中国。1960—1978 年间，中国 GDP 总量略低于印度；1980 年，中国经济总量 1894.01 亿美元，排名世界第 13 位，印度经济总量 1895.94 亿美元，排名世界第 12 位；2010 年，中国经济总量 59305.02 亿美元，排名世界第 2 位，印度经济总量 20553.55 亿美元，排名世界第 9 位；到了 2017 年，中国经济总量为 11.4 万亿美元，排名世界第 2 位，印度为 2.25 万亿美元排名世界第 7 位，中国是印度的 5 倍多。事实胜于雄辩，中国特色社会主义道路与以印度为代表的发展中国家走资本主义道路之间的优劣昭然若揭，不言而喻。[①] 与拉美一些转型国家相比，中国道路的优势也是越来越明显。20 世纪 80 年代以来，曾经采用美国“华盛顿共识”药方的拉美国家虽然经历过较快的经济增长，但是此后相继陷入了所谓的“拉美陷阱”。总之，综观全球，不论是资本主义国家还是原社会主义国家，抑或是转型的民族国家、发展中国家、新兴国家，各国发展道路各不相同，与之相伴随的是各国的发展程度、发展速度、发展效果、前途命运也显出差距。2008 年以来，中国发展“一枝独秀”“逆风飞扬”“风景独好”的势头进一步彰显了中国道路的强大优势，受到了国际社会的日益关注与认可，党和人民群众的道路自信在世界比较的映照之下显得越发坚定强烈。



① 康雁冰、林明:《正确把握“道路自信”的三个基本维度》,载《中共四川省委党校学报》2016 年第 2 期。

第六章

# 实现中华民族伟大复兴的中国梦 ——坚定道路自信的时代课题

走向美好的未来，实现美好的梦想，需要找到正确的道路与方向；而找寻正确道路、坚持正确方向，同样承载着对美好未来与梦想的孜孜追求。实现民族复兴，是中华民族近代以来最伟大的梦想。为了实现中华民族伟大复兴的中国梦，中华儿女前仆后继、不断求索、不懈奋斗，书写了一部波澜壮阔的抗争史、探索史、圆梦史。中国特色社会主义是当代中国发展进步的根本方向，是实现中国梦的必由之路。今天，坚定道路自信承载的一个重大历史任务和时代课题，就是凝聚全体中华儿女的进取精神和磅礴力量，毫不动摇地坚持和发展中国特色社会主义，坚定不移沿着中国特色社会主义道路前进，早日实现中华民族复兴的伟大梦想。

## 一、实现中华民族伟大复兴是中华民族近代以来最伟大的梦想

2012年11月29日,习近平同志在参观《复兴之路》展览时指出:“实现中华民族伟大复兴,就是中华民族近代以来最伟大的梦想。这个梦想,凝聚了几代中国人的夙愿,体现了中华民族和中国人民的整体利益,是每一个中华儿女的共同期盼。”①这句话充分反映了中国波澜壮阔、沧桑巨变的历史图景,深刻道出了近代以来我国历史发展的主题主线,深情描绘了中华民族前仆后继、不懈奋斗的历史。

### (一)中华民族的历史辉煌

在五千多年的文明发展历程中,中华民族创造了光辉灿烂的文明和举世瞩目的成就,为人类文明进步作出了不可磨灭的贡献。

历史上,中国曾经是世界上最富裕的国家之一。古代中国曾经拥有世界头号的经济地位。中国从汉朝、宋朝、明朝,到清朝中期,“在相当长的时期内,一直是世界上数一数二的经济体”。中国在隋唐时期经济实力占世界的40%左右,有的数据甚至讲,公元820年,大唐的GDP一度达到全球的58%。宋朝时期就已经具备了大规模生产能力,军事、经济极为发达。一年能生产相同的铁箭头1600万支以上;它拥有世界上规模最大、产量最高的冶铁行业,每年能生产大约12.5万吨铁,以此装备宋朝120万军队。这比800年后英国工业革命早期的铁产量还多。宋朝的经济发达,手工业繁荣,并出现了许多大城市,重要的是有许多已从消费性行政城市转为生产性城

① 中共中央文献研究室编:《习近平关于实现中华民族伟大复兴的中国梦论述摘编》,北京:中央文献出版社,2013年,第3页。

市。据史料推算，盛唐时期中国占有世界二分之一的财富，到了宋元时期则占据世界三分之二的财富。到清朝的时候中国还拥有强大的国力，“从一六六二年到一七九五年是史称的‘康乾盛世’。在这个时期，中国的经济水平在世界上是领先的。乾隆末年，中国经济总量居世界第一位，人口占世界三分之一，对外贸易长期出超”①。到1820年，清朝中期，中国GDP占世界的份额达到32.9%，位居世界第一，占到世界经济总量的三分之一。而在1820年时，印度GDP占世界的份额为16%，美国的份额仅为1.8%，日本的份额也仅为3%。

历史上，中国曾经是世界上最繁荣的国家之一。早在商朝时，商业的概念开始萌芽，渐显雏形。中国古代的长安城在西汉就是世界上最大的都市，到唐朝成为世界上第一个人口超过百万的大城市，由此一度雄踞世界中心地位。公元7—9世纪，中国的长安成为世界上人们梦寐以求的地方。至盛唐，长安成为西方和东方商业、文化交流的汇集地，是当时世界上规模最大、最为繁华的国际大都市。长安的人口中，除平民、皇族、达官贵人、兵士、奴仆杂役、佛道僧尼、少数民族外，外国的商人、使者、留学生、留学僧等总数不下10万人。当时来长安与唐通使的国家、地区多达300个。唐代的科技文化、政治制度、饮食风尚等从长安传播至世界各地。另外，西方文化通过长安城消化吸收再创造后又辗转传至周边的日本、朝鲜、缅甸等国家和地区。宋朝的贸易尤其是对外贸易非常兴盛。丝绸之路转到海上，广州、泉州是有名的国际贸易中心，来自东南亚、阿拉伯的商人云集于此。这也大大刺激了造船业的发展。宋朝出现了许多不同于以往朝代的新迹象。北宋时期发明的“交子”是世界上最早使用的纸币。中国曾经的富庶与繁华令早期接触过东方的西方观察家们羡慕。18世纪法国经济学家、重农学派的创始人弗朗斯

① 《江泽民文选》第3卷，北京：人民出版社，2006年，第48页。

瓦·魁奈在《中华帝国的专制制度》一书中曾这样感慨：这是世界上已知的最美丽、人口最密集、最繁华的王国，中华帝国不亚于一个统一在同一王朝之下的欧洲。

历史上，中国曾经是世界上文明最先进的国家之一。“我们的民族是伟大的民族。在五千多年的文明发展历程中，中华民族为人类文明进步作出了不可磨灭的贡献。”①在人类文明发展的历史进程中，中华民族曾以卓越的创造能力长时期走在世界的前列。从公元前3世纪到公元15世纪，中华民族强大的生命力和创造力令西方社会望尘莫及。国外学者普遍认为，在15—16世纪之前，中华民族具有世界领先的地位，科学技术水平、生产力程度以及制度文明构成的中华文明著称世界，令西方国家钦羡仰慕。英国著名科学家李约瑟指导学生罗伯特于1986年出版的《中国：发明与发现的国度——中国科学技术史精华》一书，向世人介绍了中国的100项“世界第一”。明朝以前世界上的重要发明和巨大的科技成就有300多项，其中就有175项是中国人发明的。中国曾经贡献给世界的是《易经》《论语》《孙子兵法》《永乐大典》，《甘石星表》、地动仪、浑天仪的使用也是世界最早，特别是被人认为“挑翻整个旧世界”，改变世界进程的“四大发明”，还有巍峨蜿蜒的万里长城，堪称奇迹的秦兵马俑，以及都江堰、丝绸之路、大运河、赵州桥等伟大工程。13世纪末，马可·波罗从中国返回威尼斯时，把中国当作天堂来介绍，使得14—15世纪的欧洲人大开眼界。15世纪后期的哥伦布，正是从马可·波罗的游记中对中国着迷，才有他后来对世界作出巨大贡献的地理大发现。中华文明不仅长时期走在世界前列，而且在其五千年的传承中，历经种种历史变迁却始终一脉相承、生生不息。19世纪德国古典哲学家黑格尔在他的《历史哲学》中说，只有黄河长江流过

① 中共中央文献研究室编：《习近平关于实现中华民族伟大复兴的中国梦论述摘编》，北京：中央文献出版社，2013年，第3页。

的那个中华帝国才是世界上唯一持久的国家。黑格尔以后100年，英国哲学家罗素也发出惊叹：自孔子以来，埃及、波斯、马其顿，包括罗马的帝国都消亡了，只有中国在持续的进化中生存下来。中华民族5000多年的悠久历史和灿烂文化，使中华文明在人类文明史上独树一帜，为人类文明进步作出了不可磨灭的贡献。

## （二）中华民族在苦难中奋起抗争

随着资本主义工业文明的兴起，英国和西欧各主要资本主义国家相继发生产业革命，开始带领人类社会进入工业化时代，极大地改变了人类历史的进程。中国对于工业化的历史发展趋势，没有作出强力回应，仍然在农业社会中缓慢演进，与西方工业文明之间的差距迅速拉大，开始从五千年文明的辉煌中跌落。马克思对此时的中国评论道："一个人口几乎占人类三分之一的大帝国，不顾时势，安于现状，人为地隔绝于世并因此竭力以天朝尽善尽美的幻想自欺。这样一个帝国注定最后要在一场殊死的决斗中被打垮。"①当英国等西方国家逐渐超过中国、领跑世界之时，中国当时的清朝统治者仍然沉浸在往日辉煌所造就的梦想之中，死死抱住"中国中心"的罗盘，等待着"万国来仪"。不料，等来的却是西方列强的坚船利炮，等来的却是亡国灭顶之灾。

1840年的鸦片战争打开了中国国门。"满族王朝的声威一遇到英国的枪炮就扫地以尽，天朝帝国万世长存的迷信破了产。"②落后的农业中国处于"人为刀俎，我为鱼肉"的被动境地。从此，一系列的侵略战争接踵而至，一系列的不平等条约被迫签订，中国从曾经的天朝上国变为任由世界列强宰割的弱国病国，进入了一个积贫积弱的屈辱时代，人民陷入饱受帝国主义列强欺凌的水深火热之中，

---

① 《马克思恩格斯选集》第2卷，北京：人民出版社，2009年，第632页。

② 《马克思恩格斯选集》第2卷，北京：人民出版社，2009年，第608页。

灾难频至，山河破碎，满目疮痍。在近代历史上，“我国从十九世纪四十年代起，到二十世纪四十年代中期，共计一百零五年时间，全世界几乎一切大中小帝国主义国家都侵略过我国，都打过我们”①。据资料统计，世界主要列强逼迫中国签订的不平等条约达 709 个，主要战争赔款合计195 300万银圆，相当于清政府 1901 年收入的 16 倍；列强通过各种手段侵占中国领土约 173.9 万平方公里。美轮美奂的圆明园被英法联军抢夺后焚烧；几十万无辜的南京百姓被日军屠杀；中国人被视为“东亚病夫”，洋人在中国土地上甚至矗立着“华人与狗不得入内”的警示牌。帝国主义通过军事战争、政治控制、经济掠夺、文化渗透等全面压制中国。屈辱和悲愤的血泪浸透每个中国人的心。中国近代以来的历史，就是中华民族的屈辱史和苦难史。中华民族遭受的苦难之重，屈辱之深，付出的牺牲之大，在世界历史上都是罕见的。

自 1840 年以来，为了挽救民族危亡、实现民族复兴，无数仁人志士奋起抗争，进行了不懈探索和有益尝试。以洪秀全、洪仁玕等为代表的农民阶级，认真思考近代中国发展道路和中华民族的前途，倡导向西方学习，提出发展资本主义的纲领，掀起了广泛的农民革命运动，企图实现“有饭同吃、有衣同穿、有钱同使、无处不均匀、无人不保暖”②的“天国梦”。以曾国藩、李鸿章等为代表的地主阶级洋务派，按照“师夷长技以制夷”的思想，译洋书，兴洋学，建工厂，筑铁路，开矿山，炼钢铁，企图实现他们的“自强求富梦”。以康有为、梁启超等为代表的资产阶级维新派，希望效法俄国、日本等与中国国情比较相近的国家的成功道路，通过变法改良的方法实行君主立宪制，建立国会，制定宪法，掀起了救亡图存的戊戌维新运动，企图实现他们的“立宪强国梦”。以孙中山为首的资产阶级革命派，力图

① 《毛泽东文集》第 8 卷，北京：人民出版社，1999 年，第 340 页。

② 扬州师范学院中文系编：《洪秀全选集》，北京：中华书局，1976 年，第 80 页。

“振兴中华”，制定了“驱除鞑虏，恢复中华，创立民国，平均地权”的革命纲领，发动了武昌起义，彻底推翻了封建君主专制统治，力图实现他们的“共和振兴梦”。然而，这些努力和尝试，由于历史和阶级的局限，缺乏科学理论的指导，没有先进阶级的领导，最后都失败了。近代中国半殖民地半封建的社会性质，民族独立和人民解放的根本任务，依然没有彻底解决。正如毛泽东所指出的那样：“自从一八四〇年鸦片战争失败那时起，先进的中国人，经过千辛万苦，向西方国家寻找真理。洪秀全、康有为、严复和孙中山，代表了在中国共产党出世以前向西方寻找真理的一派人物。”“中国人向西方学得很不少，但是行不通，理想总是不能实现。”①他们的失败表明，在中国光有美好的梦想而没有先进的、坚强的政治组织领导人民群众广泛参与，是行不通的。同时，在中国由于帝国主义、封建主义及其反动派的强力阻挠、民族资产阶级的软弱无力，走资本主义道路已经被证明行不通，只能另觅新的救亡图存之途。历史把实现中华民族伟大复兴的重任赋予了中国共产党。

### （三）中国共产党开启民族复兴新篇章

中国共产党是在拯救民族危亡的历史环境之下诞生的。“一九二一年中国共产党的成立，使中国人民有了前进的主心骨”②。中国共产党是由一批有着崇高理想、远大抱负、献身精神、高度负责的先进分子组成的，是中国工人阶级的先锋队，同时是中华民族的先锋队。中国共产党的成立是近代中国革命历史上具有划时代意义的重大事件。从此，中国出现了完全新式的，以马克思主义为行动指南的，以实现社会主义和共产主义为奋斗目标的统一的无产阶级政

---

① 《毛泽东选集》第4卷，北京：人民出版社，1991年，第1469—1470页。

② 中共中央文献研究室编：《十八大以来重要文献选编》（上），北京：中央文献出版社，2014年，第688页。

党。正是因为有了中国共产党,近代以来激荡在中华儿女内心深处的民族复兴的梦想逐渐明晰起来。中国共产党把中国人民带上了实现中华民族伟大复兴的人间正道,铸就了实现中华民族伟大复兴中国梦的辉煌。

中国共产党成立后,立刻就在近代志士仁人探索民族复兴的足迹上,开始了艰苦卓绝的斗争,中国革命的面貌为之一新。作为中国工人阶级的政党,中国共产党在斗争实践中,把实现社会主义和共产主义的远大理想与实现民族复兴的梦想紧密地联系在一起,自觉地肩负起了救国图存、振兴中华的历史使命。毛泽东等老一辈革命家带领各阶级各阶层人民大众,在华夏大地掀起了一场前所未有的彻底反帝反封建的人民民主主义革命,使孙中山的旧民主主义革命飞跃为新民主主义革命。"经过二十八年浴血奋战和顽强奋斗,我们党和人民历经千辛万苦、付出巨大牺牲,在战胜日本军国主义侵略者后,经过人民解放战争,以摧枯拉朽之势推翻了帝国主义、封建主义、官僚资本主义的统治,夺取了新民主主义革命胜利,实现了几代中国人梦寐以求的民族独立和人民解放。"①新中国的成立是一个伟大的转折点,是中华民族走向伟大复兴的关键一步。"中华人民共和国的成立,使中国人民成为国家、社会和自己命运的主人,实现了中国向人民民主制度的伟大跨越,实现了中国高度统一和各民族空前团结,彻底结束了旧中国半殖民地半封建社会的历史,彻底结束了旧中国一盘散沙的局面,彻底废除了外国列强强加给中国的不平等条约和帝国主义在中国的一切特权。"②"中国人从此站立起来了！中国人民从此把命运牢牢掌握在自己手中！中华民族发展

---

① 中共中央文献研究室编:《十八大以来重要文献选编》(上),北京:中央文献出版社,2014年,第690页。

② 中共中央文献研究室编:《十八大以来重要文献选编》(上),北京:中央文献出版社,2014年,第690页。

进步从此开启了新纪元！”①中国人饱受屈辱、任人摆布的历史一去不复返，开始了自立于世界民族之林的新时代。中国梦演奏完了实现民族独立和人民解放的第一乐章，掀开了为实现国家繁荣富强、人民共同富裕而奋斗的新篇章。

新中国成立以后，为了实现国家富强、民族振兴、人民幸福的梦想，中国共产党的几代中央领导集体带领中国各族人民，又开始了新的探索、新的长征。以毛泽东同志为核心的党的第一代中央领导集体，带领全党全国各族人民为实现国家富强、民族振兴、人民幸福的道路艰辛探索，为开辟中国特色社会主义道路奠定了根本政治前提和制度基础，提供了宝贵经验、理论准备和物质基础。党的十一届三中全会以后，以邓小平同志为核心的党的第二代中央领导集体，第一次提出“建设有中国特色的社会主义”的响亮口号，带领全党全国各族人民“在新中国成立以来革命和建设实践的基础上，成功走出了一条中国特色社会主义新道路”②，开始了沿着中国特色社会主义道路实现中华民族伟大复兴的新征程；以江泽民同志为核心的党的第三代中央领导集体，高举邓小平理论的伟大旗帜，确立了社会主义市场经济体制的改革目标和基本框架，为中国特色社会主义道路、理论体系、制度创新打开了更为广阔的前景，成功把中国特色社会主义全面推向21世纪；以胡锦涛同志为总书记的党中央，抓住新世纪新阶段的重要战略机遇期，推进实践创新、理论创新、制度创新，逐步形成了以人为本的科学发展观，成功在新的历史起点上坚持和发展了中国特色社会主义。党的十八大以来，以习近平同志为核心的党中央毫不动摇坚持和发展中国特色社会主义，勇于实践、善于创新，深化对共产党执政规律、社会主义建设规律、人类社

---

① 中共中央文献研究室编：《十八大以来重要文献选编》（上），北京：中央文献出版社，2014年，第690页。

② 习近平：《在纪念邓小平同志诞辰110周年座谈会上的讲话》，《人民日报》2014年8月21日02版。

会发展规律的认识，取得重大理论创新成果，形成了习近平新时代中国特色社会主义思想，为在新的历史条件下深化改革开放、加快推进社会主义现代化提供了科学理论指导和行动指南，继续豪迈地向实现中华民族伟大复兴的中国梦进军。历史充分证明，中国共产党是实现中华民族伟大复兴的坚强领导核心。没有共产党的坚强领导和浴血奋斗，就没有新中国，就没有中国特色社会主义，就不会有国家和民族今天的辉煌。

从苦难到辉煌，从贫弱走向复兴。实现中华民族伟大复兴，成为近代以来的时代最强音。历史上的辉煌和近代的屈辱形成巨大反差，使民族复兴成为近代以来中国无法绕开的主题主线，成为亿万中华儿女的共同心愿，激发无数中华儿女为之不懈奋斗。中国的革命也好，建设也好，改革也好，归根到底都是为了实现这个目标。中国近代以来的历史，是一部中华民族前仆后继的抗争史、探索史和发展史，也是中华儿女实现民族复兴的追梦史。

## 二、实现民族复兴的中国梦必须走中国道路

党的十八大以来，习近平同志提出并深刻阐述了实现中华民族伟大复兴的中国梦，还多次强调指出："实现中国梦必须走中国道路"①，"中国特色社会主义是当代中国发展进步的根本方向，是实现中国梦的必由之路"②，"实现中国梦，必须坚持中国特色社会主义道路"③。

---

① 中共中央文献研究室编：《习近平关于实现中华民族伟大复兴的中国梦论述摘编》，北京：中央文献出版社，2013年，第26页。

② 中共中央文献研究室编：《习近平关于实现中华民族伟大复兴的中国梦论述摘编》，北京：中央文献出版社，2013年，第27页。

③ 中共中央文献研究室编：《习近平关于实现中华民族伟大复兴的中国梦论述摘编》，北京：中央文献出版社，2013年，第28页。

## (一)什么是中国梦

党的十八大后，习近平总书记在参观《复兴之路》展览时提出和阐述了“中国梦”。他指出：“每个人都有理想和追求，都有自己的梦想。现在，大家都在讨论中国梦，我以为，实现中华民族伟大复兴，就是中华民族近代以来最伟大的梦想。”从此，“中国梦”就成为全党全社会乃至全世界高度关注的一个重要概念。

中国梦的内涵和实质，就是实现国家富强、民族振兴、人民幸福。2013 年 3 月 17 日，在第十二届全国人大一次会议闭幕会上，习近平同志第一次明确指出了中国梦的具体内容，他说：“实现中华民族伟大复兴的中国梦，就是要实现国家富强、民族振兴、人民幸福。”2013 年 3 月 23 日，习近平同志在莫斯科国际关系学院演讲时强调指出：“实现中华民族伟大复兴，是近代以来中国人民最伟大的梦想，我们称之为‘中国梦’，基本内涵是实现国家富强、民族振兴、人民幸福。”中国梦的这一“内涵”，习近平同志后来又称之为“本质”。2013 年 5 月 31 日，他在接受拉美三国媒体联合书面采访中说，在新的历史时期，中国梦的本质是国家富强、民族振兴、人民幸福。习近平同志对中国梦基本内涵和本质的表述，体现了中国梦的最大特点，就是把国家利益、民族利益和每一个人的利益紧紧联系在一起，体现了中华民族固有的“家国天下”的情怀。实现中国梦，意味着中国的经济实力和综合国力、国际地位和国际影响力大大提升，意味着中华民族以更加昂扬向上、文明开放的姿态屹立于世界民族之林，意味着中国人民过上更加富裕安康的生活。

中国梦归根到底是人民的梦。习近平多次强调指出：“中国梦归根到底是人民的梦”，“国家好、民族好，大家才会好”。习近平的这些重要论述，深刻阐释了国家、民族、个人与中国梦的辩证统一关系，凸显了中国梦就是人民幸福梦的精神实质。习近平同志指出，中国共产党在中国执政，就是要带领人民把国家建设得更好，让人民生活得更好。“人民对美好生活的向往,就是我们的奋斗目标。”老白姓对美好生活的追求,就是我们的努力方向。他强调,中国梦是国家的、民族的,也是每一个中国人的,必须紧紧依靠人民来实现,必须不断为人民造福。把“人民幸福”作为中国梦的基本内涵之一,把“实现人民的梦”作为根本目的和出发点、落脚点,体现了我们党的奋斗目标和根本宗旨的高度统一。

中国梦是和平、发展、合作、共赢的梦。习近平同志指出,我们将始终不渝走和平发展道路,始终不渝奉行互利共赢的开放战略,不仅致力于中国自身发展,也强调对世界的责任和贡献;不仅造福中国人民,而且造福世界人民。中华民族是爱好和平的民族。走和平发展道路,是对中华民族优秀文化传统的传承和发展,也是中国人民从近代以来的苦难遭遇中得出的必然结论。中国的发展离不开世界,世界的繁荣稳定也需要中国。实现中华民族伟大复兴中国梦的奋斗目标,必须有和平的国际环境。中国梦与各国人民追求和平发展的美好梦想是相通的。实现中国梦给世界带来的是和平,不是动荡;是机遇,不是威胁。中国的发展,是世界和平力量的壮大,是传递友谊的正能量。我们将同国际社会一道,推动实现持久和平、共同繁荣的世界梦,为人类和平与发展的崇高事业作出新的更大的贡献。实现中华民族伟大复兴的中国梦,是历史的重托。中国梦的提出,反映了以习近平同志为核心的党中央的历史责任感、使命感和担当精神。中国梦生动形象地表达了全体中国人民的共同理想追求,昭示着国家富强、民族振兴、人民幸福的美好前景,为坚持和发展中国特色社会主义注入了新的内涵和时代精神。中国梦已经成为凝聚党心民心、激励中华儿女为实现中华民族伟大复兴而奋斗的强大精神力量。

## （二）实现中国梦的必由之路

任何一个国家、一个民族，实现美好梦想都离不开正确道路的引领。中国特色社会主义道路，就是在中国共产党领导下，立足基本国情，以经济建设为中心，坚持四项基本原则，坚持改革开放，解放和发展社会生产力，建设社会主义市场经济、社会主义民主政治、社会主义先进文化、社会主义和谐社会、社会主义生态文明，促进人的全面发展，逐步实现全体人民共同富裕，建设富强民主文明和谐美丽的社会主义现代化国家。这条道路内涵丰富，科学揭示了中国特色社会主义事业的领导力量、历史方位、基本路线、总体布局、价值追求和奋斗目标。一是坚持中国共产党的领导。中国共产党是中国特色社会主义事业的领导核心，只有在党的领导下，中国特色社会主义建设才能成功。中国特色社会主义道路，是在中国共产党的领导下开辟拓展的，也只有在党的领导下才能越走越宽广。二是立足社会主义初级阶段的基本国情。处于社会主义初级阶段，是我国最大的国情。任何时候任何情况下都要牢牢把握这个最大国情，推进任何领域任何方面的改革发展都要牢牢立足于这个最大实际。三是坚持"一个中心、两个基本点"的基本路线。"一个中心、两个基本点"，就是以经济建设为中心，坚持四项基本原则，坚持改革开放。以经济建设为中心是兴国之要，是我们党和国家兴旺发达和长治久安的根本要求；四项基本原则是立国之本，是我们党和国家生存发展的政治基石；改革开放是强国之路，是我们党和国家发展进步的活力源泉，是发展中国特色社会主义的强大动力。我们必须坚持把以经济建设为中心同四项基本原则、改革开放这两个基本点统一于建设中国特色社会主义的伟大实践，任何时候都决不动摇。四是坚持统筹推进"五位一体"总体布局。中国特色社会主义是全面发展的，而不是片面、孤立的。建设中国特色社会主义，必须坚持社会主义经济建设、政治建设、文化建设、社会建设、生态文明建设"五位一体”协调发展、共同推进。这“五大建设”既有各自的任务和重点，又相互依存、相互促进，是有机统一的总体布局。其中，经济建设提供物质基础，政治建设提供政治保障，文化建设提供思想保证和智力支持，社会建设提供社会支撑，生态建设提供环境条件。五是实现中国特色社会主义建设的价值追求和奋斗目标。这就是促进人的全面发展，逐步实现全体人民共同富裕，建设富强民主文明和谐美丽的社会主义现代化国家。

中国特色社会主义道路与中华民族伟大复兴的中国梦是内在统一的。中华民族伟大复兴的中国梦，体现为经济实力的增强、科技的进步、文化的飞跃、民富国强的全方位发展，更包含着人民热切的期盼——更好的教育、更稳定的工作、更满意的收入、更可靠的社会保障、更高水平的医疗服务、更舒适的居住条件、更优美的生态环境。在当代中国，实现中华民族伟大复兴的中国梦，就是要实现国家富强、民族振兴、人民幸福，就是要建成富强民主文明和谐美丽的社会主义现代化国家，就是要让中华民族重新走在世界文明发展的前列。追梦、圆梦，必须有正确的路径。习近平同志指出：“中国特色社会主义道路，既坚持以经济建设为中心，又全面推进经济建设、政治建设、文化建设、社会建设、生态文明建设以及其他各方面建设；既坚持四项基本原则，又坚持改革开放；既不断解放和发展社会生产力，又逐步实现全体人民共同富裕、促进人的全面发展。”①它“是实现我国社会主义现代化的必由之路，是创造人民美好生活的必由之路”②。因此，中国特色社会主义道路的内涵、指向与中国梦的内涵、指向是一致的、吻合的。可以说，中国梦实现之日，就是中国特色社会主义成功之时；中国特色社会主义道路的前方，就是中

① 中共中央文献研究室编：《十八大以来重要文献选编》（上），北京：中央文献出版社，2014年，第75页。

② 中共中央文献研究室编：《十八大以来重要文献选编》（上），北京：中央文献出版社，2014年，第75页。

国梦的实现。

中国特色社会主义道路是一条符合中国国情、富民强国的正确道路。习近平同志强调指出，每个国家和民族的历史传统、文化积淀、基本国情不同，其发展道路必然有着自己的特色。“独特的文化传统，独特的历史使命，独特的基本国情，注定了我们必然要走适合自己特点的发展道路。”①中国特色社会主义道路，是从新中国成立60多年特别是改革开放40年的艰辛探索和伟大实践中走出来的，具有强大的理论支撑、深厚的历史底蕴和牢固的实践基础。新中国成立60多年特别是改革开放40年来，我国经济实力、综合国力大幅提升，人民生活显著改善，国际地位空前提升。改革开放40年间，中国经济以同期世界经济年均增长率三倍多的速度持续快速发展，经济总量跃居世界第二位，成功实现从低收入国家向中等偏上收入国家的跨越，人民生活显著改善，实现了从温饱到总体小康的跨越。“‘鞋子合不合脚，自己穿了才知道’。一个国家的发展道路合不合适，只有这个国家的人民才最有发言权。”②习近平同志在发表的系列讲话中，多次从铁的历史事实出发，用“事实雄辩地证明”“党和国家的长期实践充分证明”“实践充分证明”等总结性话语，铿锵有力地提出“要发展中国、稳定中国，要全面建成小康社会、加快推进社会主义现代化，要实现中华民族伟大复兴，必须坚定不移坚持和发展中国特色社会主义”③。在参观大型展览《复兴之路》时，他还用“雄关漫道真如铁”“人间正道是沧桑”“长风破浪会有时”三句诗，形象有力地阐述“中国特色社会主义与民族复兴”之间的内在联系。在接受拉美三国媒体联合采访时，他强调指出：“实现中国梦，必须

① 《习近平接受金砖国家联合采访》，《人民日报》2013年3月20日01版。

② 习近平：《顺应时代前进潮流　促进世界和平发展——习近平在莫斯科国际关系学院的演讲》，《人民日报》（海外版）2013年3月25日。

③ 中共中央文献研究室编：《习近平关于实现中华民族伟大复兴的中国梦论述摘编》，北京：中央文献出版社，2013年，第21页。

坚持中国特色社会主义道路。我们已经在这条道路上走了三十多年,历史证明,这是一条符合中国国情、富民强国的正确道路,我们将坚定不移地沿着这条道路走下去。"①在接受金砖国家媒体联合采访时,习近平同志指出:"正如一棵大树上没有完全一样的两片树叶一样,天下没有放之四海而皆准的经验,也没有一成不变的发展模式。""只有走中国人民自己选择的道路,走适合中国国情的道路,最终才能走得通,走得好。"②对我国来说,中国特色社会主义道路就是最合适的发展道路,就是实现中华民族伟大复兴中国梦的唯一正确道路。历史和实践无可辩驳地证明,只有中国特色社会主义,而不是别的什么主义能够引领当代中国发展进步;中国特色社会主义道路,就是实现中华民族伟大复兴中国梦的必由之路。这是党和人民从历史和现实中得出的不可动摇的结论。

### (三)用中国道路托起中国梦

中国特色社会主义道路来之不易,且关乎前途命运,必须倍加珍惜、始终坚持、不断拓展。习近平同志强调指出:"三十多年来,我们能够创造出人类历史上前无古人的发展成就,走出了正确道路是根本原因。现在,最关键的是坚定不移走这条道路、与时俱进拓展这条道路,推动中国特色社会主义道路越走越宽广。"③新的历史条件下,只有继续拓展和走好适合国情的中国特色社会主义道路,我们才能一步步接近并实现民族复兴的伟大梦想。

用中国道路托起中国梦,必须首先增强走中国特色社会主义道路的自觉性和坚定性。习近平同志指出:"道路决定命运,找到一条

---

① 中共中央文献研究室编:《习近平关于实现中华民族伟大复兴的中国梦论述摘编》,北京:中央文献出版社,2013年,第28页。

② 《习近平接受金砖国家联合采访》,《人民日报》2013年3月20日01版。

③ 中共中央文献研究室编:《习近平关于实现中华民族伟大复兴的中国梦论述摘编》,北京:中央文献出版社,2013年,第28页。

正确的道路多么不容易，我们必须坚定不移走下去。”①回首近代以来中国波澜壮阔的历史，展望中华民族充满希望的未来，坚定不移走中国特色社会主义道路是我们得出的一个坚定结论。历史已经证明，无论是封闭僵化的老路，还是改旗易帜的邪路，都是绝路、死路，都行不通。如果说只有社会主义才能救中国，那么在当代中国，只有中国特色社会主义道路而不是别的什么道路能够发展中国、富强中国。道路来之不易，理应倍加珍惜；道路成就斐然，理应始终坚持。在实现中国梦的征程上，无论遭遇什么样的困难，面临什么样的考验，我们都要坚定地对封闭僵化的老路、改旗易帜的邪路说“不”，“保持战略定力和坚定信念，坚定不移走自己的路，朝着自己的目标前进”②。我们要坚定这样的自信，始终沿着中国特色社会主义道路前进。习近平同志在讲话中多次表达了对中国特色社会主义道路光明前景的强大自信。他指出：“我们坚信，随着中国特色社会主义不断发展，我们的制度必将越来越成熟，我国社会主义制度的优越性必将进一步显现，我们的道路必将越走越宽广，我国发展道路对世界的影响必将越来越大。我们就是要有这样的道路自信、理论自信、制度自信，真正做到‘千磨万击还坚劲，任尔东西南北风’。”③他还强调指出：“中华民族是具有非凡创造力的民族，我们创造了伟大的中华文明，我们也能够继续拓展和走好适合中国国情的发展道路。全国各族人民一定要增强对中国特色社会主义的道路自信、理论自信、制度自信，坚定不移沿着正确的中国道路奋勇

---

① 中共中央文献研究室编：《十八大以来重要文献选编》（上），北京：中央文献出版社，2014年，第83—84页。

② 习近平：《青年要自觉践行社会主义核心价值观——在北京大学师生座谈会上的讲话》，《人民日报》2014年05月05日02版。

③ 中共中央文献研究室编：《十八大以来重要文献选编》（上），北京：中央文献出版社，2014年，第111页。

前进。"①

长风破浪会有时，直挂云帆济沧海。一路走来，中国的上空并非总是阳光雨露，也有风雪阴霾。十年动乱后，我们既遭遇了"两个凡是"思想的藩篱，也遭遇了"姓资姓社"问题的纠结；既承受了苏联解体、东欧剧变引发的冲击，也承受了国内政治风波带来的震荡；既经历了巨大自然灾害的考验，也经历了国际金融危机的挑战。国际问题与国内问题互动，政治问题与经济问题互联，重大自然灾害与国际金融危机交织，构成了盛世中国的成长背景。我们能够化"危"为"机"，变压力为动力，是因为我们始终坚守正确的道路。习近平同志指出："我们党在革命、建设、改革各个历史时期，坚持从我国国情出发，探索并形成了符合中国实际的新民主主义革命道路、社会主义改造和社会主义建设道路、中国特色社会主义道路，这种独立自主的探索精神，这种坚持走自己路的坚定决心，是我们党不断从挫折中觉醒、不断从胜利走向胜利的真谛。"②"现在，我们比历史上任何时期都更接近中华民族伟大复兴的目标，比历史上任何时期都更有信心、有能力实现这个目标。"③在以习近平同志为核心的党中央坚强领导下，只要我们不动摇、不懈怠、不折腾，坚持独立自主走自己的路，坚定不移地沿着中国特色社会主义道路前进，我们就一定能在中国共产党成立100周年时全面建成小康社会，就一定能在新中国成立100周年时建成富强民主文明和谐美丽的社会主义现代化国家，就一定能实现中华民族伟大复兴的梦想。

用中国道路托起中国梦，必须毫不动摇地全面深化改革开放。

① 中共中央文献研究室编：《十八大以来重要文献选编》（上），北京：中央文献出版社，2014年，第234—235页。

② 中共中央文献研究室编：《十八大以来重要文献选编》（上），北京：中央文献出版社，2014年，第117—118页。

③ 中共中央文献研究室编：《十八大以来重要文献选编》（上），北京：中央文献出版社，2014年，第83页。

改革创新道路宽，因循守旧事业衰。习近平同志指出，改革开放是我们党历史上一次伟大觉醒，是决定当代中国命运的关键一招，也是决定实现“两个一百年”奋斗目标、实现中华民族伟大复兴的关键一招。“改革开放是当代中国的鲜明标志和活力源泉，是发展中国特色社会主义的必由之路。”①改革开放是当代中国最鲜明的时代特色。党的十一届三中全会以来，我们党以巨大的政治勇气，不断推进经济体制、政治体制、文化体制、社会体制和其他各项体制改革，不断扩大开放，开辟和发展了中国特色社会主义道路，推动民族复兴展现出光明前景。改革开放的伟大历程告诉我们，中华民族复兴之路，就是顺应、赶超并逐步引领世界现代化潮流的科技创新之路、体制变革之路、社会转型之路，就是一条以改革创新精神不断推进改革和扩大开放之路。事实雄辩地证明，改革开放是党和人民事业大踏步赶上时代的重要法宝，也是实现中华民族伟大复兴的必由之路。没有改革开放，就没有中国的今天，也不会有中国更加美好的未来。要把中国特色社会主义事业推向前进，就必须坚定不移沿着改革开放这条富民强国之路走下去。

改革不停顿、开放不止步，是中国特色社会主义道路永葆青春活力、永具创新魅力的实质所在。习近平同志指出，改革开放是发展中国特色社会主义的必由之路。“今后，我们要坚持走这条正确道路，这是强国之路、富民之路。我们不仅要坚定不移走下去，而且要有新举措、上新水平。”②当前，国内外环境正在发生极为广泛而深刻的变化，我国改革已进入攻坚期和深水区，经济社会发展面临一系列突出矛盾和挑战，前进道路上还有不少困难和问题。这些矛盾和问题，需要靠继续深化改革开放来解决。习近平同志在许多场合反

① 《习近平接受金砖国家媒体联合采访》，《人民日报》2013 年 3 月 20 日 01 版。

② 中共中央文献研究室编：《习近平关于实现中华民族伟大复兴的中国梦论述摘编》，北京：中央文献出版社，2013 年，第 24 页。

复强调:“改革开放只有进行时,没有完成时;改革开放中的矛盾只能用改革开放的办法来解决。”①实践发展永无止境,解放思想永无止境,改革开放也永无止境。习近平同志指出,要坚定不移走改革开放的强国之路,更加注重改革的系统性、整体性、协同性,做到改革不停顿、开放不止步,为全面建成小康社会、加快推进社会主义现代化而团结奋斗。他还强调,要靠不断改革创新,使中国特色社会主义在解放和发展社会生产力、解放和增强社会活力、促进人的全面发展等方面比资本主义制度更有效率,更能激发全体人民的积极性、主动性、创造性,更能为社会发展提供有利条件,更能在竞争中赢得优势。2013 年 11 月,党的十八届三中全会对全面深化经济、政治、文化、社会、生态文明体制和党的建设制度改革作出了总部署,勾画了到 2020 年全面深化改革的新蓝图、新愿景、新目标。这次研究部署改革的力度、广度、深度,改革措施之多、政策之实、影响之大,都是空前的,不仅得到了社会各方面的高度认同,也赢得了国际舆论的高度赞扬。在新的历史起点上,我们必须以更大的政治勇气和智慧,敢于啃硬骨头,敢于涉险滩,不失时机深化重要领域改革,既勇于冲破思想观念的障碍,又勇于突破利益固化的藩篱,不断激发全社会创造活力,使中国特色社会主义道路越走越宽广。

用中国道路托起中国梦,必须继续写好坚持和发展中国特色社会主义这篇大文章。责任重于泰山,事业任重道远。中国特色社会主义是不断发展、不断前进的,需要一代又一代中国共产党人带领人民接续奋斗。习近平同志指出:“坚持和发展中国特色社会主义是一篇大文章,邓小平同志为它确定了基本思路和基本原则,以江泽民同志为核心的党的第三代中央领导集体、以胡锦涛同志为总书记的党中央在这篇大文章上都写下了精彩的篇章。现在,我们这一

① 《习近平接受金砖国家媒体联合采访》,《人民日报》2013 年 3 月 20 日 01 版。

代共产党人的任务，就是继续把这篇大文章写下去。”①中国特色社会主义是前无古人的伟大事业，前进的道路上不可能一帆风顺。经过几十年的理论和实践探索，我们对社会主义的认识，对中国特色社会主义规律的把握，已经达到了一个前所未有的新的高度，这一点不容置疑。同时也要看到，我国社会主义还处在初级阶段，我们还面临很多没有弄清楚的问题和待解决的难题，对许多重大问题的认识和处理都还处在不断深化的过程之中，这一点也不容置疑。对事物的认识是需要一个过程的，而对社会主义这个我们只搞了几十年的东西，我们的认识和把握也还是非常有限的。事业越前进、越发展，新情况新问题就会越多，面临的风险和挑战就会越多，面对的不可预料的事情就会越多。这一切都需要我们在实践中大胆探索、深化发展。

习近平同志指出：“世界上没有放之四海而皆准的发展模式，也没有一成不变的发展道路。”②我们一定要有发展的观点，一定要以我国改革开放和社会主义现代化建设的实际问题、以我们正在做的事情为中心，着眼于马克思主义理论的运用，着眼于对实际问题的理论思考，着眼于新的实践和新的发展。我们过去取得的实践和理论成果，能够帮助我们更好地面对和解决前进中的问题，但不能成为我们骄傲自满的理由，更不能成为我们继续前进的包袱。我们的事业越前进、越发展，新情况新问题就会越多，面临的风险和挑战就会越多，面对的不可预料的事情就会越多。我们必须增强忧患意识，做到居安思危。我们必须坚持马克思主义的发展观点，坚持实践是检验真理的唯一标准，发挥主动性和创造性，清醒认识世情、国情、党情的变和不变，永远要有逢山开路、遇河架桥的精神，锐意进

---

① 《毫不动摇坚持和发展中国特色社会主义 在实践中不断有所发现有所创造有所前进》，《人民日报》2013 年 1 月 6 日 01 版。

② 习近平：《共同谱写中印尼关系新篇章 携手建设中国-东盟命运共同体——在印度尼西亚国会的演讲》，《人民日报》2013 年 10 月 4 日 01 版。

取，大胆探索，敢于和善于分析、回答现实生活中和群众思想上迫切需要解决的问题，不断深化改革开放，不断有所发现、有所创造、有所前进，不断推进理论创新、实践创新、制度创新，不断开创中国特色社会主义事业新局面，不断交出坚持和发展中国特色社会主义的合格答卷。

## 三、实现中国梦要靠实干

梦在前方，路在脚下。只有付诸行动，伟大的梦想才能成为现实。习近平同志多次强调“梦想不会自动成真”“实干才能梦想成真”，明确指出“全面建成小康社会要靠实干，基本实现现代化要靠实干，实现中华民族伟大复兴要靠实干”①。这深刻揭示了实干同实现中国梦的必然联系，指明了实现中国梦的实践要求和根本途径。新的历史条件下，我们必须大力弘扬真抓实干、埋头苦干的良好风尚，以自己的最大智慧、力量、心血，做出无愧于历史、无愧于时代、无愧于人民的业绩，向着中华民族伟大复兴的目标奋勇前进。

### （一）空谈误国，实干兴邦

成功缘于实干，祸患始于空谈。13亿人的中国梦，靠什么实现？习近平同志多次振聋发聩地指出，“空谈误国，实干兴邦”。这是千百年来人们从历史经验教训中总结出来的治国理政的一个重要结论。历史上有许多空谈误国的教训，比如：战国时期，赵括只会“纸上谈兵”，以致40万赵军全军覆没，赵国从此一蹶不振直至灭亡；两晋时期，以何晏、王弼为代表的贵族名士崇尚无关国计民生的清谈，

① 中共中央文献研究室编：《习近平关于实现中华民族伟大复兴的中国梦论述摘编》，北京：中央文献出版社，2013年，第78页。

影响一代风气。因此，“纸上谈兵”“虚谈废务”，历来是治国理政之大忌。近代以来中华民族的奋斗史，也从另一面印证了这个道理。新中国的红色江山，是无数革命先辈一枪一弹、一城一池打下来的；社会主义的宏伟大厦，也是无数劳动者一锹一铲、一砖一瓦垒起来的。饱经沧桑的中华民族，之所以能走出苦难、走向辉煌，靠的不是空想清谈，而是实干苦干。

事业是干出来的，不是说出来的。反对空谈、强调实干、注重落实，是我们党的一个优良传统。毛泽东同志要求共产党员一定要有“认真实干”的精神，强调“一件事不做则已，做则必做到底，做到最后胜利”。邓小平同志在改革之初告诫全党，“世界上的事情都是干出来的，不干，半点马克思主义都没有”。江泽民同志强调全党同志要“扎扎实实地为党和人民工作”“脚踏实地，真抓实干”。胡锦涛同志强调，“要坚持发扬共产党人的革命精神和坚持科学求实态度的统一，脚踏实地，埋头苦干，坚决反对形式主义和官僚主义”。党的十八大以来，习近平同志多次要求全党和各级领导干部要牢记“空谈误国，实干兴邦”的道理。这些重要论述，充分体现了我们党真抓实干、务求实效的一贯作风，也深刻揭示了真抓实干、开拓进取对于推动事业发展的极端重要性。实干是成就事业的前提。一切难题，只有在实干中才能破解；一切办法，只有在实干中才能见效；一切机遇，只有在实干中才能抓住和用好。

真抓实干，才能推动事业发展。一分部署，九分落实。习近平同志指出：“我们的所有成就，都是干出来的。这里的关键，就是始终注重抓落实。如果落实工作抓得不好，再好的方针、政策、措施也会落空，再伟大的目标任务也实现不了。”①习近平同志强调，任务一经确定，就要一步一个脚印、稳扎稳打向前走，积小胜为大胜，积跬步致千里。实现中国梦的过程，就是实干的过程。只有实干，才能为

① 习近平：《关键在于落实》，《求是》2011年第6期。

中国梦打下坚实基础、提供根本保障。新的历史条件下,机遇稍纵即逝,改革不进则退,时代呼唤只争朝夕、真抓实干的行动者。我们必须以高度的责任感和求真务实的作风,通过脚踏实地、扎扎实实地工作,把党和国家各项方针政策、工作部署和措施要求,落实到实践中去,落实到基层中去,落实到群众中去,这样才能确保党和国家确定的目标任务顺利实现。

## (二)实现中国梦最终靠全体人民辛勤劳动

人民创造历史,劳动开创未来。习近平同志指出:"实现中国梦,创造全体人民更加美好的生活,任重而道远,需要我们每一个人继续付出辛勤劳动和艰苦努力。"①"我们说'空谈误国,实干兴邦',实干首先就要脚踏实地劳动。"②"实现中国梦,最终要靠全体人民辛勤劳动,天上不会掉馅饼!"③在全面建成小康社会的决胜阶段,展望"两个一百年"的宏伟目标,全体人民只有把个人融入时代,焕发劳动热情、释放创造潜能,通过劳动创造更加美好的生活,才能无愧于时代使命,成就非凡人生,铺就实现中国梦的康庄大道。

"劳动是推动人类社会进步的根本力量。"④习近平同志指出:"劳动是财富的源泉,也是幸福的源泉。人世间的美好梦想,只有通过诚实劳动才能实现;发展中的各种难题,只有通过诚实劳动才能破解;生命里的一切辉煌,只有通过诚实劳动才能铸就。""实现我们的奋斗目标,开创我们的美好未来,必须紧紧依靠人民、始终为了人

---

① 中共中央文献研究室编:《习近平关于实现中华民族伟大复兴的中国梦论述摘编》,北京:中央文献出版社,2013年,第80页。

② 中共中央文献研究室编:《习近平关于实现中华民族伟大复兴的中国梦论述摘编》,北京:中央文献出版社,2013年,第81页。

③ 中共中央文献研究室编:《习近平关于实现中华民族伟大复兴的中国梦论述摘编》,北京:中央文献出版社,2013年,第86—87页。

④ 中共中央文献研究室编:《习近平关于实现中华民族伟大复兴的中国梦论述摘编》,北京:中央文献出版社,2013年,第81页。

民，必须依靠辛勤劳动、诚实劳动、创造性劳动。”“劳动创造了中华民族，造就了中华民族的辉煌历史，也必将创造出中华民族的光明未来。”[①]这些论述深刻阐明了劳动的价值和意义，也鲜明地揭示出创造幸福生活的基本路径。“幸福不会从天而降，梦想不会自动成真。”[②]通往幸福生活的路上，没有捷径可走，唯有辛勤劳动。马克思曾经说过：“任何一个民族，如果停止劳动，不用说一年，就是几个星期，也要灭亡。”[③]发明家爱迪生说过，世界上没有一种具有真正价值的东西，可以不经过艰苦辛勤的劳动而能够得到。不论多么辉煌的成就，都是一砖一瓦建造、一点一滴铸就的。从缺少吃穿到总体小康、全面小康，从贫穷落后到世界第二，60 多年的沧桑巨变，30 多年的快速发展，中国站起来、富起来、强起来的过程，也是无数普通劳动者艰辛创造、不懈奋斗的过程。没有亿万人民辛辛苦苦地干、扎扎实实地做，就不会有中国发展震撼世界的奇迹。“人世间的一切幸福都需要靠辛勤的劳动来创造。”[④]中国梦承载着全体人民对幸福生活的向往与追求，只有辛勤劳动，努力创造，一步一个脚印往前走，才能拥抱幸福、分享幸福。

“必须坚持崇尚劳动、造福劳动者。”[⑤]崇尚劳动、造福劳动者，是我们党一贯的主张和要求。毛泽东在《关于正确处理人民内部矛盾的问题》一文中指出：“社会主义制度的建立给我们开辟了一条到达理想境界的道路，而理想境界的实现还要靠我们的辛勤劳动。”[⑥]邓

---

① 中共中央文献研究室编：《习近平关于实现中华民族伟大复兴的中国梦论述摘编》，北京：中央文献出版社，2013 年，第 81 页。

② 中共中央文献研究室编：《习近平关于实现中华民族伟大复兴的中国梦论述摘编》，北京：中央文献出版社，2013 年，第 81 页。

③ 《马克思恩格斯选集》第 4 卷，北京：人民出版社，2012 年，第 473 页。

④ 中共中央文献研究室编：《十八大以来重要文献选编》（上），北京：中央文献出版社，2014 年，第 70 页。

⑤ 中共中央文献研究室编：《习近平关于实现中华民族伟大复兴的中国梦论述摘编》，北京：中央文献出版社，2013 年，第 81 页。

⑥ 中共中央文献研究室编：《建国以来重要文献选编》第 10 册，北京：中央文献出版社，2011 年，第 76—77 页。

小平同志曾告诫全党："中国搞四个现代化，要老老实实地艰苦创业。我们穷，底子薄，教育、科学、文化都落后，这就决定了我们还要有一个艰苦奋斗的过程。"①江泽民同志反复强调全党特别是领导干部要永远艰苦奋斗，要在艰苦创业中起模范带头作用，并把它作为提拔任用干部的一个重要条件。胡锦涛同志把"以辛勤劳动为荣、以好逸恶劳为耻"作为世界观、人生观、价值观的重要衡量标准。党的十八大以来，习近平同志也在讲话中多次强调要崇尚劳动、造福劳动者。2013 年 4 月 28 日，习近平同志在同全国劳动模范代表座谈时指出："'一勤天下无难事。'必须牢固树立劳动最光荣、劳动最崇高、劳动最伟大、劳动最美丽的观念，让全体人民进一步焕发劳动热情、释放创造潜能，通过劳动创造更加美好的生活。"②"全社会都要贯彻尊重劳动、尊重知识、尊重人才、尊重创造的重大方针，维护和发展劳动者的利益，保障劳动者的权利。要坚持社会公平正义，排除阻碍劳动者参与发展、分享发展成果的障碍，努力让劳动者实现体面劳动、全面发展。全社会都要热爱劳动，以辛勤劳动为荣，以好逸恶劳为耻。"③2013 年 10 月 23 日，在同全国总工会新一届领导班子成员集体谈话时，习近平同志指出："特别是要加强对广大青少年的教育，让他们从小就树立起辛勤劳动、诚实劳动、创造性劳动的观念，不要养成贪吃懒做、好逸恶劳、游手好闲、投机取巧、坐享其成等错误观念。这是真正关系我们民族发展的一个长远大计，一定要抓好。"④他还强调："要在全社会大力弘扬我国工人阶级的优秀品质，大力宣传劳动模范和其他典型的先进事迹，让劳动最光荣、劳动最崇高、劳动最伟大、劳动最美丽的观念蔚然成风，让全体人民进一

① 《邓小平文选》第 2 卷，北京：人民出版社，1994 年，第 257 页。

② 中共中央文献研究室编：《习近平关于实现中华民族伟大复兴的中国梦论述摘编》，北京：中央文献出版社，2013 年，第 81 页。

③ 习近平：《在同全国劳动模范代表座谈时的讲话》，《人民日报》2013 年 4 月 29 日02 版。

④ 中共中央文献研究室编：《习近平关于实现中华民族伟大复兴的中国梦论述摘编》，北京：中央文献出版社，2013 年，第 87 页。

步焕发劳动热情、释放创造潜能，通过劳动创造更加美好的生活。”①樱桃好吃树难栽，不下苦功花不开。我们必须牢固树立劳动最光荣、劳动最崇高、劳动最伟大、劳动最美丽的观念，让全体人民进一步焕发劳动热情、释放创造潜能，通过劳动创造更加美好的生活。只有整个社会都尊重劳动，贯彻尊重劳动、尊重知识、尊重人才、尊重创造的重大方针，才能维护劳动者利益、保障劳动者权利，为民族复兴提供最坚强的支撑。

中国梦，包含了每个人对幸福生活的美好期盼，承载着国家富强、民族振兴的宏图大志，是13亿中国人民共同的梦想。奋战在各行各业、各条战线的广大劳动者，是筑梦的主力军，也是梦想成真的受益者。每一个怀揣理想、追求幸福的人，只有付出勤劳、智慧和汗水，才能享有出彩的机会，实现自己的梦想，过上幸福的生活。实现全面建成小康社会的目标，前提是劳动，基础在创造，关键靠奋斗。无数劳动者平凡而细微的劳动累积起来，就能汇聚改天换地的伟大力量，走向成就梦想的康庄大道。我们要大力弘扬辛勤劳动、艰苦奋斗的传统美德，积极营造“劳动光荣、创造伟大”的社会氛围，努力唱响“劳动创造幸福”的“好声音”，有效聚合劳动创造的正能量，通过勤奋劳动、诚实劳动、创新劳动，托起国家富强、民族振兴、人民幸福的中国梦。

## （三）实现中国梦需要一代又一代人接续奋斗

蓝图不可能一蹴而就，梦想不可能一夜成真。实现中华民族伟大复兴是一项光荣而艰巨的事业，需要一代又一代中国人付出长期艰苦的努力。习近平同志在许多场合都谆谆告诫，实现我们的奋斗

① 中共中央文献研究室编：《习近平关于实现中华民族伟大复兴的中国梦论述摘编》，北京：中央文献出版社，2013年，第87页。

目标，需要长期艰苦的努力。在参观《复兴之路》展览时，习近平同志明确指出："全党同志必须牢记，要把蓝图变为现实，还有很长的路要走，需要我们付出长期艰苦的努力。"①在同全国劳动模范代表座谈时，习近平同志强调指出："我们国家的发展前景十分光明，但道路不可能一帆风顺，蓝图不可能一蹴而就，梦想不可能一夜成真。人间万事出艰辛。越是美好的未来，越需要我们付出艰辛努力。"②在接受拉美三国媒体联合采访时，习近平同志再次指出："我们要用十三亿中国人的智慧和力量，一代又一代中国人不懈努力，把我们的国家建设好，把我们的民族发展好。"③在党的十九大上，习近平同志强调指出："中华民族伟大复兴，绝不是轻轻松松、敲锣打鼓就能实现的。全党必须准备付出更为艰巨、更为艰苦的努力。"④

社会主义初级阶段的基本国情，决定了实现中国梦需要一代又一代人艰苦奋斗。2013 年 3 月 17 日，习近平同志在第十二届全国人民代表大会第一次会议上指出："我国仍处于并将长期处于社会主义初级阶段，实现中国梦，创造全体人民更加美好的生活，任重而道远，需要我们每一个人继续付出辛勤劳动和艰苦努力。"⑤2013 年 6 月 5 日，在墨西哥参议院的演讲中，习近平同志强调指出："中国仍然是世界上最大的发展中国家，创造十三亿人的幸福美好生活绝非易事。中国在发展道路上仍然面临不少困难和挑战。实现中华民

① 中共中央文献研究室编:《十八大以来重要文献选编》(上)，北京:中央文献出版社，2014 年，第 84 页。

② 中共中央文献研究室编:《习近平关于实现中华民族伟大复兴的中国梦论述摘编》，北京:中央文献出版社，2013 年，第 82 页。

③ 中共中央文献研究室编:《习近平关于实现中华民族伟大复兴的中国梦论述摘编》，北京:中央文献出版社，2013 年，第 53 页。

④ 习近平:《决胜全面建成小康社会 夺取新时代中国特色社会主义中伟大胜利胜——在中国共产党第十九次全国代表大会上的报告》，北京:人民出版社，2017 年，第 15 页。

⑤ 中共中央文献研究室编:《习近平关于实现中华民族伟大复兴的中国梦论述摘编》，北京:中央文献出版社，2013 年，第 80 页。

族伟大复兴的中国梦，还需要付出长期艰苦的努力。”①2013 年 10 月 3 日，在印度尼西亚国会的演讲中，他又强调：“我们有信心、有条件、有能力实现我们的奋斗目标。同时，我们也清醒地认识到，中国仍是世界上最大的发展中国家，我们在前进道路上仍然面临不少困难和挑战，要使全体中国人民都过上美好生活，需要付出长期不懈的努力。”②今天的中国，经济社会快速发展，综合国力大幅跃升，国际地位显著提升，人民生活水平实现了从温饱到总体小康的跨越。但也要清醒地看到，我国作为世界上最大发展中国家的地位没有变，我国还处于社会主义初级阶段的国情没有变，人民日益增长的美好生活需要和不平衡不充分的发展之间的主要矛盾没有变。尤其要看到广袤的中西部地区仍然发展滞后，仍有为数不少的贫困地区和贫困人口。按照农村居民家庭人均纯收入 2300 元/年的标准，我国仍有 1.28 亿贫困人口。上学难、看病难、就业难、安居难等矛盾仍然十分突出，老百姓的生活还没有普遍富裕起来、好起来。我们与西方发达国家相比还有很大差距。同时，日趋激烈的国际竞争也给我国带来了许多严峻挑战。我国处于并将长期处于社会主义初级阶段的基本国情，决定了实现中国梦需要一代又一代中国人顽强奋斗、艰苦奋斗、不懈奋斗。

事业任重道远，责任重于泰山。实现中华民族伟大复兴的中国梦，需要广大共产党人带领人民顽强奋斗、艰苦奋斗、不懈奋斗。习近平同志指出：“党的十八大以来，我们新一届中央领导集体接过了党、国家、人民交给我们的沉甸甸的接力棒，我们一定要接好这一

① 中共中央文献研究室编：《习近平关于实现中华民族伟大复兴的中国梦论述摘编》，北京：中央文献出版社，2013 年，第 84 页。

② 中共中央文献研究室编：《习近平关于实现中华民族伟大复兴的中国梦论述摘编》，北京：中央文献出版社，2013 年，第 85 页。

棒。"①2012年11月15日，习近平同志在党的十八届一中全会上指出："在中国特色社会主义道路上实现中华民族伟大复兴，是无比壮丽的崇高事业，需要一代又一代中国共产党人带领人民接续奋斗。今天，历史的接力棒传到了我们手里。历史和人民既赋予我们重任，也检验我们的行动。崇高信仰始终是我们党的强大精神支柱，人民群众始终是我们党的坚实执政基础。只要我们永不动摇信仰、永不脱离群众，我们就能无往而不胜。我们十八届中央委员会一定要不负重托，忠于党、忠于祖国、忠于人民，以自己的最大智慧、力量、心血，做出无愧于历史、无愧于时代、无愧于人民的业绩。"②2012年11月29日，在参观《复兴之路》展览时，习近平同志指出："实现中华民族伟大复兴是一项光荣而艰巨的事业，需要一代又一代中国人共同为之努力。""我们这一代共产党人一定要承前启后、继往开来，把我们的党建设好，团结全体中华儿女把我们国家建设好，把我们民族发展好，继续朝着中华民族伟大复兴的目标奋勇前进。"③2013年3月17日，在第十二届全国人民代表大会第一次会议上，习近平同志强调："面对浩浩荡荡的时代潮流，面对人民群众过上更好生活的殷切期待，我们不能有丝毫自满，不能有丝毫懈怠，必须再接再厉、一往无前，继续把中国特色社会主义事业推向前进，继续为实现中华民族伟大复兴的中国梦而努力奋斗。"④这些语重心长的话语，充分体现了新的历史条件下我们党自觉的担当意识和强烈的奉献精神。当前，我国的改革到了一个新的重要关头，容易改

① 中共中央文献研究室编：《习近平关于实现中华民族伟大复兴的中国梦论述摘编》，北京：中央文献出版社，2013年，第85页。

② 中共中央文献研究室编：《习近平关于实现中华民族伟大复兴的中国梦论述摘编》，北京：中央文献出版社，2013年，第77页。

③ 中共中央文献研究室编：《习近平关于实现中华民族伟大复兴的中国梦论述摘编》，北京：中央文献出版社，2013年，第77页。

④ 中共中央文献研究室编：《习近平关于实现中华民族伟大复兴的中国梦论述摘编》，北京：中央文献出版社，2013年，第80页。

的问题基本都改了，留下来的大都是比较难啃的硬骨头，甚至是牵动全局的敏感问题和重大问题，推进改革的复杂程度、敏感程度、艰巨程度不亚于30多年前。解决好前进道路上面临的问题，是我们这一代人的责任。我们一定要牢记对民族的责任、对人民的责任、对党的责任，勇于负责，敢于担当，以强烈的历史使命感和责任感，敢于啃硬骨头，敢于涉险滩，冲破思想观念的障碍，冲破利益固化的藩篱，全面深化改革开放，把中国特色社会主义事业继续推向前进。

青年兴则国家兴，青年强则国家强。实现中华民族伟大复兴的中国梦，需要广大青年努力奋斗、接力奋斗。2013年5月4日，习近平同志在同各界优秀青年代表座谈时指出："中国梦是我们的，更是你们青年一代的。中华民族伟大复兴终将在广大青年的接力奋斗中变为现实。"①在党的十九大上，习近平同志再次强调指出："青年兴则国家兴，青年强则国家强。青年一代有理想、有本领、有担当，国家就有前途，民族就有希望。中国梦是历史的、现实的，也是未来的；是我们这一代的，更是青年一代的。中华民族伟大复兴的中国梦终将在一代代青年的接力奋斗中变为现实。"②青年最富有朝气、最富有梦想。近代以来，我国青年不懈追求的美好梦想，始终与振兴中华的历史进程紧密相连。在革命战争年代，广大青年满怀革命理想，为争取民族独立、人民解放冲锋陷阵、抛洒热血。在社会主义革命和建设时期，广大青年响应党的号召，向困难进军，向荒原进军，保卫祖国，建设祖国，在新中国的广阔天地忘我劳动、艰苦创业。在改革开放历史新时期，广大青年发出团结起来、振兴中华的时代强音，为祖国繁荣富强开拓奋进、锐意创新。历史告诉我们，青年一代有理想、有担当，国家就有前途，民族就有希望，实现我们的发展

---

① 中共中央文献研究室编：《十八大以来重要文献选编》(上)，北京：中央文献出版社，2014年，第277页。

② 习近平：《决胜全面建成小康社会 夺取新时代中国特色社会主义中伟大胜利胜——在中国共产党第十九次全国代表大会上的报告》，北京：人民出版社，2017年，第70页。

目标就有源源不断的强大力量。习近平同志指出:“现在,我们比历史上任何时期都更接近实现中华民族伟大复兴的目标,比历史上任何时期都更有信心、更有能力实现这个目标。行百里者半九十。距离实现中华民族伟大复兴的目标越近,我们越不能懈怠,越要加倍努力,越要动员广大青年为之奋斗。”[①]广大青年一定要按照习近平同志的嘱托和要求,坚定理想信念,练就过硬本领,勇于创新创造,矢志艰苦奋斗,锤炼高尚品格,勇敢肩负起时代赋予的重任,志存高远,脚踏实地,努力在实现中华民族伟大复兴的中国梦的生动实践中放飞青春梦想。

任何成功都不可能顺利取得,创造历史总是伴随着艰苦奋斗。我们党是靠艰苦奋斗起家的,也是靠艰苦奋斗不断发展壮大、成就伟业的。回首过去,国家、民族和人民面貌的巨变,凝聚着我们所走过的风雨艰辛。面向未来,中国梦的美丽绽放,还需要一代又一代中国人辛勤工作,付出更多辛劳,艰苦奋斗十年、二十年乃至更长时间。我们一定要传承和发扬好艰苦奋斗这个传家宝,以锲而不舍、驰而不息的奋斗,填平前进路上的沟壑,铺好一条更加通达的坦途,为早日实现中国梦作出积极贡献!

① 中共中央文献研究室编:《十八大以来重要文献选编》(上),北京:中央文献出版社,2014年,第278页。

第七章

# 举世瞩目的“中国道路”
# ——中国道路自信的世界视野与意义

自信,不是关起门来的孤芳自赏,而是以宽广的世界视野审视自己的理性认知。封闭,意味着自卑;开放,特别是世界性的交往与竞争,才是自信的体现。中国特色社会主义道路(简称“中国道路”)的形成与发展体现了宽广而开放的世界视野。中国道路的成就与成功具有广泛而深刻的世界影响。中国道路自信源自全球范围不同模式的比较。中国道路自信具有多重的世界意义。中国道路自信,不应是“王婆卖瓜,自卖自夸”,还应得到别人的认同或世界的认可。总之,离开世界视野、世界维度,就无法在中国与世界、世界与中国的联系与比较中,无法从更大视域中把握中国道路的深远影响与重大意义。中国特色社会主义道路代表了对一种真正属于人的生存状态的追求,是对处于危机之中的西方文明支配下的人类存在方式的革命。中国道路,对人类文明的巨大贡献、对广大发展中国家的榜样作用、对世界社会主义运动的引领意义等,无不彰显了中国道路的世界意义,这是中国道路自信的实际体现与世界依据。

# 一、中国道路的世界维度

广义的中国道路指中国人民在中国共产党带领下在中国革命、建设、改革的长期奋斗实践中探索形成的旨在实现民族复兴和国家现代化的道路。静态地看，中国道路的现阶段形态就是中国特色社会主义道路，这也是狭义的中国道路。动态地看，中国特色社会主义道路虽然是改革开放时期开创的，但却是历史形成、不断发展的，是“由我们党的几代中央领导集体团结带领全党全国人民历经千辛万苦、付出各种代价、接力探索取得的”，“是在中华人民共和国成立60多年的持续探索中走出来的，是在对近代以来170多年中华民族发展历程的深刻总结中走出来的”。因此我们必须以历史的、联系的、整体的、发展的思维来把握中国道路的世界视野、世界意义。

## （一）中国革命道路的开辟显示了中国共产党人的世界眼光

近代以来中国革命道路的选择与开辟具有向外国学习、探求真理的世界眼光。中国道路是由中国近代社会面临的基本问题和历史任务所决定的。中国近代社会面临的基本问题和历史任务具有世界性的特征。马克思指出：“人们自己创造自己的历史，但是他们并不是随心所欲地创造，并不是在他们自己选定的条件下创造，而是在直接碰到的、既定的、从过去承继下来的条件下创造。”①近代以来中国革命道路选择、开辟的逻辑起点是与中国被迫卷进世界资本主义体系，遭受西方帝国主义侵略、殖民、剥削、统治的环境与事实联系在一起的，或者说，近代中国革命道路的选择与开辟是为了解

① 《马克思恩格斯文集》第2卷，北京：人民出版社，2009年，第470—471页。

决在半殖民地半封建社会的中国如何实现民族独立、人民解放,进而为实现民族复兴和国家现代化奠定基础这一历史课题的。近代中国革命道路面对的社会环境和历史课题都具有世界性的特征。解决这一历史课题,探索符合中国国情的革命道路,客观要求具有宽广的世界眼光。而这一课题的解决本身具有世界性的意义。

近代以来中国人民遭遇西方列强的入侵,逐步陷入了半殖民地半封建社会的痛苦深渊。山河破碎,民不聊生,灾难深重。各阶级的先进人士在中国历史舞台上竞相亮相,寻求救国救亡、自强复兴的道路。无数仁人志士"睁眼看世界",奔走异国他乡寻求民族复兴之道。要指出的是,伴随着西方列强的入侵,历史上探索救国救亡、民族复兴道路的各阶级先进人士有一个共同的特点,那就是"睁眼看世界",具有走出国门、探求新知、改造中国的世界眼光。以马克思主义为信仰和思想武器的中国共产党就是其中的杰出代表和历史佼佼者。早期怀抱救国救亡理想、苦苦探索民族自强复兴道路的中国共产党先进分子纷纷留学日本、欧洲,人数近 10 万。留学日本的学生回国后推动了马克思主义在中国的早期传播,代表人物有李大钊、李达、李汉俊、陈独秀、陈望道等。赴法勤工俭学的代表人物有周恩来、蔡和森、陈毅、邓小平、刘少奇、赵世炎、任弼时、罗亦农、朱德、聂荣臻、李维汉、张闻天、李富春等,后来他们都成为中共革命战线的卓越领导和优秀分子。他们中的很多人都参与甚至领导了中国新民主主义革命,成为党的革命事业的核心力量。总之,投身革命的中国共产党人,他们忧国忧民、眼界开阔,具有寻求救国救亡、自强复兴道路的世界眼光。从留学日本、西欧、苏联到回国宣传马克思主义、建立共产党、投身革命运动;从"以俄为师、走俄国人的路"到把马克思主义与中国革命实际相结合,探索出"农村包围城市、武装夺取全国政权"的革命道路;从中国革命是世界殖民地运动的重要组成部分到社会主义是中国革命的方向,这些都体现了中国共产党人在中国革命道路上的世界眼光。



### （二）中国社会主义建设道路显示了中国共产党人的世界胸怀

新中国成立初期，执政的中国共产党人在内忧外患的环境下，以务实、独立、自信的精神开始了社会主义改造、社会主义建设的新征程。新中国成立初期，由于以美国为首的西方国家对我国实施军事威胁、经济封锁和政治孤立。在这一严酷环境下，中国被迫采取了“一边倒”的战略方针，站在以苏联为首的社会主义阵营一边。在社会主义建设道路上采取了苏联高度集中的计划经济等体制模式。但是随着苏联社会主义建设问题的暴露，以毛泽东等为代表的中国共产党人逐渐认识到苏联模式的弊端，决定“以苏为鉴”，探索适合中国国情的社会主义建设道路。在探索中国社会主义建设道路的过程中，毛泽东等党和国家领导人显示出了向世界各国学习的开放眼光和世界胸怀。毛泽东指出：“我们提出向外国学习的口号”，“每个民族都有它的长处，不然它为什么能存在，为什么能发展？”，“我们的方针是，一切民族、一切国家的长处都要学”，“但是，必须有分析有批判地学，不能盲目地学”。[①] 周恩来也指出，我们“必须把世界上一切好的东西都学来，这样，我们的制度就会更优越”，“敢于向一切国家的长处学习，就是最有自信心和自尊心的表现，这样的民族也一定是能够自强的民族”。[②]

在社会主义建设时期，以毛泽东、周恩来为代表的党和国家领导人强调，要在和平共处原则的基础上同不同类型的国家发展关系，广交朋友，建立国际统一战线，争取有利国际环境。20 世纪 50 年

① 《毛泽东文集》第 7 卷，北京：人民出版社，1999 年，第 41 页。
② 《周恩来外交文选》，北京：中央文献出版社，1990 年，第 159 页。

代，由于中国经济建设的客观需要和国际环境的变化，党和国家领导人逐渐抛开意识形态的分歧和社会制度的差异，强调在坚持独立自主、自力更生原则基础上，在尊重中国独立和主权的前提下，与世界各国的友好组织、友好团体开展合作、做生意。比如，1954 年 8 月，毛泽东在会见英国工党代表团时向客人呼吁：我们走的是两条路，让我们做朋友吧，不仅经济上合作，而且在政治上也合作。他倡议中英两国之间“一要和平，二要通商”①。20 世纪 60 年代，毛泽东等党和国家领导人开始考虑在和平共处五项原则基础上与包括资本主义在内的世界各国发展关系。1964 年法国与中国建交，中国在帝国主义阵营封锁中国的链条中打开了缺口。同年毛泽东还提出，在一定时候一定条件下可以允许日本人来中国开矿、办厂，可以让华侨投资办厂。1965 年毛泽东在会见印尼客人时指出，现代科学技术已不为帝国主义所垄断，提出“全部开放，全部交流，不要垄断”的思想。② 至 1966 年，中国同世界上的 44 个国家建立了外交关系，同更多的国家发展了经济文化交流与合作关系。20 世纪 70 年代，世界格局发生新的变化，美苏争霸呈现苏攻美守的态势。面对苏联的大国沙文主义与霸权主义政策，毛泽东和周恩来审时度势、运筹帷幄，作出了中美关系正常化的重大决策。中美关系的战略调整与“破冰”，实现了中国对外关系前所未有的突破，在西方阵营产生巨大反响和连锁反应。中国不仅恢复了在联合国的合法席位，而且同当时世界上 130 多个独立的国家中的 110 个国家建立了大使级外交关系，带动了中国国际环境的明显改善，使中国道路在向整个世界开放方面迈出了极为关键的一步，对日后中国的改革开放起到了关键作用。

总之，新中国成立之后的社会主义建设时期，我国面临着不同于

① 孙斌著：《中国道路 中国梦》，南昌：江西人民出版社，2013 年，第 61 页。
② 孙斌著：《中国道路 中国梦》，南昌：江西人民出版社，2013 年，第 62 页。

新民主主义革命时期的特殊国际环境。以毛泽东、周恩来等为代表的中国共产党人,以马克思主义的宽广视野,既强调维护中国的国家独立、主权完整、安全发展,又强调反对霸权主义、强权政治,维护世界和平稳定,在分析把握世界形势和我国安全环境的基础上,着眼于维护国家安全与发展的最高利益,与英国、法国、美国建交,等等。这些都体现了中国共产党以马克思主义理论家、战略家的世界眼光和宽广胸怀,看待中国与世界的关系、中国社会主义与资本主义的关系,为建设强大的社会主义现代化国家作出了开创性贡献,在保卫、建设中国社会主义的同时也为世界和平发展作出了应有贡献。



### (三)中国特色社会主义道路显示了中国共产党人的世界思维

党的十一届三中全会以来,中国共产党作出了改革开放的伟大决策,中国开启了改革开放的新航程。在改革开放的历史进程中,以邓小平为核心的党中央提出了“把马克思主义的普遍真理同我国的具体实际结合起来,走自己的道路,建设有中国特色的社会主义”的重大命题。在开辟、坚持和发展中国特色社会主义道路的历史进程与改革开放的伟大实践中,中国共产党以更加开放的世界视野、胸怀全球的战略眼光、改革创新的精神,推动了中国特色社会主义事业发展和社会主义现代化建设,中华民族伟大复兴的目标不断接近。

改革开放以来,邓小平同志以马克思主义战略家的宽广眼光观察世界,在科学判断当今世界时代主题的基础上,坚持解放思想、实事求是,指出中国要实现社会主义现代化必须打开国门,抓住机遇推进改革开放,面向世界加快自身发展。1985 年他在会见日本访华团时指出:“现在世界上真正大的问题,带全球性的战略问题,一个是和平问题，一个是经济问题或者说发展问题。”[①]这一科学判断抓住了当今世界带有全局性、战略性的两大问题，日后发展为“和平与发展是当今世界的时代主题”的论断，成为国际政治和中国对外开放的理论基石。为通过改革开放推动中国快速发展，邓小平强调“现在的世界是开放的世界”[②]，把改革开放作为促进思想解放、推动经济社会发展、改变中国命运、实现民族振兴的关键决策，打破意识形态的隔阂与阻碍，向发达资本主义国家学习。他提出，“社会主义要赢得与资本主义相比较的优势，就必须大胆吸收和借鉴人类社会创造的一切文明成果，吸收和借鉴当今世界各国包括资本主义发达国家的一切反映现代社会化生产规律的先进经营方式、管理方法”[③]，彰显了中国向世界学习、走向世界的国际视野。

世纪之交，世界政治经济格局发生重大变化。一方面东欧剧变、苏联解体、世界社会主义运动遭遇严重挫折，冷战结束后两极化的世界格局已经结束，新的世界格局尚未形成，充满变数；另一方面经济全球化继续发展，科学技术突飞猛进，世界各国之间的综合国力竞争日趋激烈。在这一背景下，以江泽民同志为核心的党中央提出“须以宽广的眼界观察世界，正确把握时代发展的要求”。他提出了与时俱进、创新发展、可持续发展、促进人的全面发展、正确应对和驾驭经济全球化、抓住用好战略机遇期等一系列顺应世界发展大势的战略思想。为顺应全球市场化的发展趋势，党的十四大确立了社会主义市场经济体制的改革之路；为顺应经济全球化迅猛发展的形势，党和政府加快入世谈判的步伐，中国于 2001 年成功加入世界贸易组织（WTO）。总之，这一时期，以江泽民同志为核心的第三代中央领导集体以马克思主义的世界眼光，把握时代主题，研判世界大

① 《邓小平文选》第 3 卷，北京：人民出版社，1993 年，第 105 页。
② 《邓小平文选》第 3 卷，北京：人民出版社，1993 年，第 64 页。
③ 《邓小平文选》第 3 卷，北京：人民出版社，1993 年，第 373 页。

势，以更加开放自信的姿态把中国特色社会主义事业全面推向21世纪，中国已经全面融入世界。

进入新世纪新阶段，世情国情党情发生深刻变化，世界处于大发展大变革大调整之中，全球和区域合作不断加强，科技发展一日千里，国际文化交流方兴未艾，新的发展理念不断涌现并付诸实践，国际安全合作日趋加强，全球性挑战增多，国际依存与合作更加紧密，中国与世界的关系发生历史性的变化。在这一背景下，以胡锦涛同志为总书记的党中央在坚持和发展中国特色社会主义的实践中指出，“中国发展离不开世界，世界繁荣稳定也离不开中国”①，强调“树立世界眼光，加强战略思维”②。在分析把握中国发展的阶段性特征、总结借鉴国外发展经验、准确把握世界发展趋势和我国发展新情况、新要求的基础上，提出了科学发展观的重大战略思想。对内坚持科学发展、构建和谐社会，对外坚持和平发展、构建和谐世界，“同各国人民一道，为实现人类的美好理想而不懈努力”③。

党的十八大以来，我国进入了实现中华民族伟大复兴的关键阶段，世界格局发生着复杂而深刻的变化。以习近平同志为核心的党中央准确把握世界格局变化和中国发展大势，高举和平、发展、合作、共赢的旗帜，统筹国内国际两个大局，统筹发展安全两件大事，牢牢把握坚持和平发展、促进民族复兴这条主线，坚定不移走和平发展道路，坚定不移维护世界和平、促进共同发展，倡导构建以合作共赢为核心的新型国际关系，提出并积极实施“一带一路”倡议，提出并推动了人类命运共同体建设，推进了全球治理体系变革，发出了中国声音，贡献了中国智慧，在推动世界发展、引领世界发展、共

① 中共中央文献研究室编：《十七大以来重要文献选编》（上），北京：中央文献出版社，2009年，第37页。

② 中共中央文献研究室编：《十七大以来重要文献选编》（上），北京：中央文献出版社，2009年，第13页。

③ 中共中央文献研究室编：《十七大以来重要文献选编》（上），北京：中央文献出版社，2009年，第37页。

享世界发展方面作出了积极而重要的贡献。他强调，“认识世界发展大势，跟上时代潮流，是一个极为重要并且常做常新的课题。中国要发展，必须顺应世界发展潮流。要树立世界眼光、把握时代脉搏”，“我们观察和规划改革发展，必须统筹考虑和综合运用国际国内两个市场、国际国内两种资源、国际国内两类规则”。[①] 这些都体现了马克思主义理论家、战略家的国际视野、全球胸怀、战略思维。

## （四）中国道路的世界维度体现了自信精神

探索、坚持、发展中国道路的历史过程，也是睁眼看世界、向世界学习，正确处理中国与世界、中国社会主义与西方资本主义关系，坚持真理、坚持信仰，勇于探索、勇于实践、勇于创新，彰显自信、增强自信、铸就自信精神的历史过程。

在探索、开创中国革命道路的历史过程中，早期中国共产党人面对民族苦难，远赴重洋探求救国救亡的真理和道路，彰显了不畏艰难、勇于探索、坚持真理、敢于担当的自信精神。在将取得的“真经”运用于中国革命的实践中，俄国城市暴动的革命道路走不通，给中国革命造成严重损失。面对“红旗还能打多久”的疑问，面对“本本主义”的严重威胁，以毛泽东为杰出代表的中国共产党人并没有灰心绝望，而是以马克思主义理论家的眼光、思维和勇气，坚持马克思主义普遍真理，批判“本本主义”的危害，得出了“星星之火可以燎原”的结论，提出了马克思主义中国化的命题，为世界无产阶级革命时代半殖民地半封建社会的中国找到了正确的革命道路，鼓舞了坚持中国革命道路夺取民族民主革命胜利的信心，为世界无产阶级革命运动树立了榜样。

新中国成立后在探索社会主义建设道路的历史过程中，中国共

---

① 《中央外事工作会议在京举行》，《人民日报》2014 年 11 月 30 日 01 版。

产党在保卫、建设中国社会主义和维护人民、国家最高利益的前提下,以马克思主义理论家、战略家的眼光和胸怀,看待社会主义中国和其他社会主义国家、第三世界国家、资本主义国家的关系,探索出了一条既坚持独立自主、自力更生,又重视向世界其他国家学习、开展交流合作的社会主义建设道路,彰显了在复杂的国际环境下独立自主地探索中国社会主义建设道路的世界胸怀和执政自信。

改革开放以来中国特色社会主义道路,有着不同于、优越于新民主主义革命时期和新中国建设时期的时代条件、国际环境,不论是中国特色社会主义道路的开辟与发展精神,还是中国特色社会主义道路中的经济建设、政治建设、文化建设、生态建设等领域的具体道路,无不体现了把握世界大势、融入世界大潮、引领世界发展的世界思维,彰显了“一球两制”格局下积极参与国际合作竞争的道路自信。

总之,历史和实践表明,中国道路的探索、开创、发展始终与世界息息相关,显示了中国共产党人着眼实现民族复兴和国家现代化,把握世界大势和时代潮流,探求真理新知、学习世界文明,建设富强民主文明和谐美丽的社会主义现代化国家,并为维护世界和平、促进共同发展作出积极贡献。这一包含世界眼光、世界胸怀、世界思维的世界维度作为一个整体,反映、彰显的是在探索、开创、坚持、发展中国道路历史进程和伟大实践中的一种涵容开放、理性、虚心、进取、创新、担当、奋斗等关键词在内的自信精神。这种自信精神,伴随着追求民族伟大复兴的历史脚步,源自国家实力的提升与影响力的扩大,推动着中国社会主义事业的发展壮大。

## 二、中国道路的世界影响与评价

自近代中国被迫卷入世界格局以来，中国就和世界不可分开地联系在一起了。新中国成立以来特别是改革开放以来，中国与世界的联系日益紧密。中国快速发展的辉煌成就和巨大成功对世界产生了重要而深远的影响，中国道路、中国模式备受世界关注和热议。在经济全球化和改革开放的背景下，取得辉煌成就和巨大成功的中国道路既属于中国又属于世界，中国道路的世界影响，显示了中国道路的世界魅力，增强了中国道路的自信。审思中国道路自信，不应是“王婆卖瓜，自卖自夸”，还应看其对世界的影响与世界的评价，正所谓“大家好才是真正好”。

### （一）中国道路的发展成就产生了全球影响

新中国成立以来特别是改革开放以来，中国共产党团结带领全国各族人民开辟了中国特色社会主义道路，在中国特色社会主义道路的指引下，党和国家事业取得了举世瞩目的成就，产生了广泛的世界影响，从世界维度、在世界范围彰显了、提升了党和人民的道路自信。中国特色社会主义道路是由经济、政治、党建、外交等具体道路构成的总道路，中国道路发展特别是中国的经济发展道路、政治发展道路、执政党的建设、中国和平发展道路对世界产生了重要、积极、深远的影响。

中国的经济发展道路对世界经济产生了无与伦比的积极影响。改革开放以来在中国特色社会主义前进道路上中国经济保持了长达 30 多年、高达 9%的增长速度，创造了世界经济增长史上的奇迹。2012 年以来中国经济进入新常态，但是依然保持 6.5%—7%的中高速稳定增长，对世界经济增长贡献率高达 30%以上。1980 年世界银行有关报告将中国及其他 30 个左右最贫穷的国家一起列为低收入经济体。2013 年中国的经济水平比 1978 年实际增长了 25 倍,GDP 占全球 GDP 的百分比也因此增长了 3 倍多,从不足 3%攀升至 12%。中国的经济发展道路不是中国一家独秀,而是在发展自己的同时为世界经济作出积极贡献,不像其他一些国家走的是“富裕自己,贫穷他人”的道路。中国经济对世界经济增长的贡献率已经表明了中国经济发展道路的世界贡献。中国的经济发展走的是和平发展之路,是建立在独立自主、改革开放的基础之上,通过改革制约生产力发展的体制机制实现资源优化配置,强调技术创新、制度创新、管理创新,激发劳动、土地、资本、管理、信息、技术、知识、服务等生产要素的活力,而不是建立在对别人侵略、殖民、剥削、掠夺的基础之上。中国经济的持续快速增长,对内促进了和谐社会构建,对外推动了和谐世界建设。中国的经济发展道路是共享的发展道路,而不像个别国家的“孤立主义”政策——“我们是为我们自己行动,不是为别人而行动的”①,中国经济发展对世界经济增长是机遇、贡献而不是挑战、灾难,中国的经济发展推动了世界的共享与发展、交流与合作,为全球贫困人口的减少和联合国的减贫目标作出了举世公认的贡献。

中国政治发展道路的成就吸引了越来越多的世界目光。新中国成立以来社会主义中国走出了一条既有中国特色又有世界借鉴意义的政治发展道路,这就是坚持党的领导、人民当家作主与依法治国的有机统一,贯彻民主集中制原则,坚持和完善工人阶级领导的、以工农联盟为基础的人民民主专政,坚持和完善人民代表大会制度、中国共产党领导的多党合作和政治协商制度、民族区域自治制度、基层群众自治制度等基本政治制度,以保证人民当家作主为根本,以增强党和国家活力、调动人民积极性为目标,提高国家治理体系和治理能力现代化水平,建设社会主义法治国家,发展社会主义

① 张春:《中国实现体系内全面崛起的四步走战略》,《世界经济与政治》2014 年第 5 期。

政治文明。中国特色社会主义政治发展道路，既符合中国国情又体现世界政治文明的原则精神，具有广泛的代表性、较强的适应性和集中优势办大事的高效率，既较好实现了十三亿中国人民当家作主的民主政治权利，又保证了世界上最大的发展中国家和多民族国家的团结统一，既体现了民主政治的本质要求，又彰显了集中力量办大事的鲜明优势，有效实现了“中国国情、社会主义原则和人类政治文明成果的有机统一”①。中国特色社会主义的蓬勃发展与辉煌成就，使得世界各国对中国社会主义政治发展道路有了更为客观、积极的认识与评价，中国式民主、中国的社会主义政治文明赢得了越来越多国家的赞誉，认为“中国政治制度建设具有极好的借鉴意义”。这一点从国外媒体对每年3月份中国“两会”的关注和评价中可以得到体现与印证。比如，巴基斯坦国民议会副议长穆尔塔扎·贾维德·阿巴斯认为“人大制度植根于中国文化”；墨西哥参议院亚太委员会主席特奥菲洛·托雷斯认为中国的政治发展道路“让中国加速融入世界步伐”；南非非国大经济发展论坛主席、前议员达里尔·斯万普尔认为“中国的政治制度与时俱进”，“不仅适合于中国的具体国情，也为中国经济和民生发展提供了有效保障，这也是中国在短时间内能在减贫、基础设施建设、社会发展、民主进步等多方面取得显著成绩的重要原因之一”。②

中国共产党执政党建设模式的世界影响。中国共产党是中国道路的领路人和主心骨，是中国模式的塑造者，中国共产党的领导是中国特色社会主义最本质的特征。中国共产党是当今世界规模最大的执政党，领导着当今世界上最大的发展中国家。东欧剧变、苏联解体以来，亚洲金融危机爆发后，西方学者预测中国共产党也将

① 薛红焰：《从人类政治文明成果视角看中国特色社会主义政治发展道路》，《科学社会主义》2014年第4期。

② 《中国道路越走越自信》，《人民日报》2015年3月4日03版。

像苏共那样遭遇垮台的命运,中国社会主义必将像多米诺骨牌那样发生崩溃。然而,现实是,中国共产党不仅没有垮台,反而更加发展壮大、更具生机活力,中国社会主义不仅没有崩溃反而一路高歌猛进、风景独好。21 世纪以来特别是党的十八大以来,中国共产党的先进性和执政能力迈上新台阶,中国共产党的思想建设、组织建设、作风建设、制度建设、反腐倡廉建设和反腐败斗争迈上新台阶,党领导的中国特色社会主义事业进入新阶段。中国改革开放和社会主义现代化建设的巨大成就不能不归功于中国共产党的领导与建设。改革开放以来国际社会对中国共产党的政党体制、领导能力、作风建设、反腐败斗争等给予了越来越多的关注、评价与肯定。更多的国外媒体、学者、观察家逐渐将中国共产党的领导与中国道路的成功联系在一起,探究中国道路成就、中国经济之谜背后的政治领导因素。他们认为"中国崛起于世界民族之林,归功于共产党"①。国际社会逐渐更加客观地评价中国共产党领导体制的特点,甚至将其看作是中国模式的鲜明优点和强大优势所在。拉美许多国家的政党表示,"中国之所以取得举世瞩目的发展成就,是因为坚持了中国共产党的领导"②。牛津大学教授亚当·罗伯茨等认为,"为中国指引前进方向的是中国共产党,……中国坚持社会主义道路和中国共产党的领导,是改革开放取得成功的重要保证"③。国外一些政治学家认为,与时俱进的"变革创新"是中共领导中国成功所在,注重党的理论创新、突出的执政成就和人民的拥护是中共执政合法性的重要源泉。

中国和平发展道路的世界影响。"中国共产党是为中国人民谋幸福的政党,也是为人类进步事业而奋斗的政党。中国共产党始终

① 孔根红:《全球视野中的中国道路》,《求是》2012 年第 21 期。
② 孔根红:《全球视野中的中国道路》,《求是》2012 年第 21 期。
③ 孔根红:《全球视野中的中国道路》,《求是》2012 年第 21 期。

把为人类作出新的更大贡献作为自己的使命。”①作为具有远大理想和崇高使命的马克思主义政党，中国共产党坚持和平发展道路，高举和平、发展、合作、共赢的旗帜，恪守维护世界和平、促进共同发展的外交政策宗旨，积极发展全球伙伴关系网络，秉持“共商、共建、共享”的全球治理观，倡导构建以合作共赢为核心的新型国际关系，打造人类命运共同体，走出了具有新高度、抒写新文明的中国特色和平发展道路。中国特色和平发展道路是中国特色社会主义道路的重要组成部分。新中国成立以来中国始终坚持独立自主的和平发展道路，赢得了国际社会特别是亚非拉地区国家的支持和拥护。改革开放以来中国和平发展道路得到创造性的继承、坚持、创新和发展，为中国特色社会主义事业发展提供了有利的国内外环境，也为世界和平稳定与共同发展作出了举世瞩目的巨大贡献，成为当今世界和平、稳定、发展的推动器、压舱石和发动机。中国和平发展道路，就是坚持依靠自身力量而不是通过侵略别国来实现自己的发展，坚持独立自主的和平外交政策，以和平共处五项原则处理国家之间的关系，遵守联合国宪章、宗旨、原则和国际公约，秉持不称霸、不当头、不干涉别国内政的原则主张，反对霸权主义和强权政治，推动建立更加合理完善的国际秩序，对内建设和谐社会，对外建设和谐世界，在加快自身发展的同时积极维护世界和平稳定、促进共同发展。十八大以来中国高举和平、发展、合作、共赢的旗帜，牢牢把握坚持和平发展、促进民族复兴的主线，坚持和平发展的外交方针，构建以合作共赢为核心的新型国际关系，弘扬正确义利观，编织全球伙伴关系网络，积极实施共商、共建、共享的“一带一路”倡议，推动全球治理体系向着更加公正合理方向发展，构建人类命运共同体。总之，中国和平发展道路既为中国特色社会主义现代化建设创

① 习近平：《决胜全面建成小康社会 夺取新时代中国特色社会主义伟大胜利——在中国共产党第十九次全国代表大会上的报告》，北京：人民出版社，2017年，第57—58页。

造了有利的环境，也为当今世界的和平稳定、共同发展作出了积极贡献，赢得了国际社会、国际组织、国外媒体的高度肯定和良好赞誉。

## （二）中国道路的改革发展模式引起了全球关注

国际社会对中国道路的关注主要聚焦于中国改革发展道路的经验、理念、特点、规律等方面。国际社会对中国改革发展道路的关注用两个概念来表述就是“北京共识”“中国模式”。

“北京共识”的提出和热议，显示了西方学者和国际社会对美国倡导的发展模式“华盛顿共识”的反思以及对中国发展道路的关注、好奇、探究、热议与欣赏，反映了中国改革发展模式对当今世界的积极影响。2004 年 5 月 7 日美国《时代》周刊高级编辑、美国著名投资银行高盛公司资深顾问、清华大学教授乔舒亚·库珀·拉莫在伦敦《金融时报》上首次明确提出了“北京共识”的概念。5 月 11 日，英国著名思想库伦敦外交政策中心发表了拉莫的《北京共识》的论文。文章指出，中国通过艰苦努力、主动创新和大胆实践，摸索出了一个适合本国国情的发展模式，他把这种发展模式称为“北京共识”。自此，世界各大主流媒体展开了对“中国模式”的广泛讨论。此后美国《国际先驱论坛报》网络版发表文章称赞中国以循序渐进的方式推进政治改革；墨西哥《每日报》刊发文章认为中国奇迹是依照自身情况理智制定社会经济政策的结果；英国《卫报》刊文指出中国的崛起为其他国家提供了除西方发展模式之外的一个强有力的选择。联合国前秘书长安南，美国经济学家、诺贝尔经济学奖得主斯蒂格利茨等政要和学者纷纷对中国改革发展的道路和模式表示肯定和赞赏。① “北京共识”是美国学者提出的与“华盛顿共识”相对应的一

① 参见马立党《聚焦“中国模式”》，《政工导刊》2010 年第 1 期。

个概念,尽管中国学界和政府并不完全认同这一提法,但是它将当今世界最大的发展中国家和最大的发达国家的发展模式进行对比,客观评析,探讨中国改革发展道路的优势、西方发展模式的弊端,以及中国经验、中国模式对西方发达国家的借鉴意义,本身是具有石破天惊影响的举动,映射出西方发达资本主义国家衰落、中国社会主义崛起的世界变化与影响。

与“北京共识”相比,中国学者更乐意接受“中国模式”的概念。“中国模式”是一个内涵丰富的中性概念,比较符合国内学者的心理、情感、认知。尽管国内部分学者对“中国模式”的成熟定型、内涵特征与世界意义等持谨慎乐观的态度,甚至还存在一定的争议,但是随着中国经济持续、快速、健康、稳步发展,以及在世界经济中的占比提升、对世界经济增长贡献率的提高、对世界经济影响的扩大、被更多世界国家所看好等等,中国学术界、理论界甚至政府逐渐接受、认可了“中国模式”这一概念,而且加大了相关研究。国际社会对“中国模式”的关注与热议,源起于2004年拉莫提出的“北京共识”,兴盛于2008年以来的经济危机,持续至今,热度不减。

国际社会对“中国模式”的关注、热议、论争、研究,大体有以下四个方面的原因。其一,“华盛顿共识”造成了众多重灾区,失望与绝望使人们将目光转向了“中国模式”。“华盛顿共识”是国际货币基金组织、世界银行等国际金融机构向发展中国家和经济转型国家推行的一套经济改革方案,主张走私有化、自由化的经济发展道路。自20世纪80年代起,“华盛顿共识”曾在全球范围内施行,并在短期内取得了一定成效。但是随着时间的推移,“华盛顿共识”在拉美、俄罗斯、东欧等地区的国家造成了灾难性的后果。特别是在金融危机的背景下,“华盛顿共识”所提供的应对方案不仅无济于事而且造成了“雪上加霜”的后果,越来越多的转型国家和发展中国家对“华盛顿共识”逐渐失去了信心。相比之下,“中国模式”却显示出强大生命力、优越性，因此成为举世关注的热点。其二，改革开放以来中国取得的伟大成就放射出中国模式的魅力光芒。改革开放以来，中国国内生产总值年均增长9.7%，创造了世界经济增长史上的奇迹。人民生活水平显著提高，综合国力和国际影响力全面增强，人权状况和生态环境得到巨大改善，民主政治稳步推进。这些成就举世瞩目，向世界宣告了中国发展模式的成功。其三，中国模式为广大发展中国家在全球化背景下实现现代化树立了学习的榜样。目前世界上主要的发展模式有四种，即美国模式、德国模式、日本模式和亚洲“四小龙”模式。20世纪90年代后期，日本经济陷入衰退，德国经济增长乏力，虽然美国经济在发达资本主义国家一枝独秀，但是危机不断。进入21世纪以来，美国模式影响下的拉美模式、东亚模式和东欧模式相继失效。于是，广大发展中国家开始把目光投向中国。其四，中国在处理重大事件上所展现出的体制优势和精神风貌，让全球刮目相看。无论是“神舟”飞天、“天宫”筑巢、“天河”超算、量子技术还是航母下水、深潜迈进、大飞机研发，无论是成功应对雨雪冰冻灾害、特大地震灾害还是成功举办北京奥运会、上海世博会，无论是妥善应对全球金融危机还是积极参与全球气候、环境、能源、粮食等问题的解决，中国的“举国体制”和政党政治都发挥了巨大的威力，中国的精神风貌也赢得了广泛的国际声誉。[①] 总之，中国模式不仅属于中国历史，也属于世界历史，国际上对“北京共识”“中国模式”的持续关注、热议与研究，显示了中国道路的世界影响力，从世界维度彰显了中国道路的自信。

### （三）中国道路的价值理念产生了全球影响

中国道路的价值理念产生了全球影响。任何一种发展道路必然

① 参见马立党《聚焦“中国模式”》，《政工导刊》2010年第1期。

蕴含一定的价值观念。中国发展道路中的价值理念，肯定带有中国自己的特点、特色与特征。比如中国特色社会主义、中国共产党的主流意识形态、中国的传统思想观念、中国共产党的发展理念等等，都会作为中国道路的软实力因素而影响当代世界，这也是中国道路被国际社会越来越多的有识之士赞赏、推崇的深层原因。中国道路蕴含的价值理念对全球产生了深远的影响，主要体现在以下几个方面①：实现人的自由而全面发展是中国道路也是未来社会的最高价值目标；以人为本的发展观，具有超越“物本主义”局限的人本主义精神；以人民为中心的发展思想，体现了人民是历史的创造者的历史主体价值；既追求生产力发展又追求生态文明建设，既追求先富起来又追求共同富裕的价值原则，体现了和谐发展、公平正义的价值理念；建设和谐社会与和谐世界的理念，既体现了中华传统文化“和合思想”的精华，又体现了现代社会和平、发展、合作、共赢的时代潮流和时代精神；“创新、协调、绿色、开放、共享”的新发展理念，是对科学发展观的继承和发展，体现了全球化时代中国发展理念将国外大势和国内大局相统筹、合规律性与合目的性相统一的世界视野和价值理念，已经被越来越多的国家、组织所认可推崇；中国和平发展道路的构建以合作共赢为核心的新型国际关系、弘扬正确义利观、构建人类命运共同体等都体现了具有世界眼光、世界胸怀的带有共同性的、普遍意义的价值理念。总之，上述这些价值理念，有些已经被众多国家甚至是国际组织诸如联合国大会、安理会、红十字国际委员会所接受并且作为国际倡议，有些则成为具有广泛影响力的国际话语而被广泛使用，这些都是中国道路在价值理念层面对世界发展和人类文明作出的重大贡献，中国道路的世界意义提升了道路自信。

① 秦刚：《中国特色社会主义道路的价值取向》，《中国特色社会主义研究》2016年第5期。

## 三、中国道路的多重世界意义

中国作为世界上最大的发展中国家，在中国共产党的领导下，依靠独立自主、改革开放、全面创新，走出了一条不同于传统社会主义和西方资本主义的发展道路。中国道路取得的举世瞩目成就为当今世界作出了不可替代的巨大贡献，中国道路的成功及其经验对世界社会主义运动具有振奋人心的引领意义，对推动发展中国家的建设发展具有借鉴意义，对发达资本主义国家具有一定的启发意义，对人类文明发展作出了新的贡献，对推动世界各国文明互鉴、增强民族信心具有积极的意义。党的十九大报告在回顾历史、总结历史之后提出了"中国特色社会主义进入了新时代"的战略判断，提出了中国特色社会主义新时代"三个意味着"[①]的论断，在党的政治报告中首次提出中国特色社会主义新时代"在世界社会主义发展史上、人类社会发展史上也具有重大意义"[②]。党的十九大报告关于中国特色社会主义进入新时代重大意义的阐述，虽并不能等同于中国道路的世界贡献，但对揭示、分析中国道路的世界意义具有一定的参考价值。

---

① "三个意味着"即"意味着近代以来久经磨难的中华民族迎来了从站起来、富起来到强起来的伟大飞跃，迎来了实现中华民族伟大复兴的光明前景；意味着科学社会主义在二十一世纪的中国焕发出强大生机活力，在世界上高高举起了中国特色社会主义伟大旗帜；意味着中国特色社会主义道路、理论、制度、文化不断发展，拓展了发展中国家走向现代化的途径，给世界上那些既希望加快发展又希望保持自身独立性的国家和民族提供了全新选择，为解决人类问题贡献了中国智慧和中国方案"。习近平：《决胜全面建成小康社会 夺取新时代中国特色社会主义伟大胜利——在中国共产党第十九次全国代表大会上的报告》，北京：人民出版社，2017 年，第 10 页。

② 习近平：《决胜全面建成小康社会 夺取新时代中国特色社会主义伟大胜利——在中国共产党第十九次全国代表大会上的报告》，北京：人民出版社，2017 年，第 12 页。

## （一）中国道路对世界社会主义运动具有引领意义

中国特色社会主义道路向人类证明社会主义是优于资本主义的必由之路和先进社会。对资本主义社会，马克思主义创始人在《共产党宣言》中作出了客观、准确、深刻的揭示与评价。一方面，在人类社会发展史中，资本主义在生产力发展、科技进步、政治民主、社会治理等方面作出了巨大贡献，是高于、先进于奴隶社会、封建社会的社会形态。另一方面，资本主义社会存在着固有的无法解决的基本矛盾和问题。资本主义诞生以来经济危机不断，至今爆发了1825年的资本主义世界第一次经济危机、1847年的欧洲工商业危机、1857年的美国资本主义世界经济危机、1929—1933年的世界资本主义大危机、1973年中东石油危机带来的经济危机、1997年的亚洲金融危机、2008年以来美国次贷危机引发的经济危机，对社会生产力、社会财富、自然资源等造成了极大破坏。历史已经证明，资本主义并不是一些资本主义国家学者所宣扬的是“终结”人类社会历史的最好社会。在社会主义国家方面，由于苏联、中国以及其他诞生于殖民地解放运动中的社会主义国家，脱胎于相对落后的生产力和经济、社会、文化中，历史和现实、客观和主观等方面的原因，使得社会主义建设遇到了不同程度的曲折和挫折，社会主义国家的优越性并没有得到充分的发挥、展现和释放。于是乎，质疑社会主义道路先进性、优越性的声音越来越多，特别是在社会主义遭遇严重挫折的情况下，“资本主义优越论”“西方中心论”的论调更是甚嚣尘上，傲慢与偏见根深蒂固。然而，在中国共产党的领导下，社会主义中国坚持改革开放与四项基本原则的统一，坚持市场经济与国家宏观调控相结合，走出了一条和平发展、和谐发展、以人为本、先富带后富最终达到共同富裕、持续快速健康发展的道路，取得了举世瞩目的巨大成就和辉煌。1987年邓小平在会见捷克斯洛伐克客人时指出，“到下一个世纪中叶，我们可以达到中等发达国家的水平。如果达到这一步,第一,是完成了一项非常艰巨的、很不容易的任务;第二,是真正对人类作出了贡献;第三,就更加能够体现社会主义制度的优越性","如果那时十五亿人口,人均达到四千美元,年国民生产总值就达到六万亿美元,属于世界前列。这不但是给占世界总人口四分之三的第三世界走出了一条路,更重要的是向人类表明,社会主义是必由之路,社会主义优于资本主义"。[①] 列宁说过:"社会主义有榜样的力量","必须实际地表明,即用榜样来表明共产主义的意义"。[②] 事实正如邓小平同志所预测的,中国按计划、超预期实现了社会主义发展战略的目标任务,对当今世界作出了越来越大的贡献,产生着日益广泛的积极影响。历史和现实雄辩地证明社会主义是优于资本主义的人类社会发展的必由之路。

中国特色社会主义道路给挫折中的世界社会主义带来希望和信心。历史发展表明,任何一种道路的发展都不是一马平川、一路坦途,而是充满着坎坷与波折。社会主义道路也不例外。20 世纪 80 年代末 90 年代初发生的东欧剧变、苏联解体就是例子。东欧一些共产党和工人党执政的社会主义政权发生瓦解、垮台、解体,苏联分裂为 15 个独立主权国家,执政的苏联共产党彻底失去执政权。东欧剧变、苏联解体是社会主义史上石破天惊的大事变,对世界社会主义事业造成了不可估量的损失和灾难,体现在:导致世界社会主义力量严重削弱,世界社会主义国家由原先的 15 个国家锐减至现今的 5 个,这些国家的共产党、工人党或纷纷改旗易帜,或逐渐销声匿迹;世界社会主义运动陷入空前的低迷状态,原先视苏联和东欧社会主义国家为榜样的亚非拉国家纷纷走上了非社会主义的道路,共产党的力量和影响急剧下降;更为严重的是造成了人们对马克思

① 《邓小平文选》第 3 卷,北京:人民出版社,1993 年,第 225 页。

② 转引自曹胜:《中国特色社会主义道路对发展中国家的借鉴价值》,《青岛科技大学学报(社会科学版)》2014 年第 3 期。

主义和社会主义信仰的动摇与怀疑，一些社会主义思想、思潮、流派日渐式微。然而，就是在这一背景下和改革开放的关键时刻，邓小平同志指出："只要中国社会主义不倒，社会主义在世界将始终站得住"①，"只要中国不垮，世界上就有五分之一的人口在坚持社会主义"②。在南方谈话中他又指出："我坚信，世界上赞成马克思主义的人会多起来的，因为马克思主义是科学"，"一些国家出现严重曲折，社会主义好像被削弱了，但人民经受锻炼，从中吸取教训，将促使社会主义向着更加健康的方向发展"。③ 改革开放以来，中国共产党始终坚信马克思主义的真理性、坚定共产主义的理想信念，高举马克思主义和共产主义旗帜，坚持不懈走出了一条让中国富起来、强起来、幸福起来、自信起来的中国特色社会主义道路。在中国道路的指引下，中国发生了翻天覆地的历史巨变，创造了令世界叹为观止的"中国奇迹"，曾经喧嚣一时的诸如"社会主义崩溃论""马克思主义不行论"等质疑怀疑马克思主义、社会主义的论调逐渐改变了、减少了。俄罗斯科学院院士季塔连科说，"在社会主义处于深刻危机和战略撤退的情况下，中国共产党承担了按照时代的要求和新的历史机遇保留并发展社会主义的任务。邓小平提出的中国特色社会主义理论，避免了社会主义被撤出历史舞台的危险"④。中国特色社会主义道路不仅改变了中国人民、中国共产党的命运和面貌，而且改变了世界各国对社会主义前途命运的态度与看法，为世界社会主义事业发展带来了希望、增强了信心。

---

① 《邓小平文选》第3卷，北京：人民出版社，1993年，第346页。

② 《邓小平文选》第3卷，北京：人民出版社，1993年，第321页。

③ 《邓小平文选》第3卷，北京：人民出版社，1993年，第382—383页。

④ 转引自徐崇温：《中国特色社会主义道路的世界意义》，《中国特色社会主义研究》2009年第4期。

## （二）中国道路对发展中国家和发达资本主义国家都有积极的意义

中国道路具有鲜明的开放性、包容性、成长性、创新性特点，对当今世界谋求改革、发展、繁荣、稳定、和谐、进步的发展中国家和发达资本主义国家来说具有不同程度的积极意义。

中国特色社会主义道路把科学社会主义基本原则与中国基本国情、时代特征相结合，吸收中国优秀传统文化与世界文明成果的有益营养，从而走出了不同于资本主义和传统社会主义但又兼收了二者积极因素，具有中国特色与世界维度的道路。中国特色社会主义道路由于没有丢马克思主义的基本原理、立场观点方法和科学社会主义的基本原则，因而始终是社会主义的。中国特色社会主义道路，“是在改革开放30多年的伟大实践中走出来的，是在中华人民共和国成立60多年的持续探索中走出来的，是在对近代以来170多年中华民族发展历程的深刻总结中走出来的，是在对中华民族5000多年悠久文明的传承中走出来的”，具有深厚的历史渊源和广泛的现实基础。中国特色社会主义道路没有割断、抛弃中华优秀传统文化，流淌着中华民族的血脉气息，传承着中华民族的精神文化基因，内含着中国革命文化和社会主义先进文化的新元素，具有鲜明的民族特色；中国特色社会主义道路是在改革开放的时代背景和伟大实践中开创和发展起来的，是坚持改革创新迎接时代挑战、把握时代特征、破解时代课题、推动时代发展、引领时代进步的道路，具有鲜明的实践特色、时代特色。中国特色社会主义道路具有面向世界、融入世界、引领世界的世界眼光、世界胸怀、世界思维，在推动自身发展复兴的同时积极为世界作出更大的贡献，具有鲜明的世界维度和日益广泛的世界影响。总之，中国特色社会主义道路具有鲜明的民族特色、时代特色、实践特色、理论特色和世界眼光、世界胸怀、世界思维，这条道路既具有“中国特色”又兼具世界眼光、世界胸怀，具有鲜明的开放性、包容性、生命力和活力，对谋求国家发展、民族和谐、社会稳定、追求现代化的发展中国家和追求改革、发展、繁荣、进步的发达资本主义国家而言，具有一定的借鉴和启发意义。

美国当代著名学者熊玠在《大国复兴——中国道路为什么如此成功》中对“中国为什么能创造经济奇迹”这一问题进行了具有代表性的分析与总结。他指出：

“第一，由13亿人口支持的规模经济，为经济发展提供源源不断的劳动力”，“第二，利用了全球发展中‘后发者’的优势”，“第三，邓小平改革的时间正好抓住了越战结束后出现的稳定的国际环境的契机”，“第四，邓小平提出的‘韬光养晦’战略，避免与他国冲突，一心一意发展国内经济”，“第五，百姓的高储蓄率”，“第六，在加入世贸组织后被进一步加强的出口导向型经济”，“第七，有效的政府干预，包括远见卓识的领导，健全的制度架构和相当高效、相对廉洁的官僚体系”。他指出，“在上述的列表中，除了第七条之外，其他所有要素都不是中国所独有的。事实上，其中许多因素都是其他同家所共有的，包括发达国家”。[①]

熊玠的研究表明，尽管中国道路具有不同于当今世界发展中国家、发达资本主义国家的历史文化传统和具体国情，但是中国道路特别是经济增长的经验具有除却意识形态因素之外的一定普遍性、代表性、借鉴性、启发性。此外，中国道路还具有熊玠所没有揭示到的其他带有一定普遍意义的成功之处，比如正确处理改革、发展、稳定之间的关系，比如把坚持党的领导与发挥人民群众主体作用统一起来，等等。这些经验如果上升到方法论的层面，对广大发展中国家和发达资本主义国家来说是不无裨益的。

---

① 熊玠著，李芳译：《大国复兴——中国道路为什么如此成功》，武汉：湖北教育出版社，2016年，第132—135页。

中国道路对谋求摆脱贫穷落后，过上富裕生活，实现国家发展、民族和谐、社会稳定、走向现代化的发展中国家具有多方面的借鉴、示范意义。中国道路对广大发展中国家而言，不论是发展道路的选择与坚持还是对经济社会各领域发展经验的启发和借鉴，不论是发展理念还是发展举措，等等，都受到了极高的关注、认可、推崇。中国道路对发展中国家的借鉴和示范意义，大体可以概括为以下几个方面：一是坚持走符合本国国情的发展道路；二是坚持走独立自主的开放发展道路；三是把发展经济作为中心任务，把消除贫困放在首要任务；四是重视社会稳定，以稳定为发展的前提，以发展为稳定的目的；五是坚持以人为本，突出发展目的的人民性；六是坚持以实践为标准，检验、评价改革发展的得失成败；七是正确处理好改革、发展和稳定的关系；八是坚持把独立自主与对外开放、学习借鉴结合起来；九是重视加强执政党建设，以此推动国家发展、民族复兴。

中国道路对追求改革、发展、繁荣、进步，更高水平发展与治理的发达资本主义国家具有启发意义。当今世界200多个国家和地区中，发达资本主义国家大约30个，发展中资本主义国家大约130个。资本主义国家占比约为80%，发达资本主义国家占比约为15%。尽管资本主义国家特别是美欧等发达资本主义国家与中国在历史传统、思想文化、政治制度、意识形态等方面存在着诸多差异，然而在当今世界“一球两制”并存、竞争、合作的格局下，在全球化深入发展的今天，在中国与世界、世界与中国联系、交流、合作更加密切的客观现实下，中国道路对发达资本主义国家的积极影响和重要意义是不言而喻的，中国道路的发展成就与发展经验逐渐得到了发达资本主义国家更多有识之士的肯定、赞赏。中国道路对追求改革、发展、繁荣、进步、更高水平发展与治理的发达资本主义国家具有积极的启发意义，体现在：中国道路坚持以公有制为主体、多种所有制经济共同发展的基本经济制度，对西方资本主义国家完善经济制度、优化经济结构具有积极的启发意义;中国道路坚持把市场“看不见的手”与政府宏观调控“看得见的手”结合起来,“两只手”相互补充、共同发挥作用,这对弥补市场机制的不足,构建完善的市场经济机制具有积极的借鉴意义;中国道路的改革经验,比如坚持顶层设计与摸着石头过河相结合、整体推进与重点突破相结合、胆子要大与步子要稳相结合、注重思想引导调动一切可以调动的积极因素、重大改革要于法有据等,对发达资本主义国家的改革具有积极的意义;中国政治发展道路的民主集中制,协商民主,党的领导、人民当家作主与依法治国的统一,逐渐被西方发达资本主义国家的有识之士、学者所认可和赞赏;中国社会建设与治理的道路比如和谐社会的理念,中国和平发展的外交道路比如构建以合作共赢为核心的新型国际关系、打造人类命运共同体,中国共产党治党管党的经验比如反腐倡廉建设、反腐败斗争等等,逐渐被发达资本主义国家的学者、政要、观察家、评论家所认可和接受。美国未来学家约翰·奈斯比特说:“重新审视中国的时候到了。”美国前国务卿基辛格指出,“中国发展模式对世界具有重要意义”。中国道路对发达资本主义国家的国家治理、改革发展、经济建设、执政党建设等都具有积极的启发意义。这一点可以从中国与发达资本主义国家的交往、中国在 G20 峰会上的表现等方面得到印证。

### (三)中国道路对人类文明发展具有积极的贡献和意义

中国是一个和平崛起的超大规模的“文明型国家”。法国著名历史学家托克维尔曾说过,“小国的目标是国民自由、富足、幸福地生活,而大国则命定要创造伟大和永恒,同时承担责任与痛苦”。作为一个“文明型大国”,中国像“恒星”一样以自己的光芒照耀着人类文明的历史星空。中国道路,深化了对人类社会发展规律的认识,开辟了人类文明新境界,创造并丰富了人类文明成果,对整个人类文明具有不可低估的贡献与意义。

一是中国道路是和平发展、和平崛起的文明道路,深化了人类对和平发展的新认识。

和平是人类孜孜以求的美好理想,是人类文明进步的基石和象征,战争是人类文明进步的恶魔和绊脚石。进入阶级社会以来,人类文明的发展史也是和平与战争相伴随、相交错、相较量,从而消灭战争、走向和平的历史。战争是残酷的,对社会发展、人类文明造成了巨大灾难。历史上,国家之间的争霸,大国之间的权力转移大多是以战争的方式开展的,这就有了所谓的"修昔底德陷阱"。"修昔底德陷阱"指当一个崛起的大国与既有的地区统治霸主竞争时,双方之间的威胁和反威胁引发激烈冲突,多数时候将以战争告终。然而,中国的和平发展道路打破了"国强必霸"的逻辑,超越了"修昔底德陷阱"。与历史上其他国家的"战争"崛起相比,中国的崛起走的是没有对外掠夺、没有殖民、没有战争的和平道路。新中国成立以来,党和国家领导人无不强调中国的和平发展道路。2005 年中国国务院新闻办公室发表的《中国的和平发展道路》白皮书指出,中国将坚定不移地走和平发展道路,努力实现和平的发展,开放的发展,合作的发展,和谐的发展。2005 年的白皮书《中国的和平发展道路》向世界郑重宣告,和平发展是中国实现现代化和富民强国、为世界文明进步作出更大贡献的战略抉择,中国将坚定不移沿着和平发展道路走下去。中国和平发展道路的内涵是:既通过维护世界和平发展自己,又通过自身发展维护世界和平;在强调依靠自身力量和改革创新实现发展的同时,坚持对外开放,学习借鉴别国长处;顺应经济全球化发展潮流,寻求与各国互利共赢和共同发展;同国际社会一道努力,推动建设持久和平、共同繁荣的和谐世界。改革开放以来,中国坚持走和平发展道路,通过依靠自身的力量和改革创新实现了快速发展,实现了各国的互利共赢和共同发展,以自身的发展促进了世界的和平与发展,为维护世界和平、应对全球性挑战发挥了重要作用。中国参加了100多个政府间国际组织,签署了300多个国际公约,成为国际体系重要的参与者、建设者和贡献者。不论是参与联合国维和还是向遭受严重自然灾害的国家提供人道主义援助,不论是处理地区争端还是应对气候变化,中国都以自己的实际行动为世界和平发展作出了积极贡献。总之,中国和平发展道路,既是对对外扩张和转嫁危机的传统资本主义道路的突破,也是对封闭的和革命的传统社会主义道路的突破;中国和平发展道路是以命运共同体的新视角,以同舟共济、合作共赢的新理念,寻求多元文明交流互鉴的新局面,致力于世界和平与世界和谐的新型道路,是对人类和平发展、文明进步的新认识、新贡献。

二是中国道路是以人为本、全面协调可持续、和谐发展的科学发展道路,深化了人类对科学发展的新认识。

发展是人类文明进步的基础。在发展中以怎样的发展观认识、处理人与自然、人与人、发展与环境之间的关系,是关系人类社会发展进步的重大课题。改革开放以来,中国探索走出了以人为本、全面、协调、可持续、和谐发展的科学发展观,回答了什么是发展、为什么发展、怎样发展,为谁发展、依靠谁发展、发展成果由谁共享等重大理论和现实问题,使人们对发展问题的规律认识达到了新高度。历史上,不论是发达资本主义国家还是发展中国家,都面临着如何快速发展的现实问题。然而,人类在追求经济增长、创造发展奇迹的同时,也面临着资源紧张、环境破坏、生态恶化、区域发展不平衡、社会两极分化、社会腐败、政治动荡等一系列问题。1992年在巴西里约热内卢召开的联合国环境与发展大会,标志着发展问题已经超过环境问题成为人类社会关注的重点。2003年联合国人类发展报告指出:20世纪90年代以来,全球有54个国家经济发展速度下降。

联合国2015年的《人类发展报告》指出，全球有2.04亿人处于失业状态，一天生活费不足2美元的劳动贫困人口约有8.3亿。2016年联合国环境规划署发布《全球环境展望：地区评估》指出，全球六大区域面临的共同挑战主要包括人口增长、城市化速度加快、消费水平上涨、荒漠化和气候变化。联合国环境规划署执行主任阿希姆·施泰纳指出，如果国际社会不能通过有效途径改善生产消费方式，以可持续的方式利用资源，世界环境状况将继续恶化。联合国环境规划署早前发布的最新数据显示：1970年至2010年，全球温室气体排放量增长超过80%；到2030年，人类对水的需求量将超过供应量的40%左右；到2050年，由于气候变化、土地退化、水资源短缺和虫灾，世界粮食产量可能会减少25%；每年全球1260万死亡人口中，23%归因于环境因素。① 联合国2015年的《人类发展报告》高度肯定了中国在推动人类发展方面的巨大进步和贡献。

中国共产党提出的科学发展观重大战略思想，不仅在国内深入人心，而且对推动当今世界的科学发展、文明发展具有积极的借鉴意义。中国道路的科学发展思想，强调以人为本的发展理念，彰显了人是发展主体、发展动力、发展目的三者统一的思想，超越了以往“只见物不见人”的“物本主义”发展模式。中国道路的科学发展思想，强调全面协调可持续的发展原则，超越了以往重在单纯追求经济增长的发展模式。中国道路的科学发展思想，强调统筹兼顾的根本方法，主张人与自然和谐相处的发展，反对片面追求经济增长的速度和总量，超越了资本主义在其工业化的进程中走的“先污染、后治理”的发展道路。总之，中国共产党以科学发展观为指导，走出了一条不同于西方资本主义国家和发展中国家的科学发展新路，是中国为实现人类可持续发展作出的郑重宣言和积极回应，是对人类社会发展模式的新探索，是对人类进步事业作出的有益贡献。

① 《联合国最新报告聚焦全球六大区域环境挑战》，新华网2016年5月20日。

三是中国道路是海纳百川、和而不同、文明互鉴的包容开放之路，丰富了人类文明的形式和样式。

中国道路强调和而不同、文明互鉴，多样性与统一性并存，打破了“西方中心主义”的发展模式和话语体系，彰显了人类文明发展的多样性，丰富了人类文明的形式。长期以来，在西方资本主义国家特别是发达资本主义国家眼中，人类文明发展似乎只有一种文明形式——欧洲文明/西方文明，这就是“西方中心主义”。“西方中心主义”将西方文明解释成人类文明的普遍的、唯一的形式和必须效法的“典范”，随之他们把西方文明所蕴含的文化价值说成是人类文明的共同价值或普世价值。20 世纪 80 年代末 90 年代初的世界社会主义严重挫折更是助长了“西方中心主义”的声势。日裔美籍学者弗朗西斯·福山的“历史终结论”就是“西方中心主义”的典型代表。“历史终结论”断言，西方的自由民主制度也许是“人类意识形态发展的终点”和“人类最后一种统治形式”，随着这种文明形式变成全人类的制度，人类历史将走向“终结”。中国特色社会主义道路的世界意义极其重要的一点在于打破、解构了“西方中心主义”的自我迷思与垄断式崇拜，揭示了人类文明发展的丰富性，展现了人类文明多样化发展的图景和路径。中国道路是中华文明、中国国情、人类文明与时代精神相结合的产物，具有和而不同、兼收并蓄、百花齐放、文明互鉴的特点。美国一些学者曾将中国道路归功于“四 a 能力”，即“积累能力”(accumulation ability)、“吸收能力”(assimilation ability)、“包容能力”(accommodation ability)和“应变能力”(adapt ability)。“四 a 能力”比较客观地概括了中国道路对于推进人类文明多样化发展的内在特质和依据。中国道路的开放性、包容性、学习性及其世界眼光使得它既能够继承和发扬中华民族的优秀文化传统，又能够学习和吸收世界各国人民包括在资本主义制度下创造的优秀文明成果，这种特点、品质、优势使得中国道路取得的经验、成果能够轻松、平等、包容地被整个世界所接纳吸收，同时又容易在博采众长、消化吸收的基础上创造出新的文明形式，对人类文明的发展进步作出创造性的贡献。

中国道路对人类文明持久地作着“较大贡献”。自新中国诞生以来，党的历代中央领导人无不坚持中国“应对人类有较大贡献”的理想和诺言，在推动中国发展和中华民族复兴的同时，积极为人类文明进步和当今世界发展持久地作着“较大贡献”。当代最伟大的历史学家阿诺德·汤因比研究认为“世界的未来在中国，人类的出路在于中国文明”①。新中国成立之初，尽管中国百废待兴、刚迈开社会主义建设的步伐，但是毛泽东同志于党的八大前后就提出了“中国应当对于人类有较大的贡献”的思想，体现了中国共产党人对于人类文明进步的道路自信和世界情怀。改革开放以来，一方面中国取得了举世瞩目的伟大成就，另一方面我们在诸多方面还赶不上一些西方发达资本主义国家，但是从邓小平到江泽民、胡锦涛再到习近平，党的领导人无不强调、践行着中国“应对人类有较大贡献”的诺言。中国“应对人类有较大贡献”的思想，内涵是丰富的、多方面的，既包括中国在发展方面对于当今世界的推动作用，更体现在中国在应对全球挑战、推进人类文明进步方面作出的贡献和具有的意义。当今世界人类面临着不断加剧的“三大矛盾”：一是人与人之间越来越不平等的矛盾；二是人与自然之间冲突不断加剧；三是人的自身所呈现的矛盾。这三种矛盾，在资本主义社会就是马克思所批判的三种“异化”现象和问题，这些问题是资本主义社会基本矛盾所固有的产物，是资本主义制度所无法克服的。主张消灭剥削、消灭私有制，实现阶级解放和人类社会解放，建立公有制和自由人联合体的共产主义社会，不仅是中国社会主义的奋斗目标，而且是社会主义中国破解不断加剧的“三大矛盾”、为人类文明和世界发展作

① 刘涛：《汤因比的预言：中国文明将照亮21世纪》，《社会观察》2013年第3期。

出中国的“较大贡献”的要求与体现。中国道路所倡导的和平发展、和谐发展、科学发展、文明发展、安全发展、绿色发展、开放发展、共享发展等理念和价值，对破解人类所面临的战争威胁、民族宗教冲突、全球气候问题、能源危机、难民危机、贫困问题等有着极其现实的借鉴和指导意义。从现实看，中国倡导的构建以合作共赢为核心的新型国家关系、弘扬正确义利观、打造人类命运共同体、建设“一带一路”“丝路精神”“共建共商共享”原则等已经被联合国等国际组织所接受，成为破解全球性挑战、指导人类文明进步、推动世界和平发展的中国智慧、中国价值、中国话语。

最后，要指出的是，中国道路具有超越物质、实践层面的精神意义和方法价值。中国道路所蕴含的精神层面的价值和意义，大体可以概括为以下八个方面：一是自由平等的精神，二是公平正义的精神，三是改革创新的精神，四是包容和谐的精神，五是以人为本的精神，六是科学发展的精神，七是开放自信的精神，八是科学社会主义和共产主义的精神。这些精神是中国道路所蕴含的具有一定普遍意义的价值文化，是中国道路对当今世界文明与发展的中国贡献，是中国精神、中国价值、中国智慧的彰显和自信体现。

第八章

# 机遇和挑战前所未有
# ——道路自信面临的机遇、挑战

中国特色社会主义道路是一条既不同于西方自由资本主义，又区别于传统社会主义模式的发展道路，是一条属于中国人民的振兴道路。习近平同志指出："我们已经在这条道路上走了三十多年，历史证明，这是一条符合中国国情、富民强国的正确道路，我们将坚定不移地沿着这条道路走下去。"[①]在世情、国情、党情深刻变化的时代背景下，必须充分考察这些变化给人们的道路自信带来的复杂影响，化危为机，迎难而上，使中国人民坚信只有走中国特色社会主义道路才能生活得更美好、更幸福、更有尊严。

## 一、新形势下道路自信面临的机遇

中国特色社会主义道路的形成，承接着历史的选择，顺应着社会发展的必然要求。"历史和现实都告诉我们，只有社会主义才能救

① 《习近平接受拉美三国媒体联合书面采访》，《人民日报》2013年6月1日02版。

中国,只有中国特色社会主义才能发展中国,这是历史的结论、人民的选择。”[①]通过改革开放前后中国国情的对比和同期世界各国的比较,中国特色社会主义道路的正确性日益彰显,中国人民的道路自信愈发坚定。

### (一)中国特色社会主义的成功实践坚定着中国人民的道路自信

道路好不好,只有走在这条路上的人最有发言权,而人们判断道路好不好最直接的标准就是丰富而生动的社会实践。1985 年,邓小平同志在回答美国时代出版公司总编辑的提问中充满自信地说,改革开放和建设中国特色社会主义道路,已经给我们带来了可喜的成果,“中国不走这条路,就没有别的路可走。只有这条路才是通往富裕和繁荣之路”[②]。党的十九大总结道:“改革开放之初,我们党发出了走自己的路、建设中国特色社会主义的伟大号召。从那时以来,我们党团结带领全国各族人民不懈奋斗,推动我国经济实力、科技实力、国防实力、综合国力进入世界前列,推动我国国际地位实现前所未有的提升,党的面貌、国家的面貌、人民的面貌、军队的面貌、中华民族的面貌发生了前所未有的变化,中华民族正以崭新姿态屹立于世界的东方。”[③]

首先,走中国特色社会主义道路迅速提升了我国的综合国力,使中国社会面貌发生了翻天覆地的巨大变化。行走在中国特色社会主义道路上,我国现代化实现了从传统向现代、从革命到建设、从计划到市场、从贫困到小康、从封闭到开放的社会转型和制度变迁,社

① 中共中央文献研究室编:《十八大以来重要文献选编》(上),北京:中央文献出版社,2014 年,第 110 页。

② 《邓小平文选》第 3 卷,北京:人民出版社,1993 年,第 149—150 页。

③ 习近平:《决胜全面建成小康社会 夺取新时代中国特色社会主义伟大胜利——在中国共产党第十九次全国代表大会上的报告》,北京:人民出版社,2017 年,第 10 页。

会生产力得到了极大的解放和发展，综合国力和人民生活水平大大提升。从1978年到2017年，我国国内生产总值年均增长率接近10%，从3645亿元增长到82.7万亿元，经济增长速度在世界主要经济体中位列第一，并于2010年成为仅次于美国的世界第二大经济体。在世界经济发展史上，中国经济的年均增长率持续时间之长、速度之高，打破了二战后“日本奇迹”的纪录。由联合国开发计划署和国务院发展研究中心发布的《2016中国人类发展报告》指出，按照以预期寿命、教育水准和生活质量为基础变量的人类发展指数(HDI)衡量，1980年至2014年期间，中国的HDI从0.42增至0.727，成为高水平发展国家，是30多年来在人类发展领域中进步最快的国家之一。

其次，走中国特色社会主义道路改变了中国的国际地位，使中国成为具有世界性影响的东方大国。美国《福布斯》2015年9月底刊文称，中国的崛起一直是过去半个世纪以来影响最深远的事件。根据世界银行统计数据，按照2010年美元不变价计算，1979年至2010年，我国国内生产总值占世界经济的比重由1.2%提高到9.3%，年均提高0.3个百分点；2015年，占比进一步提高到11.9%，“十二五”期间年均提高0.5个百分点。按照当年价格计算，2015年我国占世界经济比重达14.8%，同年美国、日本、印度占世界经济比重分别为24.4%、5.6%、2.8%。与此同时，中国特色社会主义政治建设、文化建设、社会建设和生态文明建设也取得举世瞩目的成就，一个面向现代化、面向世界、面向未来的社会主义中国巍然屹立在世界东方。中华民族迎来了伟大复兴的光明前景，社会主义在中国焕发出勃勃生机，“中国模式”“中国道路”“中国奇迹”“中国震撼”成为国外媒体上频频出现的热词。

再次，走中国特色社会主义道路提升了中华文明的时代价值，使中国对人类文明发展的贡献越来越大。邓小平同志曾预言：中国的改革如果成功了，可以对世界上的社会主义事业和不发达国家的发展提供某些经验。如今，邓小平同志的这个预言实现了。诺贝尔经济学奖得主布坎南曾感慨，中国改革开放以来的发展成就，依据西方经验可能“看上去不合理，可是却管用”。40年来，在西方世界不断唱衰中国的过程中，中国不仅经济稳步发展，而且开辟了独特的发展道路，创造了出乎人们意料的发展奇迹，其背后的理论意蕴深刻、影响深远。美国哈佛大学教授本杰明·史华兹指出，中国问题研究是人类可选择的探讨自身问题的智库和博大实验室，有助于深化和丰富对人类发展经验的认识。英国剑桥大学教授艾伦·麦克法兰撰文说，在解决国际关系和战争、生态和能源问题、人口问题、如何维系一个庞大的社群、政治统治方式、世界的全球化和多元化等当今世界六大重要问题上，西方社会都可从中国取经。在2015年的世界经济论坛上，论坛创始人兼执行主席施瓦布对媒体表示，当前世界经济充满了不确定性，在这个关键时刻需要倾听中国的声音，“我们希望分享中国的理念和经验，我们也想清楚地了解中国未来的发展规划，以及中国在全球经济中扮演一个什么样的角色。我们希望中国能够为解决世界难题拿出一个有效的方案”。

在十八届中共中央政治局第七次集体学习和2013年全国宣传思想工作会议上的讲话中，习近平同志都指出：“我们说的道路自信、理论自信、制度自信，来源于实践、来源于人民、来源于真理。”在当代中国，历史和人民选择走中国特色社会主义道路是无比正确、无比成功的伟大选择。正是这个选择，使我国综合国力迅速提升，国际地位显著提高，在重要战略机遇期持续崛起。60多年来特别是改革开放以来，我国社会主义建设取得辉煌成就，中国特色社会主义在实践中显示出的巨大优势和威力，不断坚定着人们的道路自信。

### （二）中国特色社会主义道路对传统社会主义模式的突破坚定着中国人民的道路自信

列宁指出："一切民族都将走向社会主义，这是不可避免的，但是一切民族的走法却不会完全一样，在民主的这种或那种形式上，在无产阶级专政的这种或那种形态上，在社会生活各方面的社会主义改造的速度上，每个民族都会有自己的特点。"①中国革命道路的选择就充分证明了这一点。

社会主义在经济文化落后国家的产生，为这些国家加快发展，改变贫穷落后面貌，追赶发达资本主义国家，提供了历史可能。但社会主义产生在经济文化比较落后的国家，也造成了理论与实践、理想与现实的巨大反差，需要我们重新认识"什么是社会主义、怎样建设社会主义"的问题。列宁围绕着社会主义建设道路问题的探索，给后来的社会主义实践留下了深刻的启示。但列宁过早去世，他的探索未能形成系统的理论。列宁逝世以后，苏共党内围绕着社会主义建设道路问题曾以不同形式进行了数次争论，结果是到20世纪30年代，在斯大林的领导之下，苏联逐渐形成了一种以高度集中统一为主要特征的社会主义经济、政治、文化体制，即"苏联模式"。

苏联模式的主要特征是：在经济上，生产资料所有制采取单一的社会主义公有制，全民所有制和集体所有制经济占绝对优势；实行国家高度集中的指令性计划经济体制，国家政权的行政命令成为推动经济活动的唯一动因。在政治上，实行高度集权的政治体制，甚至以党代政，党政不分；实行干部委任制和干部职务终身制，使干部队伍失去竞争力和活力；强化无产阶级专政的镇压职能，甚至把党内斗争看作阶级斗争，导致阶级斗争扩大化。在文化上，通过开展政治批判，形成一个舆论一致、思想一统、意识形态一元化的思想文

① 《列宁选集》第2卷，北京：人民出版社，2012年，第777页。

化体制；用行政手段统一人们的精神生活和思维模式；大搞领袖个人崇拜、个人迷信。苏联模式的形成，在特定的历史条件下对巩固苏联社会主义制度曾起到了重要作用，促进了苏联经济和整个社会生活快速发展，也为苏联军民夺取反法西斯战争的胜利发挥了重要作用。但随着时间的推移，苏联模式的弊端日益暴露，成为经济社会发展的障碍。正如邓小平同志所说："社会主义究竟是个什么样子，苏联搞了很多年，也并没有完全搞清楚。可能列宁的思路比较好，搞了个新经济政策，但是后来苏联的模式僵化了。"①由于苏联是世界上第一个社会主义国家，因此后来的社会主义国家在没有经验的情况下，大都仿效了苏联的体制，给这些国家的社会主义发展埋下了隐患。

从 20 世纪 50 年代中后期开始，苏联和一些东欧国家针对经济社会发展中的问题，相继开始进行体制上的尝试性改革。但最初的改革基本上都是修修补补，成效不是很大。面对累积起来的矛盾和问题，到了 20 世纪 70 年代中后期，改革在苏东国家再度兴起，一度还成为一种潮流。但在推进改革过程中，始终没有形成正确的指导思想，没有取得根本性突破，并发生了许多严重失误，最终更是由改革走上了改向的歧途。1985 年 3 月，戈尔巴乔夫当选为苏共中央总书记，提出了"加速战略"和根本改革经济体制的思想。但由于缺乏科学设计和恰当策略，改革没有取得预期的效果，反而加剧了国家的经济困难。此后，戈尔巴乔夫将改革重点由经济领域转移到政治领域，推行"人道的民主的社会主义"，最后彻底葬送了苏联社会主义，造成了东欧剧变的历史悲剧。

我国开始建设社会主义的时候，由于缺乏经验，也曾经搬用了苏联社会主义建设的模式，一度实行高度集中的计划经济体制。客观地看，这一体制曾为我国社会主义工业化奠定了初步基础，但在长

① 《邓小平文选》第 3 卷，北京：人民出版社，1993 年，第 139 页。

期的社会主义建设过程中，这种较少有中国独创性、并不完全适合中国国情的体制，弊端逐步暴露出来。毛泽东同志早在1956年苏共二十大以后就提出要“以苏为鉴”，进行马克思主义与中国实际的第二次结合，以期找到在中国进行社会主义革命和建设的正确道路。



党的十一届三中全会以后，以邓小平同志为核心的党的第二代中央领导集体在全面总结中国和国际共运经验教训的基础上，对发展模式问题进行了重新反思。邓小平同志在会见莫桑比克总统希萨诺时指出：“世界上的问题不可能都用一个模式解决。”这充分表明，各国应当根据本国的国情特点来选择自己的发展道路和发展模式。通过深入分析20世纪社会主义兴衰成败的历史经验，邓小平同志指出：“我们过去照搬苏联搞社会主义的模式，带来很多问题。我们很早就发现了，但没有解决好。我们现在要解决好这个问题，我们要建设的是具有中国自己特色的社会主义。”[①]也正是吸取了世界社会主义运动的经验教训，党的十一届三中全会以后，中国走上了一条不同于苏联模式的道路，开始建设中国特色社会主义。中国特色社会主义道路的开辟标志着当代中国共产党人已经破解了20世纪初期以来社会主义发展史上的一个“历史难题”，即在经济文化比较落后的国家如何建设、巩固和发展社会主义的难题。

在改革开放和现代化建设的过程中，中国共产党始终立足于国情，解放思想、实事求是、与时俱进、求真务实，不断探寻适合我国国情的社会主义经济建设、政治建设、文化建设、社会建设和生态文明建设的有效途径和方法，使中国特色社会主义建设取得了举世瞩目的伟大成就。针对当年东欧剧变对我国社会主义建设造成的严重冲击，邓小平同志曾坚定地指出：“一些国家出现严重曲折，社会主义好像被削弱了，但人民经受锻炼，从中吸取教训，将促使社会主义

① 《邓小平文选》第3卷，北京：人民出版社，1993年，第261页。

向着更加健康的方向发展。因此，不要惊慌失措，不要认为马克思主义就消失了，没用了，失败了。哪有这回事！”[①]今天，我国改革开放和社会主义现代化建设所取得的辉煌成就，不仅充分印证了当年邓小平同志预见的正确性，也充分说明中国特色社会主义道路是唯一适合中国的发展道路。

### （三）中国特色社会主义道路对资本主义国家发展模式的优势坚定着中国人民的道路自信

中国特色社会主义道路是世界现代化历史进程中不可分割的组成部分，具有世界历史意义。但中国特色社会主义道路又是一条不同于西方的全新的现代化道路，它打破了“欧洲中心论”“欧美模式主导论”，开辟了民族国家走向现代化的新途径。正如英国著名学者马丁·雅克所言，中国发展道路与西方有着根本不同，中国的崛起是一个新“现代化模式”的崛起，“那种认为世界上只有一种现代化，即西方现代化的观点，是一种谬论”。把中国特色社会主义道路放在世界现代化历史进程中来审视，就能更加深刻认识到中国特色社会主义道路是自主发展之路，具有强大生命力。

按照时间顺序，迄今为止共有三代国家和地区成功完成了经济社会的现代化转型。第一代主要是西欧、北美和东亚的日本等国家，第二代是以韩国和新加坡为代表的亚洲国家、欧洲的其他一些国家和少数拉美国家，第三代则是以中国为代表的亚非拉少数国家。与第一代和第二代实现现代化转型的国家和地区相比，中国需要克服的困难更多，自主发展的难度更大。从我国的社会性质和基本国情出发，中国的现代化模式不同于当年西欧以资本原始积累和对工人血腥压榨为条件的现代化模式，但又借鉴了西方现代化中最

---

① 《邓小平文选》第3卷，北京：人民出版社，1993年，第383页。

根本的要素即市场经济以及其他一些有益的东西，从而使我国经济社会获得快速发展。同时，我们还从亚洲一些国家和地区的崛起中得到一些现代化的启示，并对其成功经验进行借鉴。但吸收借鉴别国经验时，我们坚持从自身的历史和现实出发，尤其是坚持我国的社会主义性质，在发展道路上与它们有着原则上的不同。在经历1997年亚洲金融风暴之后，我们更加清楚地了解它们的问题与缺失，在现代化问题上坚持自主创新。20世纪的最后十年，拉丁美洲国家按照“华盛顿共识”所主张的现代化道路，搞以“自由化、私有化、市场化”为基本价值取向的新自由主义，一度兴旺发达，然而进入21世纪即陷入严重经济危机，宣告了“华盛顿共识”的破产。我们由此也增加了对“拉美陷阱”的警惕。中国特色社会主义道路所蕴含的现代化模式，创造了世界现代化进程中全新的中国模式，使中国特色社会主义道路具有强大的向前拓展的内生动力。

与西方发达国家的比较，实际上是中国特色社会主义道路与资本主义道路的比较，二者究竟孰优孰劣，通过比较中国和这些发达国家在世界金融危机中的不同表现就十分清楚了。爆发于2008年的这场世界金融危机，席卷全球，各国政府应对这场危机的能力和举措是各不相同的，受冲击的程度和走出危机的步伐也有很大差异，现实经济社会发展状况更是迥异。美国等西方发达国家是这场金融危机的发源地，受冲击也最大，而由于政府宏观调控乏力，导致经济持续下滑，不少发达国家勉强维持1%—2%的年增长率，有的国家则出现负增长，失业人口不断增加，生活水平明显下降，社会矛盾急剧上升，从而引发了政治危机和社会动荡，有的国家甚至沦落到破产的边缘。与之不同的是，我们党和我国政府采取果断有力的措施，千方百计拉动内需，刺激消费，稳定出口，把这场金融危机的冲击减少到了最低程度，在很短的时间内就走出了金融危机的阴影，率先实现回暖向好，社会安定祥和，人民幸福安康，令世人刮目相看。究其原因，除了改革开放使我国综合国力大增这一重要因素外，还在于我们走的是中国特色社会主义道路，搞的是社会主义市场经济。社会主义制度的巨大优越性之一就是可以集中力量办大事，而社会主义市场经济既能充分发挥市场对资源的配置作用，又能充分发挥政府对经济的宏观调控作用，是两只手而不是仅有市场这一只无形的手在起作用。社会制度不同、发展道路不同、经济基础不同，这才是“中国奇迹”的真正奥秘所在。

2016 年 2 月 5 日《环球时报》发布的“环球一周民意调查话题榜”显示，中国发展方向最受本国民众认可。这项调查是由法国益普索莫里分部于 2016 年 1 月 27 日进行的，它以全球 24 个国家的民众为受访者，通过面访和益普索网站访问的方式，调查各国受访者对各自国家发展道路的看法。总体上，38%的受访者认为国家正朝着正确的方向前进，62%的受访者认为国家发展方向是错误的。具体来看，89%的中国受访者认为“中国发展方向正确”，位居第一。第 2—10 位“认为自己国家发展方向正确”的受访者占比由高到低依次为沙特阿拉伯 78%、印度 72%、阿根廷 68%、俄罗斯 60%、加拿大 57%、澳大利亚 48%、日本 43%、英国 41%和土耳其 39%，美国 34%列第 13 位。而同时，由美国 CNN/ORC 民调于 2016 年 1 月 27 日进行的调查显示，近六成美国民众认为“美国正在变得更糟糕”。当该项调查问及“您如何看待美国未来的前景”时，57%的美国受访者认为“美国正在变得更糟”，43%认为“美国正在变得更好”。①

毫无疑问，改革开放以来中国所获得的发展与进步、成就与荣誉，都应归功于走中国特色社会主义道路。人们从中国特色社会主义道路的实践中已经深深地认识到，中国特色社会主义道路就是民族振兴之路、国家富强之路、人民幸福之路。

① “环球一周民意调查话题榜”，《环球时报》2016 年 2 月 5 日 05 版。

## 二、新形势下道路自信面临的挑战

当今世界正在发生广泛而深刻的变化,当代中国正在发生广泛而深刻的变革,在变化了的国内外形势下,走中国特色社会主义道路既面临着难得的发展机遇,也面临着诸多的困难挑战。当前,国内外对中国特色社会主义道路的质疑和否定不绝于耳,对西方历史传统和发展路径的认同与崇拜相当普遍,近代以来国民的历史阴影和弱势心态仍未彻底消除,理论失语、信心不足、选择性沉默和观望的心理仍有市场。

### (一)改革发展中存在的问题影响着人们的道路自信

当前,我国发展既面临大量的新情况、新问题,同时又面临长期努力解决但还没有解决好的老问题。1993 年 9 月 16 日,邓小平同志在和他的弟弟邓垦的谈话中曾经讲过:“十二亿人口怎样实现富裕,富裕起来以后财富怎样分配,这都是大问题。题目已经出来了,解决这个问题比解决发展起来的问题还困难。分配的问题大得很。我们讲要防止两极分化,实际上两极分化自然出现。要利用各种手段、各种方法、各种方案来解决这些问题……中国人能干,但是问题也会越来越多,越来越复杂,随时都会出现新问题。比如刚才讲的分配问题。少部分人获得那么多财富,大多数人没有,这样发展下去总有一天会出问题。分配不公,会导致两极分化,到一定时候问题就会出来。这个问题要解决。过去我们讲先发展起来。现在看,发展起来以后的问题不比不发展时少。”①

随着我国经济社会发展进入全面建成小康社会的决胜阶段,中国特色社会主义建设的各个方面发展非常快,取得的成就也非常

① 《邓小平年谱(1975—1997)》(下),北京:中央文献出版社,2004 年,第 1364 页。

多，特别是创造了经济长期高速增长的奇迹，这是举世公认的。但由于我国发展是跨越式的发展，我们用短短几十年的时间基本走完了西方国家用两三百年时间才走完的路。相应地，西方国家发展所带来的各种矛盾和问题是在两三百年中释放出来的，他们用两三百年来化解，而我国发展带来的问题和矛盾却短期内急剧释放，导致各种经济社会热点问题叠加传导，带有阶段性特征的发展问题和社会矛盾量大面广，使得中国的发展面临复杂的局面和状况。

对于中国面临的风险和挑战，党的十九大报告有这样集中鲜明的表述："我们的工作还存在许多不足，也面临不少困难和挑战。主要是：发展不平衡不充分的一些突出问题尚未解决，发展质量和效益还不高，创新能力不够强，实体经济水平有待提高，生态环境保护任重道远；民生领域还有不少短板，脱贫攻坚任务艰巨，城乡区域发展和收入分配差距依然较大，群众在就业、教育、医疗、居住、养老等方面面临不少难题；社会文明水平尚需提高；社会矛盾和问题交织叠加，全面依法治国任务依然繁重，国家治理体系和治理能力有待加强；意识形态领域斗争依然复杂，国家安全面临新情况；一些改革部署和重大政策措施需要进一步落实；党的建设方面还存在不少薄弱环节。"①这些风险和挑战归纳起来，就是发展迅速、成就显著，但问题累积、挑战很大，面临很多深层次、全局性、根本性、结构性的矛盾与难题。

中国正处在由中等收入阶段向高收入阶段跃进的关键期，中国也处在执政党反腐败斗争的攻坚期，中国还处在实现现代化过程中的国际国内矛盾凸显期。可以说，当代中国既有成长的快乐，又面临着成长的烦恼。习近平同志在党的十八届五中全会第二次全体会议上指出，今后五年，可能是我国发展面临的各方面风险不断积

① 习近平：《决胜全面建成小康社会 夺取新时代中国特色社会主义伟大胜利——在中国共产党第十九次全国代表大会上的报告》，北京：人民出版社，2017年，第9页。

累甚至集中显露的时期。我们面临的重大风险,既包括国内的经济、政治、意识形态、社会风险以及来自自然界的风险,也包括国际经济、政治、军事风险等。我们应力争不出现重大风险或在出现重大风险时扛得住、过得去。

面对前进道路上复杂多变的形势和繁杂多样的问题,一些人对中国特色社会主义道路不是那么自信,觉得中国在很多方面都存在危机和风险。他们把点上的问题看成面上的问题,把偶发的问题看成体制的问题,把历史的问题看成现实的问题,唯独对自己国家的根本优势视而不见,甚至主张改旗易帜走西方到处推销的发展道路。

### (二)社会主义运动陷入低潮影响着人们的道路自信

十月革命胜利以后,苏联建立社会主义制度并在建设中取得巨大成就,社会主义制度在苏联展现出旺盛生机和活力。俄罗斯公正俄罗斯党主席米罗诺夫说过:"苏联曾是一个伟大的强国,曾在很多方面取得了辉煌的成就,影响巨大,意义深远。即使是那些主张全盘否定苏联的人,至今也很难把这些巨大的历史成就完全推翻。苏联在人类发展史上留下的丰厚历史宝藏至今尚未被充分挖掘,它对人类文明发展进程的价值至今还不曾享受到全面系统、真实客观的历史公断。有些成就可谓一目了然:苏联让世界摆脱了法西斯主义瘟疫;苏联率先进入了太空;苏联创立了旨在服务大众的社会和医疗保障体系。苏联时期,劳动者的利益受到保护,年长者的生活得到保障,青年的成长受到关怀,科学和教育事业快速发展。苏联创造了巨大的资源基地、效果显著的规模经济和安全可靠的国防体系——所有这一切不过是'苏联成就'的一小部分。"

作为世界上第一个社会主义国家,苏联曾对20世纪产生过重大影响,甚至于在一定意义上可以说,20世纪是在苏联的标志下度过的。在十月革命发生之时，不仅俄国人，连世界上其他国家的工人阶级、先进分子都对它寄予厚望，并视它为学习的榜样。然而，苏联自20世纪70年代以后社会主义建设进展缓慢，社会主义制度优势逐步消失。20世纪80年代中期以后，苏联的改革由坚持和完善社会主义演变为全面否定社会主义，由此导致了严重的经济社会危机，最后，不仅社会主义制度优势丧失殆尽，而且社会主义大厦也完全坍塌，可谓“其兴也勃焉，其亡也忽焉”。

从世界社会主义运动的发展角度看，苏联是中国的近邻，对中国的革命和建设都产生过重大影响。在政治方面，我们正是在学习苏联的情况下建立了自己的国家政权。在经济方面，我们不仅接受了苏联巨大的援助，更把它的经济管理体制照搬照用。在文化方面，苏联文化和文学曾经影响几代中国人，许多已经被俄国人淡忘的苏联歌曲几乎成为中国的民歌。在国际关系方面，我们在新中国成立初期把国家的建设和发展同苏联紧密地联系在一起。

苏联解体使世界社会主义阵营遭受巨大冲击，世界社会主义运动一度处于低潮。东欧社会主义国家在苏联解体后相继选择了资本主义道路，世界社会主义国家由原先的15个减至5个，苏联各加盟共和国共产党员也不同程度地流失。同时，东欧剧变也使世界其他资本主义国家内的共产党组织遭受了严重打击，不少资本主义国家内部共产党均出现了分裂与分化，一些国家的共产党纷纷改旗易帜。在这种情况下，西方资产阶级开始对社会主义思想及运动冷嘲热讽，一些西方政客宣称，人类处在资本主义已经无可替代的世界上，不应再把社会主义视为制度、目标，而应把社会主义视为对现存社会的不断调整，以实现平等和互助的价值，“告别社会主义”制度。

苏联解体是一场民族灾难和历史悲剧。虽然说东欧剧变是不可避免的，其偶然存在于必然之中，任何地方发生的巨大事件，其背后必然有某种社会要求。但在我国，东欧剧变却对人们的思想形成了巨大的冲击，社会主义"过时论""终结论"或多或少地影响着一些人的认识。在许多人看来，资本主义必然灭亡、社会主义必然胜利的历史规律似乎失灵，中国特色社会主义道路能否一直走下去也还存在着不确定性因素。

## （三）西方加紧对我国实施意识形态渗透影响着人们的道路自信

当西方资本主义世界对社会主义国家的武力干涉不能奏效时，和平演变就成为其对付社会主义国家的主要手段。应该看到，西方敌对势力搞和平演变的危险在今天依然存在。特别是在东欧剧变之后，西方国家更是将和平演变的矛头直指中国。尽管我国一再强调和平发展、合作共赢，推动建设和谐世界和构建人类命运共同体，但我国作为世界第二大经济体和新兴大国，难免被某些守成大国及有些国家视为"威胁"，这些国家就会防范甚至打压我国。中国作为共产党领导的社会主义国家，将长期面对西方遏制、促变的压力，而意识形态渗透是西方敌对势力对我国推行西化、分化战略的主要手段。因此，在改革开放的同时有效地防范和平演变是社会主义国家的长期课题，也是我们党和国家须臾不可忘记的。

中国特色社会主义道路迸发出来的旺盛生命力，打破了西方发展模式为人类社会终极模式且不可改变、不可战胜的神话，突破了其妄图主导全球发展的垄断局面，为世界其他国家尤其是广大发展中国家实现国家现代性提供了极大的参考空间。然而，相对西方为发展中国家提供的现代化路径而言，中国特色社会主义道路在经济社会发展方式、价值观念和思维模式上有自己鲜明的独特性，在对外交往理念、政策和行为上有自己独有的标准。这使一些西方学者出于其根深蒂固的意识形态偏见或形形色色的政治意图，质疑甚至丑化中国特色社会主义道路，大肆否定中国特色社会主义道路所取得的成就，否定改革开放的成功与中国特色社会主义道路的关系，否定中国特色社会主义道路的社会主义性质，夸大中国特色社会主义道路面临的问题，认为中国特色社会主义道路在表面风光之下，蕴藏着巨大的社会危机。

现在，意识形态领域的情况很复杂，围绕发展模式和价值观的较量日益凸显，各种思想文化交流、交融、交锋日趋活跃，意识形态领域渗透与反渗透的斗争十分尖锐。以美国为首的西方世界，大肆宣扬“民主社会主义”“新自由主义”“历史虚无主义”等各种错误思潮，企图搞指导思想多元化，用资产阶级思想体系指导我国的改革开放，从而最终瓦解中国共产党和党领导下的中国特色社会主义道路。

国内外敌对势力采取的斗争方式隐蔽巧妙，极具诱惑性和欺骗性。许多斗争是用文明、学术外衣设置政治陷阱，以文明、学术思想掩盖政治意图，让一些缺乏敏锐性和鉴别力的人不知不觉掉入陷阱。这主要体现在：一是以文化、文明诱惑掩盖政治图谋。西方敌对势力抓住机会，往往通过各种名目的基金会、社会组织，以考察访问和培训为旗号，培植代理人，进行文化渗透；利用其在经济、政治、文化、科技、军事上的“话语权优势”，诱惑一些中国人尤其是专家学者、领导干部和企业家，使他们对中国的历史、传统、文化、文明、理论、思想失去自信，成为西方文化、思想的俘虏。二是用学术思想遮蔽政治图谋，以学术创新诱惑我国专家学者，使他们掉进西方所设计的政治陷阱。一些西方社会思潮确实提出了具有一定创新性和学术性的思想。但它们常常打着学术创新的旗号，以学术研究、学术交流、学术访问的面具来掩饰其政治意图，容易迷惑我们的一些专家学者，使他们丧失判断力和鉴别力。

《周易》说，“天行健，君子以自强不息”，强调人应该刚健自强、不断进取。1949 年，当毛泽东同志庄严宣告“中国人从此站立起来了”，豪迈指出“中国的命运一经操在人民自己的手里，中国就将如太阳升起在东方那样，以自己的辉煌的光焰普照大地”，中华民族的自信再次被强烈激发出来。这种自信激励着中国人民奋力投身于社会主义现代化建设，开启中华民族伟大复兴的新征程。但受西方意识形态渗透的影响，当前在一些人身上这种精气神却少了、弱了。一些人看不到自己国家发展取得的伟大成就，看不到自己国家的独特优势，自觉不自觉地跟着西方的价值标准走，落入西方“价值观陷阱”，对自己国家的发展丧失信心。这种妄自菲薄，消解的正是中华民族的精气神。

### （四）“中国道路”国际话语权的相对弱势影响着人们的道路自信

改革开放以来，基于几代中国共产党人的努力，我们在争取“中国道路”国际话语权的认识和实践方面都取得了历史性的进步。在世界政治舞台的重大场合和国家间交往的历史瞬间，党和国家领导人大量介绍“中国道路”获得的崭新成就，不断阐释“中国道路”取得的宝贵经验，深入解答国际社会对“中国道路”的疑惑猜测，使“中国道路”愈发清晰地展现在国际社会面前，越来越多地得到各国政要和世界人民的理解和尊重，并为他们所重视。由于世界各国普遍开始重视中国的发展道路、发展模式，国外的中国问题专家纷纷活跃起来，研究“中国道路”的相关著作大量出版，智库、论坛频繁举办专题辩论会，有的国家还成立专门的研究机构，甚至设立专项国家课题来研究“中国道路”。一时间，“中国道路”“中国模式”成为国外学术舞台持续热议的话题。在此过程中，中国学术界也主动参与进来，积极向国外学者阐述“中国道路”，争夺“中国道路”的学术话语权，围绕“中国道路”“中国成就”的讨论持续升温，进一步增强了“中国道路”“中国经验”的影响力。

但客观地看，虽然我们在争取“中国道路”国际话语权的过程中已大大改变了不利局面，取得了显著成就，但仍然存在着不少问题，面临着一定的风险挑战。一是自信缺失、底气不足，引发频繁失语。总体比较，西强我弱的国际话语格局依然没有改变。长期以来，以美国为首的西方大国以其国家硬实力为支撑，主导国际舆论导向，并形成话语霸权。在一些西方媒体和政府凭借其强大的话语霸权丑化中国的大潮中，中国媒体的声音时常被淹没。在学术界，关于“中国模式”的系统性研究，不仅是由西方学者最先展开的，而且这一议题的话语权也更多地掌握在国外学者手中。相反，国内学术界关于“中国道路”的研究不仅在一些方面存在着滞后和被动，而且不能甚至不敢在第一时间站出来与西方学者对话辩论，以至于错失了争夺“中国道路”话语主动权的宝贵时机，陷入频繁失语、无语的被动境地。

二是话语质量不高、话语体系不健全，造成“中国道路”的学术影响力较弱。近些年来，亨廷顿的“文明冲突论”、福山的“历史终结论”、约瑟夫·奈的“软实力论”、奈斯比特的“大趋势论”等学说一经提出，即引领了学术研究方向，掌握了该领域的话语优势。尤其在这些学说中涉及“中国道路”的论述，往往引发世界范围的跟风。近年来在我国大行其道的一些带有西方价值观的话语，如“和平民主”“地缘政治”“民主国家和无赖国家”等，带着浓重的西方研究范式和话语预设，用它们来解释“中国道路”，极易造成国际社会的误解，并使得我们在“中国道路”国际话语权问题上处于被动地位，受制于人。

三是争取他信不够、宣传力度不大，导致国际社会的误读、误解。自20世纪90年代以来，国际社会一直存在着断言中国将步苏联后尘的猜测和“中国道路”会走向崩溃的声音。然而随着时间推移，中国并没有崩溃，而是实现了经济社会快速发展，创造了“中国奇迹”。此时,国际社会又鼓吹“中国威胁论”“中国称霸论”“中国责任论”等论调,并且在热议“中国模式”的时候,也给“中国道路”贴上了各种标签。……并质疑中国经济发展质量,预测中国仍将走向崩溃。从目前来看,国际社会中还广泛存在着对“中国道路”似是而非、模糊不清、混乱杂糅乃至错误百出的认识。分析开来,除了一些敌对势力恶意歪曲“中国道路”的情况之外,我们自身对于“中国道路”的宣传解释工作做得不好,也是一个需要引起注意的问题。面对国外媒体对“中国道路”的大肆误读,国内新闻媒体却因为综合实力不济而导致新闻原创率、首发率不高,自己的声音很容易被西方媒体的声音掩盖掉。

中国这些年来取得的最伟大的成就,一言以蔽之,就是空前地增强了自身的硬实力。历史和残酷的现实都告诉我们:在这个世界上,没有硬实力是不行的。今天,中国经济总量和进出口总量位居世界第二、外汇储备位居第一。不过,我国发展也存在一定的问题和不足,很突出的一点就是国家硬实力与软实力发展不协调、不平衡,硬实力发展得快而软实力提升得慢。比如,相对而言经济方面强调得多、抓得紧、成就大,而社会、文化乃至生态文明建设方面虽然有所重视但力度不够、投入不足等,导致的结果是一方面经济飞速发展、经济实力显著提升,另一方面人们在政治、文化方面的自信依然不足,中国特色社会主义的优越感没有得到应有的认可和彰显。

今天的中国正不断走向世界舞台的中心,人们越来越喜欢拿中国与其他国家比较。这很正常,也很必要。正确的比较能让我们有“自知之明”,进而扬长避短、取长补短。我们对中国道路的自信,在很大程度上也是源于国际比较。但在当下,一些人在比较中总是本末倒置,忘记了我国的根本优势。新形势下,如何使经济硬实力与文化软实力彼此协调、经济影响力与文化影响力相辅相成、中国道路与中国话语有机结合，将发展优势转化为话语优势，是摆在我们面前的重要而紧迫的课题。

## 三、坚定道路自信必须抓住机遇迎接挑战

中国共产党带领中国人民坚定不移走中国特色社会主义道路，既有“咬定青山不放松，任尔东西南北风”的坚韧，又有“不管风吹雨打，胜似闲庭信步”的从容，迎来了中华民族从站起来、富起来到强起来的伟大飞跃，迎来了实现中华民族伟大复兴的光明前景。道路自信不等于道路自满，我们既要看到中国特色社会主义道路的辉煌成就，也要看到中国特色社会主义道路的困难和问题。当前，国内外形势正在发生深刻复杂变化，我国发展仍处于重要战略机遇期，前景十分光明，挑战也十分严峻。而只要积极应对，挑战就会转化为新的机遇。解决发展面临的一系列问题，关键是不能把应该坚守的根本给丢掉了，不能把已经生成的发展优势给放弃了。

### （一）在新的历史起点上坚持和发展中国特色社会主义

中国特色社会主义道路是不断探索、不断完善的开放性道路，它永不僵化、永不懈怠，将紧跟时代步伐与时俱进，紧贴实际国情变化不断巩固完善。我们的道路自信，也需要不断强化才能巩固提升。面对新的征程，只要全党全国各族人民紧密团结在以习近平同志为核心的党中央周围，坚定中国特色社会主义道路自信，为实现“两个一百年”奋斗目标和中华民族伟大复兴的中国梦不懈奋斗，就能创造出更加幸福美好的未来。

首先，坚持中国特色社会主义要有发展的观点。关于科学社会主义的基本原则及其运用，其创始人马克思、恩格斯在《共产党宣

言》1872 年德文版序言中这样写道："不管最近 25 年来的情况发生了多大的变化，这个《宣言》中所阐述的一般原理整个说来直到现在还是完全正确的"，但是，"这些原理的实际运用，正如《宣言》中所说的，随时随地都要以当时的历史条件为转移"。[①] 这是科学社会主义基本原则必须同各国的实际情况相结合的最经典的表述。习近平同志指出："马克思主义必定随着时代、实践和科学的发展而不断发展，不可能一成不变，社会主义从来都是在开拓中前进的。"[②]"坚持马克思主义，坚持社会主义，一定要有发展的观点。"[③]

中国特色社会主义是当代中国的科学社会主义，但绝不是科学社会主义的终结，还需要不断向前拓展。新一届中央领导集体产生后，世人最关注的，就是以什么开局。2012 年 11 月 17 日，十八届中共中央政治局就深入学习贯彻党的十八大精神进行第一次集体学习时，习近平同志指出："坚持和发展中国特色社会主义是贯穿党的十八大报告的一条主线。我们要紧紧抓住这条主线，把坚持和发展中国特色社会主义作为学习贯彻党的十八大精神的聚焦点、着力点、落脚点"。[④] 他还特别强调："坚持和发展中国特色社会主义是一篇大文章，邓小平同志为它确定了基本思路和基本原则，以江泽民同志为核心的党的第三代中央领导集体、以胡锦涛同志为总书记的党中央在这篇大文章上都写下了精彩的篇章。现在，我们这一代共产党人的任务，就是继续把这篇大文章写下去。"[⑤]

改革开放以来，虽然我们开创和发展了中国特色社会主义，取得

① 《马克思恩格斯文集》第 2 卷，北京：中央文献出版社，2009 年，第 5 页。

② 中共中央文献研究室编：《十八大以来重要文献选编》（上），北京：中央文献出版社，2014 年，第 114 页。

③ 中共中央文献研究室编：《十八大以来重要文献选编》（上），北京：中央文献出版社，2014 年，第 114 页。

④ 中共中央文献研究室编：《十八大以来重要文献选编》（上），北京：中央文献出版社，2014 年，第 72 页。

⑤ 中共中央文献研究室编：《十八大以来重要文献选编》（上），北京：中央文献出版社，2014 年，第 114 页。

了令人瞩目的成就，但是，从总体上看，我们与发达国家相比还有很大的差距，还有很长的一段路要走，前进道路上还存在不少困难。面对纷繁复杂的国际国内环境的严峻挑战，以什么样的姿态、什么样的精神状态来应对，对我们来说，是生死存亡的考验。“人无远虑，必有近忧”。我们要有道路自信，但这种道路自信并不等于盲目自信，我们要在充分认识中国特色社会主义道路是实现国家繁荣富强和人民幸福安康的唯一正确道路的基础上，正确认识发展中存在的问题，居安思危、未雨绸缪，坚定不移地推进中国特色社会主义事业。

其次，继续解放思想，在推进道路完善中强化自信。解放思想是发展中国特色社会主义的一大法宝，是党的思想路线的本质要求。党的十一届三中全会以来的历史，是改革开放的历史，是快速发展的历史，也是解放思想的历史。回顾我们的奋斗历程，特别是改革开放以来的历程，我们在实践上的每一个重大发展，理论上的每一个重大突破，工作上的每一个重大进步，都是解放思想的结果。解放思想为发展中国特色社会主义提供了思想保证。

实践发展永无止境，认识真理永无止境，道路探索同样没有止境。这要求我们继续解放思想。正如党的十九大报告所强调的：“历史车轮滚滚向前，时代潮流浩浩荡荡。历史只会眷顾坚定者、奋进者、搏击者，而不会等待犹豫者、懈怠者、畏难者。全党一定要保持艰苦奋斗、戒骄戒躁的作风，以时不我待、只争朝夕的精神，奋力走好新时代的长征路。”①实践表明，中国特色社会主义道路的强大生命力，在于发展的过程是一个不断探索实践、不断自我完善、不断创新的过程，是一个不断打破“定律”、改写“模式”的过程。换句话说，这是不断解放思想的过程。今后，我们仍需继续解放思想，努力

① 习近平：《决胜全面建成小康社会 夺取新时代中国特色社会主义伟大胜利——在中国共产党第十九次全国代表大会上的报告》，北京：人民出版社，2017 年，第 69—70 页。

破解阻碍发展的各种体制、机制和制度问题，努力在创造性工作中促进科学发展、在推进科学发展过程中完善中国特色社会主义道路，以此不断提升人民群众的道路自信。

再次，倡行实干兴邦，在攻坚克难征程中强化自信。“空谈误国、实干兴邦”，中国特色社会主义道路自信需要在攻坚克难中不断强化。随着我国改革开放进入深水区、攻坚期，我国经济社会发展也进入了矛盾凸显期，各种困难和挑战纷至沓来。只有战胜困难、规避风险、敢于迎接和正确应对挑战，才能在推动科学发展中进一步增强中国特色社会主义道路自信。

党的十九大报告在回顾取得的成就的同时，也深刻指出了前进道路上存在的问题与困难，以及摆在全党同志面前的考验和危险。这些问题与困难、考验和危险，既有国内的又有国外的，既有经济、政治、社会、文化和生态文明领域的，也有党的建设方面的。它们对我国社会主义道路自信所产生的冲击与挑战不可小觑。应该看到，我们党自诞生之日起，从来就是在战胜困难、应对挑战中成长壮大的，今天的困难挑战完全是能够克服的，我们面前既有困难挑战，也有战胜困难挑战的诸多有利条件。现实问题与困难只是暂时的，只要党员干部与人民群众齐心协力，沿着中国特色社会主义道路前进，任何问题与困难都会得到解决。科学研判并正确应对这些冲击与挑战，需要秉持实干精神，不畏艰险，沉着应对，需要不回避而直面，不讳言而坦诚，不急躁而稳妥，不懈怠而积极，未雨绸缪，迎接挑战，攻坚克难。这是我们沿着中国特色社会主义道路正确方向行进，获得道路自信的重要源泉。

### （二）决不能在根本性问题上出现颠覆性错误

“伐木不自其本，必复生；塞水不自其源，必复流；灭祸不自其基，必复乱。”2013 年 10 月，习近平同志指出：“中国是一个大国，决不能在根本性问题上出现颠覆性错误，一旦出现就无法挽回、无法弥补。”①这样一番论述，话所指、意所向，是十分清楚的。党的十八届三中全会通过的《中共中央关于全面深化改革若干重大问题的决定》明确指出，“改革开放的成功实践为全面深化改革提供了重要经验，必须长期坚持。最重要的是，坚持党的领导，贯彻党的基本路线，不走封闭僵化的老路，不走改旗易帜的邪路，坚定走中国特色社会主义道路，始终确保改革正确方向”。在全面深化改革的总纲领中对“根本性问题”的再次强调与说明，更加清晰地凸显了中国共产党的改革思维。

近年来，西方国家一些政治势力在认可中国经济发展成就时，并没有认可中国经济制度和体制改革上的成功，更没有认可中国政治制度和社会建设上的发展成就，反而以西方某些国家的政治观和价值观为评判标准，不遗余力地向中国推销其价值观念、意识形态、生活方式，试图“发现”中国正发生着他们所希望的“变化”。他们在中国推进经济体制改革的过程中，希望发现他们所需要的“全面市场化”的“变化”；在中国积极鼓励民营经济的发展中，希望发现他们所需要的“全盘私有化”的“变化”；在中国加强反腐败斗争、加强政治体制改革的进程中，希望发现他们所需要的“颜色革命”和政治制度的“变化”；等等。他们以各种各样的复杂心理，千百次地“预言”中国在一些“根本性问题”上会发生他们极其武断地预测到的“变化”，甚至是所谓的彻底“颠覆”。而在国内，既有试图改变中国特色社会主义的制度和道路，走西方邪路的种种思潮和认识；也有曲解当代中国社会发展的矛盾、困难和问题，试图回到封闭僵化的老路上去的种种思潮和认识。所有这些，在本质上，都是要“改变”乃至“颠覆”当代中国的一些“根本性问题”。

① 中共中央文献研究室编：《十八大以来重要文献选编》（上），北京：中央文献出版社，2014年，第438—439页。

中国承担不起颠覆性错误的代价，其前车之鉴是苏联解体。在戈尔巴乔夫当选为苏共中央总书记时，苏联在国内外面临的是一个困难、复杂、积重难返和富于挑战的形势。在国内，苏联模式的历史局限性使问题累积越来越多，传统经济体制已不适合生产力发展的要求，粗放发展的潜力已经耗尽，经济进入停滞时期，市场供应和人民生活水平与西方形成巨大反差；政治和意识形态等上层建筑不适合经济基础的要求，高度集中的政治体制和僵化的思想体系使经济和整个社会缺乏活力。在国外，世界新技术革命的蓬勃发展和西方发达国家进入新的发展时期，使苏联面临严峻的挑战，军备竞赛越来越支撑不住，经济竞赛已明显失利，科技竞赛更是越来越落后。戈尔巴乔夫深深地感到问题的严重性和进行根本改革的必要性、迫切性。问题在于：苏联改革的方向是什么？其理论依据何在？不幸的是，戈尔巴乔夫提出了所谓的"新思维"，并在其指导下进行全方位改革。"新思维"的要义是"走向人道的民主的社会主义"，其实质是否定现实社会制度和国家结构。因为出现了这种路线性、方向性和原则性错误，苏共放弃了自己的领导地位，实行多党制；否定现实社会主义制度，认同西方政治制度；改变经济基础，认同西方经济制度；否定以马列主义为指导的意识形态，主张意识形态多元化；走向主权共和国联盟，对共和国的主权要求无原则让步，最终导致了苏联的解体。

中国是一个拥有十三亿多人口的大国，别说解体，就是大规模动荡，都会带给世界巨大的灾难。法国历史学家托克维尔曾精辟地指出，"小国的目标是国民自由、富足、幸福地生活，而大国则命定要创造伟大和永恒，同时承担责任与痛苦"。因此，不仅中国承担不起颠覆性错误的代价，世界也承担不起。

历史和人民选择了马克思主义，选择了社会主义，选择了改革开放，选择了中国特色社会主义。我们既然遵循科学社会主义基本原则，就会永远扎扎实实地走中国特色社会主义这条路不动摇。实际上，近年来随着我国综合国力和国际地位上升，国际上关于“北京共识”“中国模式”“中国道路”等议论和研究也多了起来。一些外国学者认为，中国的快速发展，导致一些西方理论正在被质疑，一种新版的马克思主义理论正在颠覆西方的传统认知。曾经提出“历史终结论”的美国学者福山也修正了自己的观点，认为“‘中国模式’的有效性证明，西方自由民主并非人类历史进化的终点。人类思想宝库要为中国传统留有一席之地”。

## （三）增强人民的获得感、幸福感、安全感

科学社会主义反映了社会化生产力对变革生产关系的历史性要求。马克思主义经典作家不仅注重发展生产力，而且认为发展生产力是社会主义阶段的根本任务。列宁指出：“劳动生产率，归根到底是使新社会制度取得胜利的最重要最主要的东西。”①《共产党宣言》关于“无产阶级的运动是绝大多数人的、为绝大多数人谋利益的独立的运动”的论述，则进一步表明科学社会主义反映了无产阶级和人民群众自由解放的价值追求。社会主义国家大力发展生产力，要在确保一定速度的基础上把质量和效益放在突出位置，正确处理积累和消费的关系，在经济发展的同时使人民生活水平不断得到提高，这是社会主义制度优势发挥必不可少的物质保障。只有发展生产力，才能使社会主义不断完善和成熟，才能消除贫困，提高人民生活水平，才能增强综合国力，为实现共产主义奠定坚实物质基础。

我们党之所以要领导人民走社会主义道路，是因为认定社会主义生产关系比旧时代生产关系更能够适合生产力发展的要求，能够容许生产力以旧社会所没有的速度发展，因而使人民不断增长的需

① 《列宁选集》第4卷，北京：人民出版社，2012年，第16页。

求能够逐步得到满足。新中国成立后的社会主义实践,在相当程度上体现了社会主义的优越性。只是由于一度将计划经济与社会主义等同起来,将市场经济与资本主义等同起来,人民生活改善不够,群众积极性受到影响,制约了生产力的发展和社会主义优越性的发挥。

面对社会主义建设中的挫折,我们党及时总结经验教训,全面推进改革开放。邓小平同志指出:"改革首先要打破平均主义,打破'大锅饭'。"进而提出了衡量改革的"三个有利于"标准,作出了"社会主义的本质是解放生产力,发展生产力,消灭剥削,消除两极分化,最终达到共同富裕"的科学论断,在更高的层面上明确了把解放生产力、发展生产力同实现最广大人民的根本利益结合起来、统一起来的基本路径,那就是改革开放、发展社会主义市场经济。党的十九大强调,"实现'两个一百年'奋斗目标、实现中华民族伟大复兴的中国梦,不断提高人民生活水平,必须坚定不移把发展作为党执政兴国的第一要务,坚持解放和发展社会生产力,坚持社会主义市场经济改革方向,推动经济持续健康发展"①。正如习近平同志所指出的,党的十一届三中全会以来,我们党始终坚持以经济建设为中心,集中精力把经济建设搞上去、把人民生活搞上去。只要国内外大势没有发生根本变化,坚持以经济建设为中心就不能也不应该改变。这是坚持党的基本路线一百年不动摇的根本要求,也是解决当代中国一切问题的根本要求。同时,只有物质文明建设和精神文明建设都搞好,国家物质力量和精神力量都增强,全国各族人民物质生活和精神生活都改善,中国特色社会主义事业才能顺利向前推进。②

① 习近平:《决胜全面建成小康社会 夺取新时代中国特色社会主义伟大胜利——在中国共产党第十九次全国代表大会上的报告》,北京:人民出版社,2017年,第29—30页。

② 《胸怀大局把握大势着眼大事 努力把宣传思想工作做得更好》,《人民日报》2013年8月21日01版。

道路是否正确，不仅要看这条道路在理论上有多么丰富的思想内涵，更要看国家发展、社会进步和人民幸福在多大程度上得益于这条道路。我们党领导人民坚持走中国特色社会主义道路，目的是让老百姓过上更加幸福的生活，这是中国特色社会主义道路在价值追求上的最大特色。中国特色社会主义始终遵循着社会主义发展的历史逻辑，把坚持以人民为中心贯穿于社会主义建设的全过程，体现在经济社会发展的各个方面。中国特色社会主义坚持以人民为中心，首先体现为充分发挥人民群众的首创精神，努力实现人民的愿望、满足人民的需要、维护人民的利益，使发展成果更多更公平地惠及全体人民。同时体现为关心人的价值、权益和自由，维护人的尊严，为人的全面发展创造更加充实的条件。有了坚持以人民为中心的发展思想，中国特色社会主义道路才得到了广泛的认同，才有了深厚的社会基础。

实践已经充分证明，中国特色社会主义道路是我国实现社会主义现代化的必由之路，是满足人民对美好生活向往的必由之路，它承载着、实现着人民对美好生活的期待。这一点，任何人都无法否认，即使是一些对中国特色社会主义道路充满疑虑的西方人士，也都承认这条道路给中国人民带来了福祉。当前，中国特色社会主义伟大事业正处在全面建成小康社会的决胜阶段，绝不能出乱子，必须聚精会神搞建设，一心一意谋发展，努力实现好、维护好、发展好人民的根本利益。习近平同志指出："我们要牢记人民对美好生活的向往就是我们的奋斗目标，坚持以人民为中心的发展思想，努力抓好保障和改善民生各项工作，不断增强人民的获得感、幸福感、安全感，不断推进全体人民共同富裕。我坚信，中国人民生活一定会一年更比一年好。”[①]沿着中国特色社会主义道路走下去，我们党还将满足人民什么样的新期待呢？那就是实现中华民族伟大复兴这个近代以来中国人民最伟大的梦想。



### （四）增强“中国道路”国际话语权

增强“中国道路”国际话语权是一个由内向外的过程。积极主动地展现“中国道路”的比较优势，谱写“中国道路”的世界意义，不断凝聚“中国道路”的话语力量，必须正视“中国道路”国际话语权面临的挑战，强化自信，创新话语，优化手段，在做大做强中国“硬实力”的同时维护发展好中国“软实力”，建构与中国国家实力和国际地位相称的话语优势。

首先，要夯实“中国道路”的话语根基。在当前西方学术界对“中国道路”的误读、误解中，一个突出的方面就是只承认“中国道路”“中国模式”在经济上的合法性，而否定这条道路的政治合法性，试图在淡化“中国道路”意识形态色彩的同时，给“中国道路”披上西方价值的外衣。为此，中国学者必须改变之前那种慎提、避提、不提的态度立场，勇于揭批其谬误，要旗帜鲜明地表明“中国模式”姓“社”、姓“马”。一方面，要不断夯实“中国道路”的马克思主义话语根基。“中国道路”是马克思主义与中国实践相结合的产物，在增强“中国道路”国际话语权的过程中，要牢固树立起马克思主义的学术语境，自觉把“中国道路”置于马克思主义世界观、方法论的统领指导之下，在马克思主义话语框架中建构“中国道路”话语体系。另一方面，要把中国特色社会主义理论体系作为阐释“中国道路”的当代

① 《习近平在十九届中共中央政治局常委同中外记者见面时强调 新时代要有新气象更要有新作为 中国人民生活一定会一年更比一年好》(2017 年 10 月 18 日)，《人民日报》2017 年 10 月 26 日 02 版。

话语。中国特色社会主义理论体系是我们党坚持马克思主义理论品格，将马克思主义与时俱进地本土化、民族化的产物，是我们党在新时期社会主义建设的历史实践中创造并发展完善的理论成果。如果说马克思主义理论为“中国道路”提供了极具信服力的解释框架，那么作为当代中国的马克思主义，中国特色社会主义理论体系既与马克思主义、毛泽东思想一脉相承，又与时俱进地说出了新话，遂成为“中国道路”的当代话语。坚定自信，就是要用这些理论成果诠释“中国道路”，特别是要突出中国特色，突出实践环节。

其次，要展现“中国道路”的比较优势。“中国道路”的比较优势，不仅是我们坚定自信的实践基础，也是我们增强“中国道路”国际话语权的有力武器。坚定自信，就要有理有据地向世界阐释“中国道路”，就要敢于直面现实问题，理直气壮地通过讲道理、摆事实，从两种制度、两条道路的对比中说明自己的优越性。针对西方社会对“中国道路”的歪曲，特别是要突出以下两个方面：一方面，要充分阐明“中国道路”是一条和平发展道路。与之前的资本主义大国崛起根本不同，中国不会走“国强必霸”的道路，中国的发展不仅不会给别的国家带来伤害，反而会给大多数国家和人民带来实惠。对“中国威胁论”之类的无端指责，要摆事实、讲道理，大张旗鼓地宣传“中国道路”的道义优势。另一方面，要充分阐明“中国道路”是一条自主发展道路。面对西方发达国家的经济科技优势，中国虽然还存在不小的差距，但是“中国道路”业已显示出强大旺盛的生命力，中国正在加速缩小与西方发达国家的差距。面对世界经济危机，资本主义社会的弊端又一次暴露无遗，而“中国道路”却成了全球经济的“压舱石”“稳定器”和“发动机”，凸显出我们的比较优势。这是人类以往发展模式所不具备的，对此也必须说清道明。

再次，要构建“中国道路”的对外话语体系。面对世界范围思想文化的交流交融交锋,以习近平同志为核心的党中央明确提出了“加强话语体系建设,着力打造融通中外的新概念新范畴新表述”的要求。为了更好地向世界说明中国,必须着力构建“中国道路”对外话语体系,使国际受众能够“听得懂”。这既是我们在宣传工作中必须掌握好、运用好的一个方法,也是在增强“中国道路”国际话语权的实践过程中必须遵守的基本准则。一是要积极构建中国特色哲学社会科学。一方面要增大原创成果的分量,避免人云亦云、亦步亦趋。要自觉以马克思主义的世界观和方法论为根本遵循,以当代中国的发展为中心,说出新话,写出新的著作。另一方面要提升理论逻辑的水平,防止理论疏浅粗陋、难经推敲。要保证提出的思想观点经得住实践的检验和理论的辩驳,避免因条理不清而令人费解,陷入自说自话的冷场局面。二是要大力吸纳反映中国历史文化的话语元素。中华文明绵延数千年,创造出许多优秀文化成果,既构成中国在世界文化中的民族标志,深深吸引着国际社会和各国人民,也为“中国道路”对外话语体系的建构提供了文化底色。诸如“天下大同”的社会理想,“轻君重民”的朴素民本思想等,均可见之于“中国道路”的内涵之中。这些话语背后的思想理念,具有一定普适性,放在今天,也是大多数国家都可以认可和接受的,不仅深受广大发展中国家青睐,也易于被发达国家接受。三是要着力打造融通中外的新概念、新范畴、新表述。这是形成独具中国特色、能与国际交流的对外话语体系的关键一步。要努力打造出一些如“中国梦”“科学发展”“新型大国关系”“和谐世界”“命运共同体”等新概念、新表述,用这些西方学者和民众能够理解、乐于接受的话语概念解释“中国道路”,让国外受众想了解、能听懂、愿接受。只有这样,才能使“中国故事”引起国际社会的广泛兴趣和共鸣,不断增强“中国道路”的说服力和认可度。

最后，要提高“中国道路”的传播能力。在增强“中国道路”国际话语权问题上，习近平同志曾讲过，讲好故事，事半功倍。一方面，要讲好中国故事。中国故事是“中国道路”发展中的点滴片段，传递着中华民族的良好形象，记载着中国发展的巨大成就。中国故事通俗易懂且字字传情，一则真实、淳朴、感人的短小故事可能胜过万语千言的口号宣传。在这一点上，习近平同志不但积极倡导，更是躬身践行。他在国际社会讲了很多中国故事，获得了强烈反响。在2015年9月的访美之行中，习近平同志回忆了他在梁家河插队、成长的经历，讲述了他同村民们一起睡土窑土炕和村民们几个月吃上一顿肉都觉幸福的微小细节，以及40多年后他再次回到梁家河村的所见所闻，用中国一个小村庄的变化，来说明改革开放以来中国社会的巨大进步，形象地说明中国的发展，给美国人留下了深刻印象。把整个“中国故事”讲精彩，就能为“中国道路”赢得人心，营造出一个轻松良好的国际舆论环境。另一方面，要传播好中国声音。要进一步完善新闻发布制度，对国际社会希望了解的中国发展情况进行及时通告，特别是健全应急报道和舆论引导机制，防止国际社会因听信一些不负责任、歪曲事实的报道和恶意攻击、造谣中伤的流言而对“中国道路”产生负面印象。要进一步做好白皮书的出版发行和宣传推广工作，白皮书代表中国政府立场，是最权威的中国声音。自1991年第一部白皮书发布以来，我国政府已累计发布白皮书90多部，涉及中国内政外交国防的多个方面，客观翔实地介绍了我国政府在一些重大问题上的政策主张、原则立场和取得的进展，极大地增进了国际社会对中国的了解和认识。要做好领导人出访的宣传报道工作。这几年我们在这方面取得了一定经验，执行了不少好的做法。2015年9月，习近平同志访问美国期间，《人民日报》、新华社等主流媒体不仅在其英文版网站同步更新习近平同志在美国的访问日记,还在美国大型社交平台 Facebook 上创建了习近平访美主页(Xi's US Visit),连续更新,发布了许多照片和视频,吸引了美国民众和国际社会的注意,使中国声音得以有效传递。

中国的实践充分证明,中国特色社会主义既是我们创造出举世瞩目发展成就的来路,也是我们满怀信心向着民族复兴奋进的前途。只要坚持走自己的路,不怕打、不怕压,不信邪、不怕鬼,不畏惧前进道路上的困难,我们就一定能够克服困难,乘胜前进,在中国特色社会主义道路上行稳致远。

第九章

# 走好中国路、创造新辉煌
# ——以道路自信助推伟大事业

自信不仅仅是一种姿态，也是一种力量。道路决定命运，道路引领未来。坚定道路自信要求我们，既要毫不动摇地坚持和发展中国特色社会主义，坚定不移沿着中国特色社会主义道路前进，又要把这种自信转化为推动中国特色社会主义事业发展的强大力量，实现中华民族伟大复兴和社会主义现代化建设新的辉煌。

## 一、更加坚定地走好中国道路

举什么旗、走什么路，历来关系党和国家事业的兴衰成败。高举中国特色社会主义伟大旗帜，坚定地走中国特色社会主义道路，既是当代中国历史发展的必然结果，也是当代中国开辟未来的必然选择。中国特色社会主义既体现了科学社会主义的基本原则，又具有鲜明的时代特征和中国特色，是中国共产党人在当代中国实践科学社会主义的伟大创造。历史和实践证明，中国特色社会主义是当代中国发展进步的根本方向，只有中国特色社会主义才能引领中国、发展中国、富强中国。面对美好的未来,我们必须更加坚定地沿着中国特色社会主义道路走下去。



### (一)保持正确根本方向,绝不犯颠覆性错误

道路问题,是关系党的事业兴衰成败的根本性问题。这一根本性问题,说到底,就是坚持中国特色社会主义这一根本方向的问题。改革开放以来,我们党和人民牢牢把握住这一根本方向,高举中国特色社会主义伟大旗帜,在中国特色社会主义道路上奋勇前进,使我国经济社会焕发出蓬勃生机和活力,经济总量和综合国力大幅度跃升,人民生活总体上实现了从温饱到小康的历史性跨越,国际地位显著提高。在中国特色社会主义道路上,我们用几十年的时间,就走过了发达国家三百年所走过的历程,跃升为世界第二大经济体。相反,一些国家或陷入经济危机,或陷入发展陷阱,或陷入社会动荡。这些事实充分彰显了中国特色社会主义的巨大优势和光辉前景,证明了党和国家事业的发展道路是正确的,具有强大的优越性和生命力。面向未来,我们必须坚定不移地走中国特色社会主义道路,始终坚持中国特色社会主义的根本方向。对此,习近平在省部级主要领导干部"学习习近平总书记重要讲话精神,迎接党的十九大"专题研讨班的讲话中指出,中国特色社会主义是改革开放以来党的全部理论和实践的主题,全党必须高举中国特色社会主义伟大旗帜,牢固树立中国特色社会主义道路自信、理论自信、制度自信、文化自信,确保党和国家事业始终沿着正确方向胜利前进。

党的十八大以来,习近平同志反复强调坚定道路自信,坚持走中国特色社会主义道路,决不能在根本性问题上出现颠覆性错误。1956 年 9 月召开的中共八大,对社会主义改造基本完成后中国阶级关系和国内主要矛盾的变化进行了正确的分析,作出了把党和国家的工作重点转移到社会主义建设上来的重大战略决策。这一路线

和决策无疑是正确的，但并没能得到坚持，一年后就改变了党的八大关于中国社会主要矛盾的正确论断，彻底颠覆了党的八大制定的探索中国社会主义建设道路的正确路线，给党、国家和人民带来深重的灾难。同样的教训，在苏联也上演过。苏联在改革的进程中，动摇和放弃社会主义原则，放弃党对军队的领导，最终导致苏共丧失执政地位，社会主义在苏联遭遇失败。苏联解体后绝大部分民众的生活水平突降了一半，吃到嘴里的东西整整减少了一半，伏尔加格勒州男性人均预期寿命减少10岁，女性减少5岁。一位经历了苏联解体的女教师对媒体记者说："过去我总认为理想、信念、主义、道路这些东西虚无缥缈，与我相距甚远，甚至没有任何关系。但俄罗斯近十几年社会发展实践的惨痛教训告诉我，那些似乎虚无缥缈的理想、信念、主义、道路实际上与国家民族的命运乃至于我们每个人和每个家庭的命运都是息息相关的。"历史一再证明，在根本性问题上一旦出现颠覆性错误，就无法挽回、无法弥补，使努力得来的好日子前功尽弃。

保持正确根本方向，必须警惕和防止否定改革开放、否定中国特色社会主义的错误认识和错误思潮。党的十一届三中全会以来，否定改革开放、否定中国特色社会主义的错误思潮就一直存在，从来没有销声匿迹过。他们无视我国改革开放所取得的辉煌成就，肆意曲解和放大改革中的矛盾和问题，指责"现在中国进行的改革是变公有制为私有制的改革，是变社会主义为资本主义的改革"，"现在所谓的'中国特色社会主义'，从主要特征来说，实际是走的'中国特色资本主义'邪路"。他们甚至认为党的十一届三中全会以来"执行的是一条以错误的理论和错误的思想为指导的错误路线"，攻击中国特色社会主义道路是"错误、邪恶之路，资本主义之路"，是"使国家和民族走向毁灭的绝路"。他们主张要彻底改弦更张，"再来一次全面拨乱反正”。[1] 这实际上是要重新回到封闭僵化的老路上去,我们必须高度警惕。

保持正确根本方向,必须警惕和防止背离改革开放的社会主义方向。这分为两种情况:一种是企图改变改革的社会主义方向,他们在经济上鼓吹“私有化”,要求取消公有制主体地位;政治上要求取消中国共产党的领导,否定中国特色社会主义政治制度;文化上宣扬西方的普世价值,否定社会主义核心价值体系;等等。这实际是走改旗易帜的邪路。另一种情况是打着“改革”和“中国特色”的旗号,利用手中掌握的权力和资源,疯狂谋取个人和小团体的私利,漠视人民群众的利益,罔顾国家民族大义,形成利益固化的藩篱,而当改革危及他们的自身利益时,他们又极力阻碍改革的深化和改革共识的形成,他们的行为完全背离了党的宗旨,背离了中国特色社会主义共同富裕、公平正义的根本原则,背离了改革开放社会主义的方向。

改革开放是决定当代中国命运的关键一招,也是决定实现“两个一百年”奋斗目标、实现中华民族伟大复兴的关键一招。我国过去近40年的快速发展靠的是改革开放,我国未来发展也必须坚定不移依靠改革开放。当前,我国改革已进入攻坚期和深水区,留下来的都是比较难啃的硬骨头,甚至是牵动全局的敏感问题和重大问题。我们必须旗帜鲜明地以马列主义和中国特色社会主义理论为指导,坚持改革是社会主义制度的自我完善和发展,旗帜鲜明地反对各种错误思潮,反对照搬西方议会制度,反对多党轮流执政,不为任何风险所惧,不为任何干扰所惑,更加自觉、更加坚定地坚持党的十一届三中全会以来的路线方针政策,既不走封闭僵化的老路,也不走改旗易帜的邪路,坚定不移走党和人民在长期实践中开辟的正确道路,确保改革沿着中国特色社会主义的正确方向胜利前进。

---

① 宋俭:《警惕两种形式的“颠覆性错误”》,《人民论坛》2014年第16期。

## （二）准确把握中国国情，既不妄自菲薄也不妄自尊大

走好中国道路，必须从我国基本国情出发。毛泽东同志指出："认清中国的国情，乃是认清一切革命问题的基本的依据。"①我国革命和建设的正反两方面经验表明，能否顺利推进我们的事业，首要的就是能否科学判断和正确认识我国基本国情。正确认识我国国情，是我们党领导人民不断取得革命、建设和改革胜利的一条重要经验。当前，我国最大的国情，就是正处于并将长期处于社会主义初级阶段。这是我们党运用马克思主义分析中国国情得出的科学结论。这一论断表明，我国社会已经是社会主义社会，我们必须坚持而不能离开社会主义；我国的社会主义还处在初级阶段，我们必须从这个实际出发，而不能超越这个阶段。对于这个初级阶段，我们必须始终牢记、清醒把握。对此，邓小平同志曾指出："我们搞社会主义才几十年，还处在初级阶段。巩固和发展社会主义制度，还需要一个很长的历史阶段，需要我们几代人、十几代人，甚至几十代人坚持不懈地努力奋斗，决不能掉以轻心。"②

深刻把握社会主义初级阶段基本国情，是我们党不断推进实践创新、理论创新、制度创新的基本立足点。十一届三中全会以来，我们党在正确认识社会主义初级阶段基本国情，科学判断党所处的历史方位，准确把握世界发展趋势和时代发展特点的基础上，不断开创建设中国特色社会主义事业的新境界，开辟了中国特色社会主义道路，形成了中国特色社会主义理论体系，确立了中国特色社会主义制度。党的十八大以来，以习近平同志为核心的党中央，从我国

① 《毛泽东选集》第2卷，北京：人民出版社，1991年，第633页。

② 《邓小平文选》第3卷，北京：人民出版社，1994年，第379—380页。

社会发展的历史方位、党和国家事业发展大局出发,从历史和现实、理论和实践、国内和国际的结合上,深刻认识和把握我国社会发展的阶段性特征,深刻阐述了新的历史条件下坚持和发展中国特色社会主义的一系列重大理论和实践问题,深刻阐明了未来一个时期党和国家事业发展的大政方针和行动纲领,提出了一系列新的重要思想、重要观点、重大判断、重大举措,把中国特色社会主义事业全面推向前进。实践表明,只有深刻把握社会主义初级阶段基本国情,一切从社会主义初级阶段这一基本国情出发,才能坚持中国特色社会主义道路不动摇。

党的十八大以来,在新中国成立特别是改革开放以来我国发展取得的重大成就基础上,党和国家事业发生历史性变革,我国发展站到了新的历史起点上,中国特色社会主义进入了新的发展阶段。中国特色社会主义不断取得的重大成就,意味着近代以来久经磨难的中华民族实现了从站起来、富起来到强起来的历史性飞跃,意味着社会主义在中国焕发出强大生机活力并不断开辟发展新境界,意味着中国特色社会主义拓展了发展中国家走向现代化的途径,为解决人类问题贡献了中国智慧、提供了中国方案。① 但我们必须清醒地认识到,我国仍处于并将长期处于社会主义初级阶段的基本国情没有变,人民日益增长的美好生活需要和不平衡不充分的发展之间的矛盾这一社会主要矛盾没有变,我国是世界上最大发展中国家的国际地位没有变。我国虽然已成为世界第二大经济体,但人均 GDP 才刚刚突破 8000 美元,地区发展还很不平衡,目前仍有 4300 多万贫困人口,发展中的问题和短板还不少。因此,在任何情况下,我们都必须始终保持清醒头脑,既不妄自菲薄、自甘落后,也不脱离实际、急于求成,始终坚持把社会主义初级阶段基本国情,作为推进改

① 《高举中国特色社会主义伟大旗帜 为决胜全面小康社会实现中国梦而奋斗》,《人民日报》2017 年 7 月 28 日 01 版。

革、谋划发展的根本依据，作为制定路线方针政策的基本遵循，作为做好各项工作的重要前提，在继续推动经济发展的同时，更好解决我国社会出现的各种问题，更好实现各项事业全面发展，更好发展中国特色社会主义事业，更好推动人的全面发展、社会的全面进步。

### （三）坚持党的基本路线，既不偏离也不动摇

党的基本路线，是党在一定时期指导全局工作的总路线、总方针、总政策。在社会主义初级阶段，党的基本路线是：领导和团结全国各族人民，以经济建设为中心，坚持四项基本原则，坚持改革开放，自力更生，艰苦创业，为把我国建设成为富强、民主、文明、和谐、美丽的社会主义现代化国家而奋斗。这条基本路线的核心内容，是“一个中心、两个基本点”，“一个中心”即“以经济建设为中心”，“两个基本点”即“坚持四项基本原则，坚持改革开放”。这条基本路线是党的最高纲领在社会主义初级阶段的具体体现，是马克思主义与中国具体国情相结合的产物。改革开放近40年来，我们党能够团结带领人民，经受住各种困难和风险的考验，保持经济快速发展和社会政治稳定，最根本的就是坚决排除各种干扰，坚定不移地贯彻执行党的基本路线。党的基本路线，是中国特色社会主义道路包含的一项重要内容。走好中国道路，必须坚持党的基本路线，决不能偏离，更不能动摇。

党的基本路线是党和国家的生命线。邓小平曾告诫全党：“要坚持党的十一届三中全会以来的路线、方针、政策，关键是坚持‘一个中心、两个基本点’。”“基本路线要管一百年，动摇不得。”①江泽民反复强调，毫不动摇地坚持党的基本路线，是我们事业能够经受风险考验、顺利达成目标的最可靠的保证。胡锦涛指出，要坚持把

---

①《邓小平文选》第3卷，北京：人民出版社，1993年，第370—371页。

以经济建设为中心同四项基本原则、改革开放这两个基本点统一于发展中国特色社会主义的伟大实践,任何时候都决不能动摇。习近平强调,“全党要牢牢把握社会主义初级阶段这个最大国情,牢牢立足社会主义初级阶段这个最大实际,更准确地把握我国社会主义初级阶段不断变化的特点,坚持党的基本路线”①。我国社会主义现代化建设的实践,也充分证明:以经济建设为中心是兴国之要,是我们党、我们国家兴旺发达和长治久安的根本要求;四项基本原则是立国之本,是我们党、我们国家生存发展的政治基石;改革开放是强国之路,是我们党、我们国家发展进步的活力源泉。因此,党的基本路线要管一百年,需要一代又一代人坚定不移地贯彻下去。

坚持党的基本路线不动摇,最根本的是要坚持以经济建设为中心不动摇。党的基本路线只有一个中心,不是也不能是多个“中心”。因此,党和国家的各项工作都要服从和服务于经济建设这个中心,牢牢把握住这个中心,不能离开这个中心,更不能干扰这个中心。如果动摇或丢掉经济建设这个中心,就从根本上动摇了党的基本路线。坚持党的基本路线不动摇,要处理好“一个中心”与“两个基本点”的关系。一方面,坚持四项基本原则,坚持改革开放,都是为了更好地解放和发展生产力,因此“两个基本点”都必须服从和服务于经济建设这个“中心”。另一方面,经济建设这个“中心”,也不能离开“两个基本点”。坚持四项基本原则为经济建设提供保证和方向,坚持改革开放为经济建设提供动力和条件。二者紧密联系、相辅相成统一于发展中国特色社会主义的伟大实践,不能割裂。同时,两个基本点之间也相互贯通,相互依存。四项基本原则规定了改革的社会主义方向,是改革开放健康发展的保证;改革开放作为社会主义的强国之路,又赋予四项基本原则以新的时代内容。坚持

① 《高举中国特色社会主义伟大旗帜 为决胜全面小康社会实现中国梦而奋斗》,《人民日报》2017年7月28日01版。

党的基本路线不动摇，必须提高广大党员和人民群众全面贯彻执行党的基本纲领的自觉性和坚定性。党的基本纲领是党的基本路线在经济、政治、文化等方面的具体体现，是统一思想、团结奋斗的科学指南。坚持党的基本路线不动摇，在现阶段就是要坚持党在社会主义初级阶段的基本纲领不动摇，就是要提高广大党员和人民群众全面贯彻执行党的基本纲领的自觉性和坚定性，只有这样才能更好地完成各项工作任务，早日实现党在社会主义初级阶段的既定目标。

## （四）坚持党的领导，决不偏移也决不脱离

中国共产党是中国特色社会主义事业的领导核心。只有在党的领导下，我们才能既不走封闭僵化的老路，也不走改旗易帜的邪路，保证中国特色社会主义事业发展的正确方向，我们才能把亿万人民团结凝聚起来为共同事业而奋斗，迎来国家富强、民族振兴、人民幸福的光明前景。中国特色社会主义道路是在党的领导下开辟的，也是在党的领导下拓展的。坚定道路自信，要求我们必须坚持党的领导，任何时候都不能脱离党的领导。

坚持党的领导，必须巩固党的团结统一，自觉拥党、爱党、护党、兴党。党的团结统一是全国各族人民的根本利益所在。对于我们这样一个幅员辽阔、人口众多的发展中大国来说，对于我们这样一个有8900多万党员、正领导着建设和发展中国特色社会主义这一伟大事业的执政党来说，维护党的团结统一至关重要。只有维护党的团结统一，不断增强党的创造力、凝聚力、战斗力，才能保证国家统一、民族团结和社会和谐，才能保障改革开放和现代化建设的顺利进行。尤其是在我国改革发展进入关键阶段，面对错综复杂的国内外形势和艰巨繁重的改革建设任务，我们党要领导人民继续解放思想，坚持改革开放，推动科学发展，促进社会和谐，夺取中国特色

社会主义新胜利，全面建成小康社会，维护党的团结统一显得更为重要。每一个共产党员特别是党员领导干部任何时候都不能忘记维护党的团结统一这个大局，都要把维护党的团结统一作为应尽的义务，自觉拥党、爱党、护党、兴党。

坚持党的领导，必须坚决维护党的集中统一，自觉遵守党的政治纪律。巩固党的团结统一，既要充分发扬党内民主，又要坚决维护党的集中统一。没有党内民主，党的生命就会窒息；没有集中统一，党就会失去战斗力。维护党的集中统一，是民主集中制的一条基本原则，也是一条重要的党内纪律。党章明确指出，党的纪律是维护党的团结统一、完善党的任务的保证。要教育广大党员增强党纪观念，严守党的政治纪律和国家法律法规，坚决反对自由主义和分散主义，决不允许各行其是，任何人都不能为所欲为。要自觉坚持个人服从组织、少数服从多数、下级组织服从上级组织原则，正确处理民主和集中、权利和义务的关系，把全党的意志和力量凝聚到全面建设小康社会、加快推进社会主义现代化的奋斗目标上来。

坚持党的领导，必须维护中央权威，切实保证政令畅通。中央是党的团结统一的核心，维护党的团结统一，必须坚决维护中央权威，切实保证中央政令畅通。在指导思想、奋斗目标、大政方针和重要工作部署上，全党必须始终同党中央保持一致。无论哪个地区、哪个部门、哪个单位的党组织，无论担任何种领导职务的党员干部，都要自觉坚持党的基本理论、基本路线、基本纲领、基本经验，坚决服从中央的统一领导，切实保证中央的路线方针政策在本地区、本部门、本单位得到贯彻落实。维护中央权威，与发挥地方积极性是相辅相成的，两者统一于发展中国特色社会主义事业的过程之中。各级党组织和广大党员要坚持把贯彻中央精神同立足本地实际相结合，在结合中创造性地开展工作，把维护中央的权威与发挥地方的主动性、创造性结合起来，把局部利益同全局利益统一起来，沿着中国特色社会主义道路奋勇前进。

## 二、更加自信地拓展中国道路

成绩属于过去，辉煌归功于昨天。道路自信，不仅体现为对走中国特色社会主义道路取得的巨大成就的肯定与认可，更体现为对中国特色社会主义道路美好未来的憧憬与向往。当历史发展到今天，当代中国共产党人的庄严职责和光荣使命，就是在新的历史起点上，总结我国发展实践，借鉴国外发展经验，适应新的发展要求，更加自信地奋力开拓中国特色社会主义更为广阔的发展前景，使中国特色社会主义道路越走越宽广。党的十八大以来，以习近平同志为核心的党中央，从坚持和发展中国特色社会主义的全局出发，立足我国发展实际，坚持问题导向，逐步形成了一系列治国理政的新理念新思想新战略，不仅为实现“两个一百年”奋斗目标、实现中华民族伟大复兴提供了科学的理论和实践指南，也为更加自信地拓展中国特色社会主义道路，提供了思维方法、现实依据和行动指南。当前，坚定道路自信，就是要深入贯彻落实我们党治国理政的新理念新思想新战略，奋力开拓中国特色社会主义更为广阔的发展前景。

### （一）深入贯彻“五大发展理念”

理念是行动的先导。在决胜全面建成小康社会的关键阶段，以习近平同志为核心的党中央，着眼破解发展难题，增强发展动力，厚植发展优势，鲜明提出了创新、协调、绿色、开放、共享的发展理念。这“五大发展理念”是我国未来发展思路、发展方向、发展着力点的集中体现，是关系我国发展全局的一场深刻变革，是我们党关于发展理论的一次重大升华，对开拓中国特色社会主义道路具有重要意义。我们必须深刻领会新发展理念，贯彻新发展理念，自觉用新发展理念推进新的发展实践,使中国特色社会主义道路越走越宽广。

创新是引领发展的第一动力。纵观人类历史发展,创新在哪里兴起,发展动力就在哪里迸发,现代化高潮就在哪里兴起。中华民族是勇于创新、善于创新的民族。我国历史上的发展和辉煌,都同当时我国科技的发展和创新密切相关。据统计,16世纪以前世界上最重要的300项发明和发现中,我国占173项,远远超过同时代的欧洲。近代以来,我国逐渐由领先变为落后,一个重要原因就是我们错失了多次科技创新和产业革命带来的巨大发展机遇。而改革开放以来,我国经济社会快速发展的一个重要原因,就在于我们不断坚持推进理论创新、制度创新、科技创新、文化创新,以及其他方面创新。创新发展,成为我国改革开放以来的重要经验和法宝。当前,我国的创新能力还不足,与经济社会发展的需求还不相适应。坚持以创新引领和驱动发展,已成为我国发展的迫切要求。我们必须坚定不移走中国特色自主创新道路,增强自主创新能力,加快实施创新驱动发展战略,破除制约创新的体制机制障碍,支持战略性新兴产业、高技术产业发展,抢占国际竞争制高点,为转变经济发展方式,提高发展质量效益,推动经济转型升级提供强大支撑,也为拓宽中国特色社会主义发展道路提供有力保障。

协调是推动发展的内在要求。从推进发展的方式看,发展起来以后,发展对自己的系统性、整体性、协同性要求更高了。随着经济、政治、文化、社会、生态等建设的融合、融汇不断深化,任何一个领域的发展都会需要其他领域的配合,任何一个领域发展滞后也会影响到其他领域发展。因此,在发展起来之后,发展更要求统筹兼顾、协同推进。只有各领域各方面协同推进,产生同频共振,才能增加发展效益。当前,我国正处于一个转移升级的关键点,只有弥补短板和薄弱环节,提高发展的整体性、协调性,才能拓宽发展空间、寻求发展后劲。我们必须从当前我国发展中不平衡、不协调、不可持续的突出问题出发，在强化弱项、补齐短板上下功夫，着力推动区域协调发展、城乡协调发展、物质文明和精神文明协调发展，推动经济建设和国防建设融合发展，切实增强发展的协调性、平衡性和整体性，实现全面、协调、可持续的发展。

绿色是永续发展的必要条件。绿色发展，就其要义来说，就是要解决好人与自然和谐共生问题。从世界发展史上看，无论是百年来西方工业化进程走过的弯路，还是近年来我国为粗放型发展付出的资源环境代价，都告诫我们：人类发展活动必须尊重自然、顺应自然、保护自然。我们党将绿色发展确立为新发展理论之一，充分体现了我们党对人民福祉、民族未来的责任担当，体现了对人类文明发展进步的深邃思考。在发展过程中，我们必须敬畏自然、善待环境，坚守环境底线，从自然生态运行规律的视角，全面审视人类社会发展的问题，坚持绿色发展之路，把一切活动都放在自然界的整体格局中考量，按自然规律办事，处理好人与自然的关系，促进人与自然和谐共生。我们要加强生态文明保护，优化国土空间，加快主体功能区建设，建立绿色产业体系，推动低碳循环发展，全面节约和高效利用资源能源，完善环境保护体制机制，加强环境治理，为破解我国资源环境瓶颈约束，实现中华民族永续发展，推动人类文明进步，维护全球生态安全作出重要贡献。

开放是顺应时代发展潮流的必然选择。习近平指出："人类的历史就是在开放中发展的。任何一个民族的发展都不能只靠本民族的力量。只有处于开放交流之中，经常与外界保持经济文化的吐纳关系，才能得到发展，这是历史的规律。"①党的十八大以来，我们党顺应开放大势，把握合作大局，奉行互利共赢的开放战略，以更开放的姿态拥抱世界，以开放促改革、促发展、促创新，谱写了中国与世界互利共赢的新篇章。但我们也要清醒地看到，当前我国对外开

① 习近平：《摆脱贫困》，福州：福建人民出版社，1992 年，第 81 页。

放水平总体上还不够高，用好国际国内两个市场、两种资源的能力还不够强，应对国际经贸摩擦、争取国际经济话语权的能力还比较弱，运用国际经贸规则的本领也不够强，需要加快弥补。我们必须顺应我国经济深度融入世界经济的趋势，奉行互利共赢的开放战略，坚持内外需协调、进出口平衡、引进来和走出去并重、引资和引技引智并举，发展更高层次的开放型经济，为拓宽中国特色社会主义道路助力。

共享是中国特色社会主义的本质要求。新中国成立初期，毛泽东曾说，现在我们实行这么一种制度，这么一种计划，是可以一年一年走向更富更强的，一年一年可以看到更富更强些。而这个富，是共同的富，这个强，是共同的强，大家都有份。改革开放后，邓小平多次强调共同富裕，指出社会主义最大的优越性就是共同富裕，这是体现社会主义本质的一个东西。江泽民强调，实现共同富裕是社会主义的根本原则和本质特征，绝不能动摇。胡锦涛也要求“使全体人民共享改革发展的成果，使全体人民朝着共同富裕的方向稳步前进”。党的十八大以来，习近平强调“我们追求的发展是造福人民的发展，我们追求的富裕是全体人民共同富裕”。经过一代又一代人的长期艰苦努力，我国人民生活质量和社会共享水平显著提高。伴随着我国经济社会的快速发展，人们对共享与获得感的期盼也与日俱增，在教育、医疗、就业、住房、社会保障、自然环境等方面都产生了更高的期盼。我们要随时倾听人民呼声、回应人民期待，不断实现好、维护好、发展好最广大人民根本利益，使发展成果更多、更公平地惠及全体人民，让人民群众有更多的获得感，为克服各种困难、战胜危险考验、拓展中国道路，提供源源不断的来自 13 亿人民的智慧和力量。

## （二）统筹推进“五位一体”总体布局

建设中国特色社会主义的总布局是“五位一体”，即经济建设、政治建设、文化建设、社会建设、生态文明建设。这“五位一体”总布局，也是中国特色社会主义道路的基本内容，是中国特色社会主义道路在实践中的具体展开。“五位一体”总布局，是我们党在深刻总结我国社会主义建设的历史经验、顺应国内外大势和人民群众对美好生活期盼的基础上确立的，是对社会主义建设规律的科学把握，反映了中国特色社会主义全面发展的客观要求。“五位一体”总布局的确立，使我们推进中国特色社会主义事业的发展方略更加成熟，发展目的更加明确，发展内涵更加丰富，发展道路更加广阔。因此，拓展中国道路，就必须统筹推进“五位一体”总体布局，把我们的国家建设得更加富强、更加民主、更加文明、更加和谐、更加美丽，让中华民族以更加自信、更加自强的姿态屹立于世界民族之林。

“五位一体”的总布局，统揽了中国特色社会主义建设的基本领域，是一个相辅相成的有机整体。经济建设为中国特色社会主义提供物质基础，政治建设为中国特色社会主义提供政治保障，文化建设为中国特色社会主义提供精神动力，社会建设为中国特色社会主义提供有利条件，生态文明建设为中国特色社会主义提供良好生态环境。这一总布局，牢牢抓住党执政兴国的第一要务，坚持以经济建设为中心，在经济不断发展的基础上，统筹推进政治建设、文化建设、社会建设、生态文明建设，以及其他各方面建设，促进现代化建设各方面相协调，促进生产力与生产关系、上层建筑与经济基础相协调，不断实现经济与社会、物质与精神、人与自然的协调发展，实现中国特色社会主义全面协调可持续发展。

统筹推进“五位一体”总体布局，要求我们要坚持以生产发展为基础，以生活富裕为目的，以生态良好为条件，努力实现社会经济系统和自然生态系统的良好循环。我们要在中国特色社会主义理论体系的指导下，更深刻、更自觉地把握经济发展规律，转变发展方式，完善社会主义市场经济体制，坚定不移地深化改革、扩大开放，实现经济又好又快发展。我们要坚持正确的政治方向，走中国特色社会主义政治发展道路，积极稳妥推进政治体制改革，发展更加广泛、更加充分、更加健全的社会主义民主，坚持依法治国、依法执政、依法行政共同推进，坚持法治国家、法治政府、法治社会一体建设，实现国家和社会生活的民主化、法治化、制度化。我们要更加自觉、更加主动地推动文化大发展大繁荣，坚定中国特色社会主义共同理想，大力建设社会主义核心价值体系，大力培育文明风尚，大力推进文化创新，不断满足人民群众日益增长的精神文化需求。我们要大力推进社会主义和谐社会建设，坚持共同建设、共同享有，把以民生为重点的社会建设摆在更加突出的位置，使经济发展成果更多体现到改善民生、促进社会公平上。我们要尊重自然、顺应自然、保护自然，加大自然生态系统和环境保护力度，着力推进绿色发展、循环发展、低碳发展，建立健全生态文明制度体系，形成节约资源和保护环境的生产方式和生活方式，从根本上扭转生态环境恶化趋势，为人民创造良好生产生活环境。总之，我们要统筹推进“五位一体”总体布局，使社会先进生产力不断发展，国家的经济实力和综合国力不断增强，人们生活质量和富裕程度持续提高，享有民主权利和法制保障更加充分，精神生产和精神追求更加丰富高尚，社会更加和谐和充满活力，使人们能够在良好的生态环境中生产和生活。

### （三）协调推进“四个全面”战略布局

决胜千里之外，离不开运筹帷幄；拓宽道路、实现伟业，重在战略谋划。党的十八大以来，面对经济总量领先，而人均经济量落后的情况，先富起来之后的共富挑战，资源环境约束下的转变压力，创新能力与发展需求脱节，国内外安全风险叠加交织等一系列发展中的难题，以习近平同志为核心的党中央坚持问题导向和科学思维，以当代中国共产党人的全局视野和战略眼光，坚定中国自信、立足中国实际、总结中国经验、针对中国难题，提出了协调推进全面建成小康社会、全面深化改革、全面依法治国、全面从严治党这一“四个全面”战略布局。这个战略布局，是从我国发展现实需要中得出来的，是从人民群众的热切期待中得出来的，也是为推动解决我们面临的突出矛盾和问题提出来的。这个战略布局，顺应时代潮流，立足中国实际，体现了中国与世界的深刻互动，廓清了治国理政的全貌，抓住了改革发展稳定的关键，把握了中国发展的总纲，为中国特色社会主义事业发展指明了战略方向、重点领域和主攻目标。这个战略布局，是我们党在新的历史条件下治国理政的总方略，是实现“两个一百年”奋斗目标、走向中华民族伟大复兴中国梦的“路线图”，是奋力开拓中国特色社会主义更为广阔发展前景的“施工图”。

“四个全面”战略布局是一个整体，既有战略目标，也有战略举措，每个“全面”都具有重大战略意义。其中，全面建成小康社会是实现社会主义现代化和中华民族伟大复兴中国梦的阶段性战略目标，是现阶段党和国家事业发展的战略统领；全面深化改革是实现战略目标的关键一招和根本路径；全面依法治国是实现战略目标的基本方式和可靠保障；而全面从严治党是发挥党的坚强领导核心作用、为实现战略目标提供坚强组织保证的根本前提。“四个全面”相辅相成、相互促进、相得益彰，是我国“发展起来以后”，更加注重发展和治理系统性、整体性、协同性的必然选择，统一于我们正在进行的具有许多新的历史特点的伟大斗争，统一于党的建设新的伟大工程，统一于中华民族复兴的伟大梦想，统一于中国特色社会主义伟大事业。“四个全面”战略布局，第一次将全面建成小康社会定位为“实现中华民族伟大复兴中国梦的关键一步”；第一次将全面深化改革的总目标确定为“完善和发展中国特色社会主义制度、推进国家治理体系和治理能力现代化发展”；第一次将全面依法治国论述为全面深化改革的“姊妹篇”，形成“鸟之两翼、车之双轮”；第一次为全面从严治党标定路径，要求“增强从严治党的系统性、预见性、创造性、实效性”，锻造我们事业更加坚强的领导核心。这都必将大大拓展中国特色社会主义道路，开辟中国特色社会主义发展的新境界。

“四个全面”战略布局提出以来，我们党协调推进重大决策部署，科学统筹改革发展，各项举措力度空前：加强转变经济发展方式，推动供给侧结构性改革，经济发展进入新常态；坚持依法治国、依法执政、依法行政一体推进，社会主义法治体系建设破局开篇，公平正义成为全面小康的重要着眼点；统筹推进治党治国治军，打“虎”拍“蝇”纯洁队伍，正风肃纪凝聚人心；科学运筹内政外交国防，中国梦与亚太梦、世界梦同频共振……短短几年时间，局面为之而变、气象为之而新、民心为之而振。事实充分证明，“四个全面”是坚持和发展中国特色社会主义道路、理论、制度的重要战略抓手。在全面建成小康社会决胜阶段、中国特色社会主义发展关键时期，面对发展中不平衡、不协调、不可持续的突出矛盾，深化改革的艰巨任务和“爬坡过坎”的态势，有法不依、执法不严、徇私枉法的突出问题，反腐败斗争的严峻形势，等等，我们必须深刻理解和准确把握“四个全面”战略布局的重大理论意义和实践意义，把思想统一到党在新形势下治国理政的总方略上来，增强战略定力和政治定力，以时不我待的紧迫意识和责任意识，锐意改革、开拓创新，不断协调推进“四个全面”战略布局，为继续推进中国特色社会主义伟大事业开辟广阔道路。

## 三、更加奋进地创造中国辉煌

坚定道路自信，不仅要求我们坚持好、拓展好中国特色社会主义道路，更要求我们沿着中国特色社会主义道路，以锐意进取的精神和拼搏奋进的姿态，创造中国辉煌、实现伟大梦想。伴随着辉煌的创造、梦想的实现，我们也必将更加坚定对中国特色社会主义道路的自信。

### （一）更加奋进地创造中国辉煌必须弘扬中国精神

伟大的事业需要崇高的精神，崇高的精神推动伟大的事业。以锐意进取的精神和拼搏奋进的姿态，创造中国辉煌、实现中国梦想，首要的是必须弘扬中国精神。中国精神是中华民族历经五千年淬炼而成的，以爱国主义为核心的民族精神和以改革创新为核心的时代精神。这一精神，是激励中华儿女自强不息、前仆后继、拼搏奉献的力量之源，是我们不断开辟新征程、开创新未来、成就新辉煌的精神支撑，是实现中国梦的强大精神力量。

民族精神是一个民族赖以生存和发展的精神支撑。一个民族，没有振奋的精神和高尚的品格，不可能自立于世界民族之林。习近平同志指出："经过几千年的沧桑岁月，把我国五十六个民族、十三亿多人紧紧凝聚在一起的，是我们共同经历的非凡奋斗，是我们共同创造的美好家园，是我们共同培育的民族精神。"①这种民族精神植根于中华民族五千年的历史之中，弥合了国内各民族、各阶层之间的隔阂，鼓舞了一代又一代中华儿女为了国家的繁荣昌盛拼搏不息、奋斗不止。爱国主义是中华民族精神的核心。习近平指出："在

① 中共中央文献研究室编：《习近平关于实现中华民族伟大复兴的中国梦论述摘编》，北京：中央文献出版社，2013 年，第 35 页。

中华民族几千年绵延发展的历史长河中，爱国主义始终是激昂的主旋律，始终是激励我国各族人民自强不息的强大力量。”①古往今来，爱国主义的事例不胜枚举：不畏强暴的晏婴，纵身汨罗江的屈原，抗击倭寇的戚继光，收复台湾的郑成功……这些爱国主义的先驱可歌可泣的英雄事迹，激励了一代又一代人。

时代精神是一个社会的精神气质、精神风貌和社会风尚的综合体现。当代中国的时代精神，就是以改革创新为核心的时代精神。中华民族历来注重革故鼎新，可以说，中华民族五千多年文明史，就是一部改革创新史。正是这些改革创新，推动了不同历史时期经济社会的发展进步。中国共产党也是在改革创新中发展壮大、成就伟业的。特别是党的十一届三中全会以来，党和人民准确把握当今时代特征，开启了改革开放新的历史时期，以巨大的政治勇气、理论勇气和实践勇气，不断推进理论创新、实践创新、制度创新，取得了改革开放和社会主义现代化建设的伟大成就，也在此过程中孕育形成了以改革创新为核心的时代精神。这一时代精神既继承了中华民族革故鼎新的传统，又反映了当代中国发展进步的要求，表现为一种突破陈规、大胆探索、勇于创造的思想观念，表现为一种不甘落后、奋勇争先、追求进步的使命意识，表现为一种坚忍不拔、自强不息、锐意进取的精神状态。② 这一时代精神深深融入中国特色社会主义经济建设、政治建设、文化建设、社会建设、生态文明建设以及党的建设各个方面，有力地推动了中国特色社会主义事业的发展进步。

民族精神和时代精神相互作用、相互联系、相互依存，其中民族精神是基础、主体，时代精神是民族精神的现代形态，是发展着的当

① 中共中央文献研究室编：《习近平关于实现中华民族伟大复兴的中国梦论述摘编》，北京：中央文献出版社，2013 年，第 41—42 页。

② 孙来斌：《深刻认识中国精神》，《辽宁日报》2013 年 5 月 21 日。

代民族精神。如果说,以爱国主义为核心的民族精神,是将全国各族人民凝聚在一起的精神纽带,那么以改革创新为核心的时代精神,则是中华民族排除万难、实现伟大复兴的强大精神动力。中国共产党人历来高度重视精神力量对伟大事业的推动作用。毛泽东指出,“人是要有一定精神的”,党要有“共同语言”,社会主义国家要有“统一意志”。邓小平同志说:“最重要的是人的团结,要团结就要有共同的理想和坚定的信念。我们过去几十年艰苦奋斗,就是靠用坚定的信念把人民团结起来,为人民自己的利益而奋斗。没有这样的信念,就没有凝聚力。没有这样的信念,就没有一切。”江泽民指出,“一个民族,一个国家,如果没有自己的精神支柱,就等于没有灵魂,就会失去凝聚力和生命力”。胡锦涛指出,要增强“民族精神”,巩固“精神支柱”,形成“共同理想信念”。在这些思想的基础上,习近平同志明确提出和阐释了“中国精神”的概念,强调中国精神“是凝心聚力的兴国之魂、强国之魂”①,并将其与实现中华民族伟大复兴的中国梦联系起来,把我们党对中国精神的认识提高到了一个新的历史境界。

当前,我国发展仍处于可以大有作为的重要战略机遇期,既面临难得的历史机遇,也面对诸多可以预见和难以预见的风险挑战。特别是我国在快速发展中出现的不平衡、不协调、不可持续问题依然突出,地区之间、城乡之间的发展差距以及部分社会成员之间的收入分配差距依然较大,新老矛盾相互交织,长期以来积累了许多制约科学发展的体制机制障碍。解决好这些重大问题,必须进一步凝聚力量、形成改革共识,必须进一步推进改革创新、锐意进取。越是面对复杂多变的国际形势,越是面临艰巨繁重的改革发展任务,就

① 中共中央文献研究室编:《习近平关于实现中华民族伟大复兴的中国梦论述摘编》,北京:中央文献出版社,2013 年,第 35 页。

越需要精神力量的引导和支撑。[①] 梦想之路越近，阻力就越大，精神力量的作用就显得越重要。习近平同志指出："全国各族人民一定要弘扬伟大的民族精神和时代精神，不断增强团结一心的精神纽带、自强不息的精神动力，永远朝气蓬勃迈向未来。"[②]

弘扬中国精神，必须传承和弘扬中华民族的优秀文化传统。中华民族在五千多年的发展历史中，不仅创造了辉煌灿烂的物质文明，而且创造了博大精深的精神文明。习近平同志指出："中华民族具有五千多年连绵不断的文明历史，创造了博大精深的中华文化，为人类文明进步作出了不可磨灭的贡献。"[③]作为中华文化的核心部分，中华优秀传统文化积淀着中华民族最深沉的精神追求，包含着中华民族最根本的精神基因，代表着中华民族独特的精神标识，是中华民族生生不息、发展壮大的丰厚滋养，我们在任何时候都必须加以传承和弘扬。传承弘扬中华优秀文化，基础在继承，关键在创新。对历史文化特别是先人传承下来的价值理念和道德规范，要坚持古为今用、推陈出新，有鉴别地加以对待，有扬弃地予以继承，努力用中华民族创造的一切精神财富来以文化人、以文育人。要坚持古为今用、以古鉴今，要坚持有鉴别的对待、有扬弃的继承，而不能搞厚古薄今、以古非今，要努力实现传统文化的创造性转化、创新性发展。

弘扬中国精神，必须以坚定的理想信念筑牢全国人民团结奋斗的思想基础。"革命理想高于天。"对一个政党、一个民族而言，理想信念就是一个政党治国理政的旗帜，就是一个民族奋力前行的向

---

① 《习近平中国梦重要论述学习问答》编写组编著：《习近平中国梦重要论述学习问答》，北京：党建读物出版社，2014年，第92页。

② 中共中央文献研究室编：《习近平关于实现中华民族伟大复兴的中国梦论述摘编》，北京：中央文献出版社，2013年，第35页。

③ 中共中央文献研究室编：《习近平关于实现中华民族伟大复兴的中国梦论述摘编》，北京：中央文献出版社，2013年，第35页。

导。邓小平曾经指出："我们这么大一个国家，怎样才能团结起来、组织起来呢？一靠理想，二靠纪律。组织起来就有力量。没有理想，没有纪律，就会像旧中国那样一盘散沙，那我们的革命怎么能够成功？我们的建设怎么能够成功？"[①]党的十八大以来，习近平同志高度重视理想信念问题，指出："理想指引人生方向，信念决定事业成败。没有理想信念，就会导致精神上'缺钙'"[②]，就会得'软骨病'"[③]。目前，我国大部分党员、党员干部都树立了崇高的理想和坚定的信念，但也有少数党员、党员干部的理想信念出现了滑坡和动摇。在新的历史条件下，我们必须按照以习近平同志为核心的党中央的统一部署和要求，深入学习和掌握马克思主义、毛泽东思想，深入学习和掌握中国特色社会主义理论体系，牢固树立马克思主义世界观和方法论，树立高度的社会主义道路自信、理论自信、制度自信、文化自信，自觉运用马克思主义立场、观点、方法观察世界，廓清思想迷雾，排除思想干扰，坚定理想信念，矢志不渝为中国特色社会主义共同理想和共产主义远大理想而努力奋斗。

弘扬中国精神，必须大力培育和践行社会主义核心价值观。社会主义核心价值观是社会主义核心价值体系的内核，体现社会主义核心价值体系的根本性质和基本特征，反映社会主义核心价值体系的丰富内涵和实践要求，是社会主义核心价值体系的高度凝练和集中表达。习近平同志指出，对一个民族、一个国家来说，最持久、最深层的力量是全社会共同认可的核心价值观；核心价值观，承载着一个民族、一个国家的精神追求，体现着一个社会评判是非曲直的价值标准；如果一个民族、一个国家没有共同的核心价值观，莫衷一是，行无依归，那这个民族、这个国家就无法前进。[④]"富强、民主、文

① 《邓小平文选》第3卷，北京：人民出版社，1993年，第111页。

② 习近平：《习近平谈治国理政》，北京：外文出版社，2014年，第50页。

③ 习近平：《习近平谈治国理政》，北京：外文出版社，2014年，第414页。

④ 习近平：《习近平谈治国理政》，北京：外文出版社，2014年，第168页。

明、和谐,自由、平等、公正、法治,爱国、敬业、诚信、友善”的社会主义核心价值观,把涉及国家、社会、公民的价值要求融为一体,既体现了社会主义本质要求,继承了中华优秀传统文化,也吸收了世界文明有益成果,体现了时代精神。我们要把培育和弘扬社会主义核心价值观作为凝魂聚气、强基固本的基础工程,广泛开展社会主义核心价值观宣传教育,积极引导人们讲道德、尊道德、守道德,追求高尚的道德理想,不断夯实中国特色社会主义的思想道德基础。要通过教育引导、舆论宣传、文化熏陶、实践养成、制度保障等,使社会主义核心价值观内化为人们的精神追求,外化为人们的自觉行动。



弘扬中国精神,必须充分发挥文化引领风尚、教育人民、服务社会、推动发展的作用。文化是民族的血脉,是人民的精神家园。我们必须繁荣发展社会主义先进文化,增强国家文化软实力,扎实推进社会主义文化强国建设,充分发挥文化引领风尚、教育人民、服务社会、推动发展的作用,为创造中国辉煌、实现中华民族伟大复兴提供强大动力和有力支撑。我们要坚持社会主义先进文化前进方向,坚持中国特色社会主义文化发展道路,建设社会主义文化强国,增强国家文化软实力;坚持以人民为中心的工作导向,坚持把社会效益放在首位、社会效益和经济效益相统一,以激发全民族文化创造活力为中心环节,进一步深化文化体制改革。要把爱国主义作为文艺创作的主旋律,引导人民树立和坚持正确的历史观、民族观、国家观、文化观,增强做中国人的骨气和底气。

### (二)更加奋进地创造中国辉煌必须凝聚中国力量

成就梦想、完成伟业,离不开力量支撑。90多年来,中华民族之所以能实现民族独立、人民解放,使民族复兴展现出光明前景,根本原因就在于,我们党从一开始就调动一切积极因素,团结一切可以团结的力量，凝聚起全国各族人民大团结的力量。涓流汇海，聚沙成塔。有了每个人的共同努力，国家社会才能不断前行，辉煌成就和伟大梦想才能实现。全国各族人民一定要心往一处想，劲往一处使，用智慧和力量汇集起不可战胜的磅礴力量，使之成为我们更加奋进地创造中国辉煌、实现伟大梦想的力量源泉和根本保证。

人民群众中蕴含着无穷的智慧和力量，永远是我们克敌制胜、推进事业的力量源泉。没有人民群众的参与和支持，没有人民群众的智慧和力量，就不可能实现中华民族伟大复兴。同时，我们的改革发展和社会进步也必须不断为人民造福，只有这样才能拥有牢固的根基和不竭的动力。更好的教育、更稳定的工作、更满意的收入、更可靠的社会保障、更高水平的医疗卫生服务、更舒适的居住条件、更优美的环境……人民群众对幸福生活的追求，构成了发展中国特色社会主义事业最坚实的基础。只有凝心聚力、真抓实干、艰苦奋斗，把国家建设好，把民族发展好，让每个人都享有人生出彩的机会、享有梦想成真的机会、享有同祖国和时代一起成长与进步的机会，真正实现每个人自由而全面的发展，才能最大程度吸纳人民群众参与改革发展，最大程度动员全体人民同心共筑中国梦，最大程度激发每个中国人的进取心和创造力，使逐梦路上始终有众志成城的民意支撑，始终有破浪前行的不竭动力。因此，我们必须在中国共产党的领导下，充分调动广大党员和人民群众的积极性、主动性和创造性，最大限度团结一切可以团结的力量，汇集成一股无坚不摧的磅礴力量，全面推进中国特色社会主义伟大事业。

第一，紧紧依靠人民，充分调动最广大人民的积极性、主动性、创造性。人民群众是历史的创造者，也是实现伟大梦想、完成伟大事业的中坚力量。2013 年 6 月 18 日，习近平同志在党的群众路线教育实践活动工作会议上指出："我们要实现党的十八大确定的奋斗目标和中国梦,必须紧紧依靠人民,充分调动最广大人民的积极性、主动性、创造性。"①只要广大人民群众在党的领导下紧密团结,万众一心,为实现共同梦想而奋斗,实现梦想的力量就无比强大,每个人为实现自己梦想的努力就拥有广阔的空间。我们必须坚持人民主体地位,尊重人民群众的首创精神,进一步坚持和发展人民民主,汇聚人民群众的聪明才智,使人民群众真切感受到自己是民族复兴伟业的主人翁。我们必须维护社会公平正义,让广大人民群众拥有追梦、圆梦的空间及社会环境,充分发挥人民群众追梦的能动性。我们必须着力保障和改善民生,多谋民生之利,多解民生之忧,千方百计帮助群众解决最关心的就学、就业、就医、养老和住房等方面的现实问题,在学有所教、劳有所得、病有所医、老有所养、住有所居上持续取得新进展,使发展成果更多更公平惠及全体人民,让广大人民群众成为追梦途中的受益者。

第二,巩固和发展最广泛的爱国统一战线。2013 年 1 月 1 日,习近平同志在全国政协新年茶话会上指出:"中共十八大对巩固和发展最广泛的爱国统一战线作出了部署,赋予人民政协更重大的责任、更光荣的使命。参加人民政协的各党派团体和各族各界人士要切实把思想和行动统一到中共十八大精神上来,坚持和完善中国共产党领导的多党合作和政治协商制度,发挥人民政协协调关系、汇聚力量、建言献策、服务大局的重要作用,促进政党关系、民族关系、宗教关系、阶层关系、海内外同胞关系的和谐,最大限度调动一切积极因素,共同致力于实现中华民族伟大复兴。"②2013 年 3 月 17 日,在第十二届全国人民代表大会第一次会议上的讲话中,他再次指

① 中共中央文献研究室编:《十八大以来重要文献选编》(上),北京:中央文献出版社,2014 年,第 309 页。

② 中共中央文献研究室编:《习近平关于实现中华民族伟大复兴的中国梦论述摘编》,北京:中央文献出版社,2013 年,第 46—47 页。

出："我们要巩固和发展最广泛的爱国统一战线，加强中国共产党同民主党派和无党派人士团结合作，巩固和发展平等团结互助和谐的社会主义民族关系，发挥宗教界人士和信教群众在促进经济社会发展中的积极作用，最大限度团结一切可以团结的力量。"①

第三，巩固和发展平等团结互助和谐的社会主义民族关系。我国作为统一的多民族国家，在几千年的发展进程中，各民族之间结成了休戚与共、同舟共济的血肉联系，孕育了团结友爱的优良传统。历史和现实昭示我们：民族团结和睦，国家就强盛发达；民族内乱分裂，国家就衰败落后。在新的历史条件下，各民族应在实现中国梦的旗帜感召下，心往一处想，劲往一处使，为梦想凝聚共识，为梦想汇聚力量，为中国特色社会主义事业的发展进步减少阻力、增加助力、形成合力，共同助推中国梦的实现。我们要牢牢把握各民族共同团结奋斗、共同繁荣发展的主题，紧紧围绕促进民族团结、实现共同进步的主线，切实增强各民族对中华民族的归属感、对中华文化的认同感、对伟大祖国的自豪感，使各民族拧成一股绳，不断形成促进国家富强、民族振兴、人民幸福，推进中国特色社会主义伟大事业不断前进、实现中华民族伟大复兴中国梦的强大力量。

第四，团结港澳台同胞和海外侨胞共圆中国梦。"众人拾柴火焰高。"创造中国辉煌、实现伟大梦想，也需要包括港澳台同胞和海外侨胞在内的全体中华儿女共同努力。习近平同志指出，香港特别行政区同胞、澳门特别行政区同胞，要以国家和香港、澳门整体利益为重，共同维护和促进香港、澳门长期繁荣稳定，同全国人民一道，为实现中华民族伟大复兴贡献力量。对台湾同胞，习近平同志指出："'兄弟齐心，其利断金。'两岸同胞要相互扶持，不分党派，不分

---

① 中共中央文献研究室编：《习近平关于实现中华民族伟大复兴的中国梦论述摘编》，北京：中央文献出版社，2013年，第49页。

阶层，不分宗教，不分地域，都参与到民族复兴的进程中来，让我们共同的中国梦早日成真。”[①]两岸双方应该坚持走两岸关系和平发展的正确道路，倡导“两岸一家亲”的理念，加强交流合作，共同促进中华民族伟大复兴。广大海外侨胞也要弘扬中华民族勤劳善良的优良传统，努力为促进祖国发展、促进中国人民同当地人民的友谊作出贡献。

① 习近平:《习近平谈治国理政》，北京:外文出版社，2014 年，第 240 页。

# 后　记

本书是“中国自信理论思考丛书”的其中一部。从时间维度上看，本书算是画上了句号；然而从研究的动态过程看，关于道路自信的学习、探讨、思考、研究还在路上，并且永远在路上。

党的十八大提出坚定中国特色社会主义的道路自信、理论自信、制度自信，庆祝中国共产党成立95周年大会上中国自信由“三个自信”发展为“四个自信”。党的十九大以来，以习近平同志为核心的党中央关于道路自信、中国自信的认识不断深化，理论界和学术界的关注、学习、思考、研究也随之深入。自党的十八大以来党中央对道路自信的强调，从现实生活中国内外部分人对中国道路的误解与怀疑，从新时代推进“四个伟大”、决胜全面建成小康社会、实现中华民族伟大复兴中国梦的时代课题来看，道路自信研究的现实意义、理论意义是不言而喻的。

自受领任务以来，我们一直尽心尽力地推进工作，但诚惶诚恐，唯恐不能胜任、有负重托。作为国内具有重要影响力、知名度的学术出版机构——广西师范大学出版社对本丛书的策划以及对本书的指导给我们以宝贵的帮助，亦是对我们极大的鼓舞。本书编辑金晓燕老师对书稿全面、认真、细致的校阅编审，给我们留下了深刻印象，她认真、负责、谦逊的作风和精神值得点赞和学习。在此对出版社领导和编辑老师表示敬意和谢忱！

本书在撰写过程中吸收、借鉴了理论界、学术界的相关研究成果，在文中引文处大都加了脚注，在此特表谢意！对于参考文献的引注，难免挂一漏万，在此特致歉意！

本书在学习借鉴他人相关成果的基础上，对道路自信这一论题作了具有一定原创性的思考，从政治性和思想性、学术性和大众化、深刻性和通俗化的结合上做了一些尝试和努力。本书可作为高等院校、科研院所、党政机关或专家学者从事相关领域教学和科研的参考，期待本书对您有所助益。然而，由于时间紧迫，加之本书作者承担的其他任务较重，囿于能力水平，本书难免存在不足和未及期许的遗憾，诚请专家学者、读者朋友批评指导。

“路漫漫其修远兮，吾将上下而求索！”

本书作者于 2017 年 11 月